日本史史料研究会セレクト❶

徳川斉昭

−栄光と失意の幕末−

栗山 格彰 著
日本史史料研究会 監修

時空書房

目次

第五章　追い詰められる斉昭

第六章　崩れ行く水戸藩

凡例

斉昭《なりあき》の土屋寅直《ともなお》宛書簡は、次の二つの書簡集と『水戸藩史料 上編乾・坤』あわせて六十一通が認められるが、本書では、そのうち二十三通を適宜紹介している。

一　日本史史料研究会研究叢書21『徳川斉昭書簡集―大坂城代・土浦藩主土屋寅直宛』（以下『徳川斉昭書簡集』で表示）

本書簡集から紹介した書簡については、書簡番号を付し、写真と釈文（口語・全文）は巻末にまとめて掲載した。

一　『水戸義公（小城・鍋島侯あて）・烈公（土浦・土屋侯あて）書翰《しょかん》集』（以下『義公・烈公書翰集』で表示）

義公は二代藩主光圀《みつくに》の、烈公は九代藩主斉昭の、死後その人の徳を称えて贈る諡号《しごう》。

文中で引用した史料は、そのつど断りを入れたが、事の経緯や状況など、その他の部分は、水戸市史・水戸藩史料・茨城県幕末史年表など巻末史料を参考に記述している。

序章　貧しい水戸藩に斉昭は何をもたらしたか

数年前、幕末期の水戸藩主徳川斉昭《なりあき》が、大坂城代土屋寅直《ともなお》宛に出した書簡三十余通を解読しているとき、次の二つが、いつも頭から離れなかった。

その一つは、（かつて、斉昭に教えを乞《こ》うていたこともあり、また、斉昭の七男で、一橋家《ひとつばしけ》へ入った慶《よし》喜《のぶ》を、将軍家定《いえさだ》の跡継ぎにする運動の先頭に立っていた）越前藩主松平慶永《よしなが》が、明治になって、

水戸家々中では、とかく党派を立てて議論し、その果ては戦争に及んで不平が多く、穏やかで安定した治政にならなかった。その根元は水戸中納言斉昭卿、号は景山といい、諡《し》号《ごう》（おくりな）は、烈公と称されたこのお方の、一時の失策から起こったものである。天下の動乱は、老公（斉昭公）・藤田東湖・戸田銀二（次）郎の三人によって引き起こされたものである。この証明は確かなものだ。その訳は、口には勤皇を唱えて天下を動かし、天下の有志と交際を広く、また厚くして、第一は我国家（藩）の姦党《かんとう》を圧倒しようとし、第二には幕府の旧弊を矯正しようとしたのである。この二条である。これが天下を震わし

動かし、煽惑《せんわく》（煽ぎ迷わす）した理由である。（松平慶永著『逸事史補《いつじしほ》』）

と言っていることである。

二つ目は、藩の家臣数を、家臣団名簿で比《くら》べると、天保十一年（一八四〇）の三四四九人が、明治元年（一八六八）三月には、八九二人（中士以下に一部不明者あり）まで減少していることである。（『水戸市史 中巻五』）これは、藩内抗争が「殺戮《さつりく》による殺戮」を呼んだためで、巻き込まれた領民を加えれば、犠牲者は数千名にも及んだと言われている。

斉昭は藩主として、天保の改革を手掛け、他藩の模範となり、名声を博した。しかし、明治を目前に、藩は、まさしく殺し合いの状態へと陥《おちい》ってしまった。

この証言と事実から、斉昭が、藩の内部抗争に、どのように関わったのか、そして、どこに、彼の失政があったのか、そのあたりを明らかにしたくて取り組んだのが本書である。

なお、本書は、随所で、斉昭が大坂城代土屋寅直《ともなお》宛に書いた書簡を紹介している。斉昭と土屋寅直の親密な関係については、第一章で後述するが、土屋寅直宛の書簡には、斉昭は、愚痴《ぐち》を長々と、あるいは、藩の内情や将軍家、幕府の悪口をあからさまに認《したた》めているので、その時々の斉昭の心情を、読み取っていただくことを願ったからに他ならない。

水戸藩内部抗争の土壌

水戸藩の内部抗争の土壌ということであれば、徳川光圀《みつくに》の大日本史編纂《へんさん》事業では、家柄にとらわれず、実力本位で役に取り立てたため、これが藩内に革新的な気風をみなぎらせたこと、大日本史編纂をめぐる方針の対立が、尊王論と佐幕論の政治的対立へと転化していったこと等があるが、何と言っても大きな要因は、「藩が貧しかった」ことである。

なかでも気になるのが、三代藩主綱條《つなえだ》のとき、御三家として見栄を張るため、御加増もないのに藩の石高を二十八万石から三十五万石（同じ御三家の尾張は六十一万石、紀州は五十五万石）へ変更したことである。

一万石について何人というように家来の数を定められ、行列にもこれに相当する人数を出さねばならず、在府（江戸詰）の人数にも規定があった。（井伊正弘編『井伊家史料 幕末風聞探索書上安政五年篇』）

水戸藩の場合は、定府《じょうふ》制といって、藩主は参勤交代をせずに江戸に常住したので、物価高で生活費のかかる江戸に、家老以下多くの家臣を抱えねばならず、一方、水戸にも領地支配のため、家老以下多くの家臣を置かねばならなかった。まさに二重生活といえる。

このように、石高で見栄を張ったために支出が増加し、そのしわ寄せを農民と共に、家臣達が背負うことになった。

藩が貧しくなった原因は、その他にも、大日本史編纂《へんさん》事業に費用を要したこと等々、いろいろあろうが、このあと、度々の大飢饉で、農村は荒廃し、商品経済の広がりは、家臣たちの生活難を更に深刻にしていった。

前述の藤田東湖（家禄二百石で、家臣の中では中下士層）が、郡《こおり》奉行を拝命する直前の天保元年（一八三〇）四月二十五日の日誌には、

貧乏なのに酒好きで、藩政改革のため奔走《ほんそう》して一喜一憂し、その度毎《たびごと》に酒を飲むので、ますます貧窮する。昨冬蚊帳《かや》を質入れして着物を一枚買ったが、今夏は蚊《か》が多いのに蚊帳がないので眠られない。一晩中、顔面に群《むら》がる蚊に苦しめられ、夜を明かしてしまった。（大意）（『水戸市史 中巻三』）

とある。

大正・昭和の婦人活動家山川菊栄は、母が水戸藩士で儒学者青山延寿《のぶとし》の娘だが、彼女の著作『覚書 幕末の水戸藩』は、当時の藩の実情を克明にえがいている。下士層の生活に触れたところでは、

一〇〇石以下はお借上げ、お役金を免除され、非役ならば、一か月に六日しか勤番の義務を負わず、また内職を許された。内職には竹の皮笠を縫《ぬ》うこと、提灯《ちょうちん》の竹の骨を削《けず》ること、雨傘を張ること、煙草《たばこ》をきざむこと、塗物（春慶《しゅんけい》塗り）、刀のさや捲きなどがあった。（中略）女たちは自家用の糸をつむぎ、ハタを織るほかにそれらを内職とし、町家のための上等な衣類を縫った。

と書いている。

内藤耻叟《ちそう》（元水戸藩士で、旧東京帝国大学教授・歴史家）は、「三百石取りとならねば、人並みの生活はできなかった」と言い、更に「役人になれば鰻《うなぎ》が食われるが、役人にならなければ鰻串《うなぎぐし》を削《けず》らねばならぬ。食うと削ると、これ政権争奪の原因なりと。穿《うが》てりというべし」（高瀬真《しん》卿《きょう》著『故老實歴 水戸史談』）と書いている。

党争は、つまるところ役職の（微妙な点を巧みに言い表す）奪い合いであり、これに家族の生活が掛かっていたのである。

令和元年九月に、桜井孝子氏と共著で『徳川斉昭書簡集―大坂城代・土浦藩主土屋寅直宛』（日本史史料研究会研究叢書21）を発刊しました。これは、私が、かつて父から譲り受けた斉昭の土屋寅直宛書簡三十二通、その他宛書簡八通、合計四十通を解読して、解説を付したものです。その時、編集・出版に関しては日本史史料研究会の生駒哲郎氏に全面的にご助力戴《いただ》きました。

今回、本書の発刊にあたりましても、桜井孝子・生駒哲郎の両氏には前回同様に多大のご教示とご支援を頂きました。また、本書の出版を快く引き受けて下さった時空書房の日吉社長にも、細部に至るまでいろいろ教えて頂きました。お三方に改めて深くお礼を申し上げる次第です。

第一章　斉昭の登場と、それ以前の藩内抗争

一　徳川斉昭の略歴

水戸藩九代藩主徳川斉昭《なりあき》は、寛政十二年（一八〇〇）三月十一日、江戸小石川の水戸藩上屋敷で生まれた。父は七代藩主治紀《はるとし》、母は公家の娘で側室外山補子《とやまますこ》、幼名は虎三郎、のち敬三郎。藩主就任時に斉昭と改めた。死後にその人の徳を称えて贈る諡号《しごう》は、生前の行動ぶりにふさわしく、烈公《れっこう》と付けられた。

文政十二年（一八二九）十月四日、兄斉脩《なりのぶ》が三十三歳で病没したとき、兄の遺書に、「弟敬三郎を養子に迎えて、跡継ぎに」と書いてあったことから、同月十七日、斉昭が三十歳で藩主に就任した。

斉昭は、翌十八日、早速重臣らに与えた訓示の中で、第一に挙げたのが、水戸藩一の悪法とも言われた「三雑穀（大豆・稗《ひえ》・荏《えごま》）切返しの法」を廃止することであった。

水戸藩の畑の年貢は、金銭で納めることになっていた。そこで、この三雑穀については、秋

の収穫時に、藩が、農民から収穫量を安い値段で、形式的に買い上げ、翌春、高値となった相場で藩が強制的に売りつけて、買った時の値と、売った時の値の差額を取り立てる仕組みとなっており、過去二百年もの間、農民を苦しめてきた。

この悪法廃止の第一声が達成されたのは、藩主就任から十三年後の天保十三年（一八四二）で、藩主をやめる二年前の事である。これだけ見ても、新藩主の前途がいかに多難であったかは想察するに難しくない。（瀬谷義彦著『新装 水戸の斉昭』）

また、斉昭の念願だった総検地も天保十三年に終え、一部の富農には不満が残ったかも知れないが、おおよその農民に受け入れられており、貧しい中でも、農民たちにとっては、思いやりのある藩主であったといえよう。

斉昭の社寺改革

斉昭の藩政改革は、水戸藩天保の改革と呼ばれた。その主な目的は、疲弊した農村の復興、質素倹約の励行、賄賂《わいろ》がまかり通る政治の一新、文武を励まし国防の強化、藩校（弘道館）や村里に置いた郷校《きょうこう》の設立、社寺改革などであった。

この社寺改革は、後に斉昭失脚の原因の一つとなった。単に反道徳的寺院の処分にとどまらず、「毀鐘《きしょう》鋳砲《ちゅうほう》」といって、寺院の梵鐘《ぼんしょう》を武備強化のための大砲に鋳《い》なおしたほか、キリシタン禁制のための宗門改め（寺が宗門人別帳《にんべつちょう》を作って、檀徒《だんと》がキリシタンではないことを証明する）制度に代えて、神社に氏子《うじこ》帳を作らせるといった、幕府の宗教政策にも触れるものもあり、仏教弾圧といった様相を呈し、藩内にとどまらず、京都知恩院・芝増上寺・上野寛永寺などの大寺院をはじめ仏教界の大反発を招いた。

斉昭の失脚と復帰

弘化元年（一八四四）五月、斉昭は幕府から、「藩政は、斉昭の気儘《きまま》に行われるようになり、幕府の制度や法令に触れるようになったので、将軍の機嫌を損ねた」との理由で隠居・謹慎を命ぜられ、駒込中屋敷の一室に屏居《へいきょ》（閉じこもる）の身となった。後任は嫡男慶篤《ちゃくなんよしあつ》が就《つ》いたが、まだ十三歳であったため、水戸藩の支藩である四国高松藩主松平讃岐守頼胤《さぬきのかみよりたね》・奥州守山藩主松平大学頭頼誠《だいがくのかみよりのぶ》・常陸府中藩主松平播磨守頼縄《はりまのかみよりつぐ》の三藩主が後見人となった。

半年後、謹慎は解けたが、藩主慶篤の後見人として、藩政に復帰できたのは、嘉永二年（一八四九）三月で、処分から五年近くも経《た》っていた。

嘉永六年（一八五三）六月に来航したペリーが、「来年また来る」と言い残して去った後、時の老中首座阿部正弘《まさひろ》は、斉昭の威光と海防知識を頼って、斉昭を幕府の海防参与に任命した。

海防参与となった斉昭は、「仮に和を結ぶにせよ、先ずは毅然《きぜん》とした態度をとらねば、最後は植民地化されてしまう。そのために、断固戦えと全国に命令して、人心を統一すべきだ」と主張したが、幕府としては、斉昭が言う「断固戦え」を謳《うた》うことは、あまりにも危険が大きいと反対した。このように、戦争になることを恐れ、開国をやむなしとする幕閣《ばっかく》に、斉昭の意見が容れられることはなかった。斉昭は辞意を表明したが、斉昭の尊王攘夷思想に共鳴する大名達を、幕府から離反しないように、阿部正弘は、斉昭に対して、軍制参与、幕政参与の称号を与えて、幕政改革に取り組もうとしたものの、やがて、阿部正弘も持て余《あま》す存在となり、安政三年（一八五六）正月から登城に及ばずとの達《たつし》があった。

斉昭再び罰せられる

安政五年（一八五八）六月十九日、幕府は、日米修好通商条約を結《むす》んだ。しかし、この条約は天皇の許しを得ていなかったため、斉昭は、六月二十四日、大老井伊直弼《なおすけ》に抗議すべく、藩主慶篤らと共に登城したが議論にならず、逆に、この日は、決められた登城の日でなかったことから、不時登城を行ったとして、駒込藩邸での急度慎《きっとつつしみ》が言い渡された。

同年八月八日、「戊午《ぼご》の密勅」と呼ばれる孝明天皇の命令書である勅諚《ちょくじょう》が水戸藩に、また二日後には同文の勅諚が幕府に下された。これが密勅と呼ばれるのは、本来、勅諚には有るはずの関白の署名がないなど、正式の手続きが取られていなかったことによる。

そして、その内容は、日米通商条約の調印は遺憾であるとし、水戸藩に対しては別紙で、本勅諚を列藩へ回達することを指示し、徳川家を扶助し、水戸藩主導による攘夷の推進を促《うなが》すものであった。

朝廷が藩に対して直接に意向を伝えることなど、あってはならず、幕府を強く刺激した。井伊直弼は、この勅諚降下は、斉昭の陰謀によって行われたと決めつけ、安政の大獄を決断させる契機となった。安政の大獄で水戸藩は、主だった家臣を失い、駒込藩邸で急度慎中の斉昭には、安政六年（一八五九）八月二十七日、水戸での永（終身）蟄居《ちっきょ》が命ぜられた。そして、翌万延元年（一八六〇）三月三日の桜田門外の変で、井伊直弼が水戸浪士らによって暗殺されてから、それほど間を置くことなく、同年八月十五日、水戸城で帰らぬ人となった。享年六十一歳。

二　土屋寅直の略歴

次に、本書に数多く登場する斉昭書簡の名宛人、土浦藩主土屋寅直《ともなお》について、斉昭との関係を中心に触れておきたい。

水戸藩六代藩主治保《はるもり》の三男治三郎《こうざぶろう》が、土浦藩主の土屋家へ養子に入って、土屋彦直《よしなお》を名乗り、九代土浦藩主となった。その彦直の長男として文政三年（一八二〇）二月二十四日に生まれたのが寅直である。

ちなみに、治保の長男治紀《はるとし》は、水戸藩七代藩主で斉昭の父なので、斉昭にとって、土屋彦直は叔父、土屋寅直は二十歳下の従兄弟《いとこ》にあたる。

寅直は、天保九年（一八三八）十二月、父彦直が眼病で隠居した跡を受けて、十九歳で第十代藩主の座に就き、奏者番（大名・旗本が将軍に謁見《えっけん》するときの取次役）・寺社奉行を経て、嘉永三年（一八五〇）九月には三十一歳という若さで大坂城代に任ぜられた。

寅直宛書簡のほとんどが、寅直が大坂城代として赴任してから、安政五年（一八五八）五月五日までの約七年半の間に書かれたものである。国政で言えば、ペリー来航から、井伊大老の出現直後までの間であり、まさに斉昭・寅直の二人が、それぞれに攘夷という立場で、国政に胸を痛めた時期といえる。斉昭の筆の運びは常に親切丁寧で、ある時は愚痴《ぐち》を書き連ねる、また、ある時は、情報を与えて、寅直が判断を誤ることの無いよう、気を配っている。

斉昭を陰で支援

城代としての寅直は、安政元年（一八五四）九月、大坂湾に突如現れたロシア艦ディアナ号を、平穏に下田へ回航させるという、誰もが称賛する手柄を立てた。彼は、この実績をもって、老中へ昇進を志《こころざ》したが果たせなかった。その後、安政五年（一八五八）八月の、水戸藩への密勅降下事件（戊午《ぼご》の密勅《みっちょく》）（216頁参照）に、家臣の城代公用人大久保要《かなめ》が関わっていたことから、寅直も嫌疑を懸《か》けられ、同年十月、幕府から、江戸へ戻るように命ぜられ、翌十一月に病気を理由に退役した。

その家臣の大久保要は、藩主の寅直より二十二歳上、斉昭よりも二つ上であった。彼は、寅直が城代として赴任《ふにん》する際には、現地へ先乗りして、前任の城代と引継ぎを行うといった大任を任《まか》されるなど、常に藩主の片腕であった。と同時に、斉昭の信奉者でもあった。

藩主が大坂へ赴任する三年前の弘化四年、斉昭が幕府の処分を受けて、藩政に復帰できずにいたとき、大久保は、老中首座阿部正弘の家臣と、斉昭の復権に関して接触するなど、他藩の藩士ながら、斉昭の復権に重要な役割を果たしている。（78頁参照）

また、密勅降下事件では、朝廷に勅諚降下を働きかけるために京へ上ってきた、以前水戸藩士で、当時は薩摩藩士の日下部伊三治《くさかべいそうじ》（218頁参照）ら志士三名に、自邸を活動の根拠地として使わせた。そのため、密勅の降下に関わったとして、安政五年（一八五八）十一月、江戸藩邸内に幽閉、翌六年十月、土浦にて永押込《ながおしこめ》（終身、他出が許されない）となり、十二月に病没した。享年六十二歳。

こうした大久保の活動は、藩主寅直の黙認するところであり、寅直による斉昭支援でもあった。

この後の寅直

寅直は、退役から六年後の元治元年（一八六四）九月に、奏者番兼寺社奉行に復帰し、明治元年（一八六八）四月までその職にあった。

慶応三年（一八六七）十月に将軍慶喜が大政奉還すると、寅直は藩論を勤皇にまとめて朝廷に帰順した。

跡継ぎのなかった寅直が養子に迎えたのは、斉昭の十七男余七麿《よしちまろ》で、彼は、明治元年、土屋挙直《しげなお》と称して土屋家を相続、後に土浦藩知事になった。

寅直が亡くなったのは、明治二十八年（一八九五）十一月、七十六歳であった。

三　斉昭登場前の藩内抗争のあらまし

そもそも水戸藩の藩内抗争は、六代藩主治保《はるもり》の時、立原翠軒《たちはらすいけん》と弟子の藤田幽谷《ゆうこく》（藤田東湖の父）が、『大日本史』編集を巡《めぐ》って対立したのに始まる。これが、立原翠軒と藤田幽谷両派の政治的対立に発展したという。

『大日本史』編集は、弟子の藤田幽谷に引き継がれた。一方の立原翠軒は、徳川幕府成立の歴史に視点を向け、弟子の小宮山楓軒《ふうけん》が中心となって、『垂統大記《すいとうたいき》』をまとめた。立原派が名《めい》家《か》・大家《たいか》を中心に構成され、佐幕《さばく》（幕府支持）論に傾いていったのも必然的であった。

そして、立原派と幽谷派の対立は、藩主治保以後、どの藩主も幽谷派を重用したため、幽谷派が多数を占めるようになり、斉昭の藩主就任時は、立原派の主だった人としては、門閥派の重臣で藤田晴軒、郡《こおり》奉行として名声を博した小宮山楓軒《ふうけん》といったところで、勢力としては小さかった。ここでは、小宮山楓軒について一言《ひとこと》触れておきたい。

寛政十一年（一七九九）に、彰考館の学者生活から、一転して、今でいう鹿島郡や行方《なめがた》郡一帯を治める南郡の郡奉行へ転出した。彼は、薪炭《しんたん》を産する地では、椚《くぬぎ》の植林を奨励して、薪炭の大産地にして、これを商品化させた。また、当時、農村では窮乏からくる夜逃げが多く、間引《まび》きも頻繁《ひんぱん》に行われるなど人口減少が課題になっていたが、貧困にあえぐ母親や妊婦を保護するなど、人口減に歯止めをかけ、『藩内の人口増は、楓軒が治める一郡のみ』と言われるようにもなった。

治政二十一年目にあたる文政三年（一八二〇）の水戸帰任に際しては、見送りの村民が群れをなして、彼を慈母のように慕い、紅葉村の陣屋から涸沼《ひぬま》下流の湖畔沿いの町まで、泣きながら見送ったと言う。この後、斉昭の下で町奉行などを勤め、天保十一年（一八四〇）に七十七歳で亡くなった。（佐伯浩明著「水戸藩最悪の地を21年かけて最良の地に替えた男—財政・人口・教育の三大改革を推進した郡奉行・小宮山楓軒—」『国際人流』）

第二章　暗転、追い落とされた斉昭

一　二人の藩主候補

八代藩主である斉昭の兄斉脩《なりのぶ》は、十一代将軍家斉《いえなり》の女《むすめ》峰姫《みねひめ》を正妻にした。
斉脩は、生まれつき病弱で子がなく、斉脩の死により、弟の斉昭が養子となって、藩主に就任したが、この時、斉昭より有力な藩主候補がいた。

前の将軍家斉《いえなり》の四十五番目の子で、田安家・一橋家と共に御三卿の一つである清水家に入っていた清水恒《つね》之《の》允《じょう》である。元々病弱な斉脩は、代々藩政を司《つかさど》ってきた譜代の保守的な重臣ら（門閥派と呼ぶ）に藩政を任《まか》せていた。清水恒之允が藩主になれば、何かにつけて幕府の支援を仰ぐこともできる。貧しい藩を運営する保守的な重臣等が、こうした縁談に飛びつかないはずがない。

余談になるが、斉脩が家斉の女《むすめ》峰姫（清水恒之允の姉にあたる）を迎えたときは、幕府は、藩がそれまで返済せずに溜めていた九万両もの貸付金を棒引きにしたほか、峰姫の化粧料として毎年一万両の持参金が付いた。なお、将軍の娘が大名（三位以上）の妻になると、別に御殿が新築され、「御守殿様《ごしゅでんさま》」と呼ばれる。峰姫の御殿は、小石川上屋敷内に建てられた。本書に出てくる御守殿は、常に峰姫のことを指している。

一方、学問・実力で地位を築いてきた中・下士層の藩士たちは、藩政の改革を唱《とな》え、水戸徳川家の血を引く斉昭に期待した。彼らは、斉脩が重体に陥《おちい》るや、藩の許可なしに約四十名もの集団で江戸へ上り（こうした江戸のぼりを南上《なんじょう》と呼んだ）、江戸彰考館《えどしょうこうかん》（光圀設立の大日本史編纂所）総裁や支藩奥州守山藩の江戸屋敷を訪ねて協力を懇願した。

最終的には、斉脩の遺書に、「斉昭を養子に」と書かれていたことから、斉昭が九代藩主に就任したが、この藩主就任時のいざこざは、取りも直さず門閥派と改革派の抗争の起こりであった。

改革派と門閥派による抗争のはじまり

斉昭を藩主にしようと活動した、前述の南上組四十名余の大多数は、幽谷派である。そして、この運動の中心となって頭角《とうかく》を現した藤田東湖《とうこ》、戸田忠敞《ただあきら》の二人も幽谷派である。彼らは、文政十二年（一八二九）十月、藩主斉昭が実現すると、以後、改革派として、考え方の近い斉昭を支え、天保の改革を推進する。

なお、南上組の中には、立原翠軒の跡継ぎ立原杏所《きょうしょ》（藩主に近侍する江戸通事の職にあった。日本画で有名）をはじめ、立原派のものも数名加わっていたことを付記しておきたい。

面白くないのが、門閥派の重臣らである。当《あて》にしていた幕府の財政支援がフイになったうえ、斉昭が新藩主に就任して僅か二か月後、次のように門閥派に厳しい人事改革（異動）が行われた。

その年十二月十四日の日に、水戸の執政（著者注 家老）一人を罷免したまい、同二十四日の日に、江戸藩邸の執政二人をはじめ勘定奉行・奥右筆頭取・勘定吟味役など、そのほか賄賂を貪《むさぼ》り、私財を増やすことばかりに精を出して風俗を乱したものどもをことごとく免職したまい、その罪の軽重に応じてあるいは隠居を命じ、その禄を削《けず》ってその子に与え、あるいはその全禄を没収し、少しばかりの禄米を与えて謹慎せしめるなどせられた。（藤田東湖著 橋川文三編・訳『常陸帯《ひたちおび》』）

藤田東湖は、この話に続けて「殿は、世を継いで一か月余りで、その志を助ける人もなく、その剛直明敏な道徳的判断力だけで小人《しょうじん》どもを排除した。そのご苦心は、いかばかりであったろうと思われるのである」とも書いている。

こうした斉昭による人事を見て、門閥派の人達が、斉昭の改革に非協力的になるのは自然の流れであった。
ここに、保守的な「門閥派」対、斉昭の改革を支える「改革派」といった、藩内抗争の構図が新たにできあがった。門閥派の中には少数だが、旧立原派の人も含まれていた。
久留米藩士村上量弘《かずひろ》が『水戸見聞録論』に、斉昭が家督相続直後に門閥派家臣を圧伏させ、権力を確立する様子を記しており、それによれば、斉昭は、光圀が藤井紋太夫を刺した封印の刀を取り出し、手討ちも辞さぬ姿勢を見せて門閥家臣を恫喝《どうかつ》した。その「豪徳（著者注 強い気性と道徳にかなった立派な行い）」があったればこそ、水戸藩は改革に成功したというのである。（磯田道史著「水戸藩天保改革の同時代的評価と影響―新史料『水戸見聞録論』の分析」『茨城県史研究』）
ここにある、光圀が家老を刺したという話は、元禄七年（一六九四）十一月、すでに隠居をしていた光圀が、能の幕間《まくあい》に、家老の藤井紋太夫を楽屋に呼び寄せて手討にしたことを指す。その理由は、不明のまま闇に葬られている。

二　改革派の進出

斉昭も、党派の弊害を認識しており、公平に扱うことを公言していた。しかし、藩主就任時に、半ば身を捨てて、自分の擁立に力を尽くした藤田東湖らへの恩義は感じていたと思われる。

斉昭の改革は、斉昭の強引さと、改革派の努力もあって、年月をかけて徐々に進められた。当然の結果として、中・下士層から成る改革派の人達が目をかけられ、主要な地位へつくようになっていったが、禄《ろく》の高い人しかなれない行政三役ともいうべき重役に加わるのは並大抵のことではなかった。

水戸藩の重役陣は、まず、藩主の下で政治の実権を握り、幕府の老中に匹敵する執政《しっせい》（家老）、そして参政（若年寄）、側用人《そばようにん》（参政の補佐役）と続く。執政と参政は、それぞれ数名置かれたが、執政は原則として譜代の重臣がなっていた。

斉昭が藩主になって十一年目の天保十年（一八三九）のこと、藩は連年の凶作から財政の困難を理由として、天保八年（一八三七）に続き、藩士の家禄について半知《はんち》借り上げを実施せねばならなかった。借り上げとは名ばかりで、実質藩士の俸禄《ほうろく》を半分に減ずることである。

さらに同年九月には、斉昭が、来春水戸へ帰国し、藩士が武具をまとった完全装備で勢ぞろいする「甲冑《かっちゅう》お目見え」を行うことが発表された。

藩主となって二度目となる、斉昭の帰国は、改革の中心になる全領検地と藩校（弘道館）建設という大事業を、斉昭の直接指揮の下で実現させようとするもので、改革派の歓迎するところであった。しかし、門閥派としては、もともと、斉昭の進める改革が面白くない。そのうえ、斉昭が申し付けた「甲冑お目見え」は、藩士それぞれが役に応じて武具や馬具を整えねばならず、平和に慣れ、貧乏生活から鎧兜《よろいかぶと》を質入れしている者もある。

同年十月、たまりかねた門閥派の上士七十余名が、「藩主の帰国は、藩の支出を増大させ、藩士の暮らし向きを立たなくさせるから、帰国を延期するか、借り上げを取りやめるか、そのどちらかだけにしてほしい」と訴状に連署して抗議した。これに対し、斉昭は、「藩主の帰国を歓迎しないとは何事か！」と怒り、この訴状を差し出すことを止めなかったとして、その立場にいた執政二人を罷免、参政一人を降格、抗議をそそのかした責任者として大番頭と他一名の役禄を没収した。これらは皆門閥派だが、処分は改革派の調役藤田東湖ほか一名が本件に関わったとして左遷《させん》された。

斉昭は、この機を幸いとばかりに、執政二人の後任には同じ門閥派の二人を充てたが、参政に改革派の戸田忠敞と武田正生《まさなり》の二人を取り立てた。さらに、一時は彰考館編修に左遷した藤田東湖だったが、事件から数か月後の天保十一年（一八四〇）正月には、側用人に抜擢し、改革派の中心人物三人を重職につけたので、世間は「あっ」と驚いた。また、同年八月には、戸田忠敞が、参政から執政へ取り立てられた。門閥派重臣で構成されるのが慣習の重役陣に、改革派の戸田忠敞が執政へ、武田正生が参政へ、藤田東湖が側用人へと割って入った。

しかし、そうした一方で、斉昭は、自分が目をかけた、名家《めいか》の出である結城寅寿《とらかず》を、ことのほか重く用いていく。おそらく、斉昭は、家格のあるものを自分で育て、要職に使いたいと考えていたと思われる。

藤田東湖の来歴

東湖の父の幽谷は、古着屋の子であったが、武士に取り立てられ、三十四歳で彰考館総裁となり、後《のち》に郡奉行も勤めた。改革派の祖とも言える人物である。

その藤田家の来歴であるが、以下のように見える。

遠祖は小野篁《おののたかむら》（平安時代前期の公卿・文人）にまでさかのぼり、かつて武蔵国《むさしのくに》の住人であったが、戦国の世にそこを離れ、やがて常陸国《ひたちのくに》に移ってきたと伝えられる。篁の後裔説《こうえいせつ》はたんなる伝承にすぎないとしても、後年東湖自身、その自覚が勉学意欲を振起するのに役立った、と記している。（「青山雲龍に与える書」菊池謙二郎編『新定東湖全集』）

父幽谷の数代前の寛永《かんえい》年間（一六二四―四三）の頃にはすでに那珂《なか》郡飯田村中島の地に居住していたと考えられ、代々そこで農業を営んでいた。（中略）しかるに、東湖の曽祖父すなわち幽谷の祖父は、先祖伝来の地飯田村を去って水戸城下の奈良屋町（その地の形状から俗に下谷《したや》と称される）に転居した。（中略）父は言徳といい、そこで古着商を営み、屋号を藤田屋と言った。（鈴木暎一著『藤田東湖』）

幽谷が生存していた文政七年（一八二四）五月、藩の北端の大津村（現北茨城市）にイギリスの捕鯨船二隻が着岸、乗組員十二人が上陸して村人に捕らえられ、幕府代官の訊問《じんもん》を受けるという事件（大津浜事件と呼ばれる）が起こった。そのとき、幽谷は、十九歳の東湖に、

最近、毎年のように外夷が近海をうかがい、ときには大砲をとどろかせてわが人民をふるいあがらせており、その傲慢《ごうまん》無礼はたとえようもない。しかるに世間の者はみな引っ込み思案で、事なかれ主義を好んでおるから、ひょっとしたら放還方針をとり、一時のがれの平穏を保とうとするのじゃないかと、わしはそれを恐れる。（中略）お前は急いで大津村へ行け。こっそり情勢を見て、もし放還方針に決まったことがはっきりしたら、まっしぐらに異人の小屋にとびこみ、腕をふるって奴《やつ》らを皆殺しにせい。（藤田東湖著　橋川文三編・訳『回転詩史』）

と言いつけた。

しかし、東湖を送り出す別れの酒宴がたけなわにならないうちに、イギリス人十二人は、解

き放たれて、ボートで立ち去ったとの報告が届いたという。

文政十年（一八二七）正月、東湖は父の死により家督を継ぎ、二百石を給され、彰考館編修になった。そして、文政十二年（一八二九）十月十七日、斉昭が新藩主に就任するや、その直後の同年十月二十八日付で、待っていましたとばかりに、初の封事《ふうじ》（君主に差し上げる意見書）を書いて、斉昭に提出した。

そこでは、

綱紀の紊乱《びんらん》、士民の困窮、財用の不足といった現状を顧《かえり》みず、酒宴遊興に耽《ふけ》り、金銭賄賂《わいろ》をむさぼっておのれ一身の利欲のみをはかってきた「姦臣《かんしん》」に「重き御政務」を委《ゆだ》ねていた前代の宿弊を一掃しなければならない。（『藤田東湖』）

と述べている。

東湖は、斉昭を支えて天保の改革を推進した。そのため、斉昭が失脚したとき、東湖も、斉昭の自分勝手な行動を止めなかったとして、同時に処分（蟄居）された。

彼の書いた『回転詩史』『常陸帯《ひたちおび》』『弘道館記述義』などは、思想家として東湖の名を高め、全国尊王攘夷の志士に与えた影響は大きい。

天狗派のこと

改革派が天狗派とも呼ばれるようになったのは、天保二〜三年（一八三一〜一八三二）の頃かと思われる。その頃、藩内は斉昭の行う人事異動でごたついており、中立派で御用調べ役の山口徳正が、斉昭に上書したとき、藤田東湖らを天狗派と言い、門閥派を俗人《ぞくじん》などと呼んでいる。

東湖らは、自分たちを「正論」「正義」派と自認し、門閥派のことは改革を喜ばない「俗論派」と呼んでいた。

そういえば、天保の初め頃流行した「ざれ歌」には、東湖らを風刺して「高慢なその顔だけに見出され」などとあるから、身分の高くない改革派の人々を「高慢ちきな鼻高野郎」くらいのつもりで言ったのであろうし、その頃すでに世間で呼びならわされていたのであろう。（『新装水戸の斉昭』）

一方、斉昭は天狗について、

江戸にては、口慢者などを天狗と申すように聞いているが、水戸では、義気ある有志の者を天狗と呼ぶ。たとえば、生活費困窮にて今日の暮らしにも差し支えるのに、食べるものも食べずに書物を買い入れる、又は刀剣甲冑《とうけんかっちゅう》など買入れ、容易に人にできないことを致し、中々人のできることではないことから、天狗であろうと感心するので、義気に強く、國家のための忠を知っている者は何《いず》れも天狗の仲間、是も天狗の仲間と申すようになって、拙老が国では義勇のかえ名である。（徳川斉昭編『新伊勢物語』）

と書いている。

なお後年、日本が異国人にも多少慣れ、貿易の得失や先進文化を、身をもって知るようになった元治《げんじ》元年（一八六四）三月、藤田東湖の倅《せがれ》の藤田小四郎らが、天狗党を名乗って筑波山に旗揚《あ》げをした。目的は、幕府に、外国人を追い払うという攘夷《じょうい》を実行させ、日本を、日米和親条約以前の鎖国日本に戻すことであった。この天狗党の話は、最終章で触れることになるが、党名が、改革派の別称である天狗派に由来していることを記《しる》しておきたい。

三　結城寅寿《とらかず》が門閥派の総帥へ

東湖らの改革派に対し、斉昭の改革に初めから不満を持つ上士ら、旧家《きゅうか》・門閥層を束《たば》ね、これを率《ひき》いるようになったのが結城寅寿である。もっとも、彼が名実ともに総帥《そうすい》に収まったのが、執政を拝命した天保十三年（一八四二）三月とすると、斉昭が天保の改革を始めて、すでに十三年目に入っていた。

彼は、斉昭の下、二十五歳と言う若さで藩政府最高の地位である執政にのぼりつめたことから、相当の政治的手腕の持ち主と思われるが、思想家であり書き物の多い東湖と異なり、彼の考え方等を詳しく知る史料は見当たらない。

結城寅寿の系譜

もともと結城家は、天慶《てんぎょう》二年（九三九）、平将門《たいらのまさかど》が関東制圧を目指して兵を挙げた承平《じょうへい》・天慶の乱の平定に際し、将門の首を取るという大功をあげた藤原秀郷《ひでさと》（別名俵藤太《たわらのとうた》）を祖とし、秀郷の支城の一つ結城城の城主として、結城家を創業した初代結城朝光《ともみつ》の血を引く名家である。

この初代結城朝光は、源頼朝の家臣《かしん》として、木曽義仲追討、平家追討、奥州征伐に参戦。元《げん》暦《りゃく》二年（一一八五）五月には、戦勝報告のため鎌倉に入ろうとした義経を、頼朝の使者として、相模の酒匂《さかわ》駅で「鎌倉入り不可」の口上を伝えている。なお、『結城市史』に載る結城系図には、朝光は、頼朝と下野《しもつけ》の豪族宇都宮宗綱《むねつな》の女《むすめ》との間にできた頼朝の庶子《しょし》（妾《めかけ》の子）となっている。ただ、この話は、『吾妻鏡』などの主だった史料には見られない。

この名家結城家が何故水戸徳川家に仕え、水戸結城とも呼ばれるようになったのか。

水戸光圀は、大日本史編纂のため家来に全国各地の古い文書を集めさせた。このとき、白河中畠で、天正十八年（一五九〇）の秀吉の小田原征伐に参じなかったため、領地を没収され、没落した白河結城氏の一族で、嫡流ではないが古い文書を沢山所蔵していた中畠家を知ったのが始まりである。

白河結城氏について、少し触れておくと、前述の初代結城朝光の孫の結城祐広《すけひろ》が白河に移住んだのが始まりで、その二代目の結城宗広《むねひろ》は、名高い南朝の武将であった。後醍醐《ごだいご》天皇の綸旨《りんじ》（天皇のお言葉）を得て、新田義貞《よしさだ》らと共に鎌倉幕府を討ち、その後、足利尊氏《たかうじ》が武家政権を目指すと、北畠顕家《きたばたけあきいえ》と共に奥州の大軍を率《ひき》いて京へ向かい、足利尊氏を九州へ追い落とした。しかし、尊氏が勢力を回復し、南朝方の新田義貞・北畠顕家は戦死、結城宗広も病を得て伊勢で亡くなった。享年七十余歳か。

光圀は、中畠家が、こうした白河結城氏の一族であるにもかかわらず、民間に落ちぶれていたのを哀れんで、天和《てんな》三年（一六八三）に取り立て、結城の姓に復させた。これが水戸結城家の初代結城覚左衛門晴定となる。

このように、水戸結城の初代は白河結城氏の庶流（本家から分れた家柄）であるというのが通説と思われるが、そうではなく、水戸結城は、結城朝光の嫡流《ちゃくりゅう》（総本家の家柄）であるとする説がある。（石島滴水《てきすい》著『結城の郷土史』）

この説は、著者石島氏所蔵の写本に次のような記載があることを根拠としている。

結城七郎晴信　晴朝（第十七代結城城主）の長男
結城内蔵之介忠光　晴朝の二男

右晴朝公の御実子は、十八代秀康《ひでやす》公が越前福井に領地替えとなったとき、晴朝公の奥方と共に奥州矢吹へ引籠《ひきこも》り、中畠という所に一城（館のことか）を築いて住んで居たところ、光圀公の代に、右長男晴信公を召し出され、天和《てんな》三年、知行五百石を賜《たまわ》った。二男の忠光公御子孫は今以《も》って矢吹御在城の由。（『結城の郷土史』）

この記録からすれば、第十七代晴朝には、長男晴信という跡継ぎがいながら、天正十二年（一五八四）の秀吉と家康の小牧長久手の戦いの休戦・講和にあたり、秀吉が政略上養子にしていた徳川家康の二男秀康《ひでやす》を養子に迎え、秀康を十八代結城城主にして自分は隠居したということになる。

弱肉強食の戦国の世で家を残し、家臣を路頭に迷わせないための策であったろうと著者の石島氏は記している。

晴朝は、ある時は上杉側として、またある時は北条側として、戦いに明け暮れた。天正十八年（一五九〇）秀吉の小田原征伐時は、北条側の鹿沼《かぬま》・小山・榎本の三城を攻め取って小田原へ参陣したので、秀吉は晴朝の忠義ぶりを厚く感心して称《たた》えたという。

その後、晴朝の後を継いだ十八代結城秀康は、慶長五年（一六〇〇）九月の関ケ原の戦いの時、家康の背面を脅《おびや》かす会津上杉景勝の軍を宇都宮で牽制《けんせい》し抑《おさ》えるという功をたて、これにより所領十万一千石の結城から、越前福井六十七万石へと領地替えとなった。

養父の晴朝も秀康に従って福井へ移り、慶長十九年（一六一四）まで永らえた（八十一歳）と伝えられる。

寅寿の人物像

初代水戸結城家の系譜については以上のとおり二つの説がある。いずれにしても、同家は最初五百石で光圀に召し抱えられたが、代々の藩主の目にも留《と》まったのであろう、徐々に加増を得、文政七年（一八二四）十二月、寅寿（七歳）が、父親の死で家督を継いだ時は千石を賜《たまわ》っていた。

天保四年（一八三三）、寅寿は十六歳のとき、江戸へ召されて小姓となり、同九年（一八三八）には使番《つかいばん》、同十一年正月二十三歳で小姓頭、同年九月には参政（若年寄）へと出世する。また、この年、斉昭が願っていた弘道館の造営が始まり、その係ともなる。

彼には、次のような話もある。

その1　「十三歳か十四歳の頃斉昭公のお側にお仕えし、まず「御伽《おとぎ》」（お話し相手をすること）

という勤めをした。しかし、斉昭公は、色欲を専らお好みになる性癖《せいへき》をお持ちであったので、寅寿の美しさに深く溺《おぼ》れてしまわれ、寅寿と男色《だんしょく》されたというのである。また寅寿も姦悪（よこしまなる者）であるから、度々斉昭公の求めに応《こた》えて、佞媚《ねいび》（口先うまくへつらい）を申し上げ、このように男色の遊楽を重ねておったという」。（『逸事史補』）

その2　結城寅寿は非凡の人材である。十四～五才の頃剣術の上覧があり、その帰り路、家来一人召し連れて三の丸の見付《みつ》けあたりへ来た時、家来に「其方《そのほう》はこれより帰ってお母様へ今日の上覧は首尾よく相済みましたと申上げよ、吾等はこれより先生の御宅へ参りお礼を述べて直ぐ帰る」と、きっぱりと言い渡した挙動がいかにも立派で、少年の振舞《ふるまい》とは見えず、同行した者みな感心した。また寅寿の家は、家禄千石で、家計にゆとりもあり、藩中の少年が、書籍を買う金に困っていると聞けば、直ぐにその書籍を買って贈る、また、貧しくて弓の稽古《けいこ》が十分にできない者には弓矢を買って贈るなど、万事この通りなので、彼の周りには自然に人が集まるようになった。（『故老實歴　水戸史談』）

右は、元奥右筆《おくゆうひつ》のある翁の想い出話だが、少年の頃から、配下の者への巧みな接し方を身に付けており、家禄千石という家柄と相まって、多くの期待を集めていたことが窺える。

結城寅寿の出世

東湖（三十五歳）が側用人になった天保十一年（一八四〇）正月、寅寿（二十三歳）は小姓頭（役職は側用人より下）となり、同年九月には、東湖を抜いて参政（若年寄）に任じられた。天保十二年（一八四一）四月、寅寿は、東湖と共に、お勝手改正係（会計）を命ぜられた。この頃になると、門閥派で寅寿と親しく交《まじ》わる者が多く、寅寿が門閥派の利益代表になることを、門閥派の誰もが期待するようになっていった。

そうした空気に応えるかのように、寅寿は、天保十三年（一八四二）三月に執政を拝命した。ここで寅寿は、名実ともに門閥派を配下に納め、門閥派が結城派とも称されるようになった。寅寿の権勢は盛んになり、彼の腹心の者達が次々と登用される一方で、彼は、藩に不平を持つ古くからの家臣を招き寄せて勢力を蓄え、藤田・戸田の改革派を凌《しの》ぐ勢いすら見せるようになった。こうした情勢に、東湖としては、心中穏やかでなかったと思われる。

なお、本書では、後日、結城寅寿が処刑され、配下の主だったものが排除されるまでを結城派と呼び、その後は、門閥派に戻す。

天保の改革の仕上げ（社寺改革）

天保十四年（一八四三）年九月、天保の改革の仕上げとして、かねての懸案であった社寺改革の仕上げが行われた。
斉昭が何故社寺改革に拘《こだわ》ったか。斉昭の仏教観を、『膺懲《おうちょう》私言　神道儒道を尊び夷端邪説《いたんじゃせつ》（異国のよこしまな説）をしりぞくるの論』と題して、斉昭が口述、藤田東湖が筆記している。参考までに、その一部を紹介すると次のとおりである。

君臣父子《くんしんふし》（主君と家臣、父と子）というものは、人の大倫《たいりん》（人のふみ行うべき大きな道）にて、忠孝（忠義と孝行）は一日もおろそかにしてはいけない道なり。然《しか》るに仏法が、君父《くんぷ》（主君と父）よりもその本尊仏を尊ぶは憎《にく》むべきことなり。神国に生まれ、わが国の神を尊ばずして、えびす国の仏を拝み、地獄だの極楽だのの妄説《もうせつ》（根拠のない間違った説）で人を欺《あざむ》き、勧化《ごんげ》（仏の化身）・布施・寄進と名付け、四民《しみん》（士・農・工・商）の金銀財宝を貪《むさぼ》ることを業《わざ》とする。仏道を退《しりぞ》けんとすれば神道を尊《たっと》ぶべし。神道を尊ばんとするときは、儒道をもってこれを助くべし。儒道は五倫（君臣の儀・父子の親《しん》・夫婦の別・長幼の序・朋友の信）の道をもって教えとするので、神皇の道（神道）に符合する。

斉昭のこの様な考えに基づく社寺改革は、具体的には、銅製の梵鐘・濡れ仏・仏具を潰《つぶ》して大砲にする毀鐘鋳砲《きしょうちゅうほう》、奢侈《しゃし》利欲に走る僧侶と無住荒廃寺院の大整理、神仏分離、神道興隆《しんとうこうりゅう》（神道を盛んにする)、寺請制度(庶民がキリシタンではなく、寺の檀徒であることを、帰依している寺＝檀那寺に証明させる)に代わる神社氏子《うじこ》制度の制定などである。これらは、寺院側の反発があるのはもちろんのこと、伝統的な幕府の宗教政策にも触れる危険があるうえ、長年にわたって民が親しみ崇《あが》めている仏教に対する圧迫であるから、当然のことながら、ことは慎重のうえにも慎重を期して運ばねばならなかった。

今井金衛門の寺社奉行拝命と、同人をめぐる寅寿・東湖の葛藤

社寺改革を担当する寺社奉行には、改革派の今井金衛門が任命された。この人事は、執政結城寅寿の手によるもので、今井金衛門は参政だったから、あきらかに降格による配転になる。

この金衛門について、東湖は、「風岸孤峭《ふうがんこしょう》(人と融和できず、直ぐに荒立つ性格)直言抗議《ちょくげんこうぎ》清潔無私」と評した人物ではあるが、この仕事には適任ではなく、この人事に寅寿の下心、今井金衛門に失敗させることで、改革派の評判を貶《おとし》めるといった悪意を感じ取り、斉昭にこの人事の撤回を申し入れたが、埒《らち》が明かなかった。そのため、意見書を書いて側用人の辞職を願い出た。この意見書のなかで、東湖は、寅寿を「党派を結んで藩政を独《ひと》りじめしている」と非難している。

斉昭は、人を使って、東湖の辞職を思いとどまらせたが、東湖の意見書に対しては、藩主らしい批評をしている。そこには、

寅寿を厭《いと》う文は上手く書けているが実意ではない。東湖の本心は、権力を振るいたいが、今でも下に居るためにそれができないということだと思う。家老でも、権力を振るうことは、もってのほかで、ましてや、それより下の者が権力を振るうことは尚更《なおさら》に悪い。寅寿は、家柄も、禄高も代々家老職であるが、一方の東湖は、町人より引き立てた二代目（初代は古着屋の倅であった藤田幽谷）である。だから、寅寿に任せて上手くいかないときは、先祖に対して顔向けできるが、東湖に任せて失敗したときは、先祖に対して申し開きが立たない。戸田、寅寿らは、我ら萬年の後までも頼りにして使いたいが、東湖は、全くの才子《さいし》（才知のすぐれた人）につき、我ら萬年の後は、重要な地位に置いてはいけない人物である。（『藤田東湖伝』）

と書いている。

これが、斉昭の失脚前年の東湖と寅寿の評価である。

残念ながら、今井金衛門の寺社奉行は、東湖の案じた通りに、また、見方を変えれば、寅寿の思惑通りに、斉昭の改革に水を差してしまった。次の記事は、今井金衛門の寺社奉行は、大きな人選ミスであったと言っている。

東湖にいわせれば今井金衛門は「直言抗議、清潔無私」の人物だという。そうだったかもしれないが知恵才覚はあり余るほどでもなかったらしい。結城（結城寅寿）の謀略で寺社奉行に降職させられたというので不平満々、仏寺仏像にやつ当りしてブチこわしをいとわなかった気味がある。奉行所の小役人どもは、お奉行様今井の意を迎えるに汲々《きゅうきゅう》として、銅鐘や銅の仏像仏具のみならず、大砲鋳造に何の用もなさぬ木仏《きぶつ》・石仏まで取り上げた。仏を敬う村民の意向を汲み、自身の仏罰を恐れもする村役人たちが、平身低頭、木仏・石仏などの引き上げ方ご猶予を嘆願に及んでも、今井らはご領主様の仰せつけという一言ではねつけ、おどしつけて、どんな仏像も片はしから荒なわでくくって車につみあげ、寺社奉行の役宅《やくたく》に運ばせた。当時その役宅の小使いをしていた男が維新後、老後の思い出話に、百姓たちは金銀の蓮の花、赤うるしの仏具、木仏・金仏《かなぶつ》・石仏をゴチャまぜにひっくくって積み上げた荷車を、役宅の門の中にひきこむなり、「ああ罰が当たる。もったいない、もったいない」と声をふるわせ、顔をおおうて、あとをも見ずに逃げ去ったという。（『覚書 幕末の水戸藩』）

今井金衛門のやり過ぎがあったにせよ、この社寺改革は、仏教界に強い危機感をもたせた。上野寛永寺、芝増上寺、京都知恩院などの激しい反発を招いたことは先に述べた。当然に、幕府・

大奥が、「水戸藩はけしからん」という声を各方面から耳にしたことは言うまでもない。藩内の改革反対勢力、寺院や幕府の反斉昭勢力は、この悪評を絶好の機会とばかりに、斉昭失脚への流れを作りあげていった。

四　斉昭の失脚

将軍による褒賞《ほうしょう》

まだ、藩内の社寺改革が本格的に始まる前年の天保十四年（一八四三）の四月、六十七年ぶりに将軍の日光社参《しゃさん》（参拝）が行われた。一大行事である。天保十一年正月以来、水戸で改革の指揮を執っていた斉昭も、この社参に従うため、三年ぶりに江戸へ上った。社参も無事に終え、江戸へ戻り、水戸への帰国を目前にしていた斉昭は、登城の命を受けた。五月十八日、登城すると、将軍家慶から、

一昨年来（天保十二年）国政の向き格別行届かれ、文武ともに絶えず研究の趣、一段の事と思われている。なおこの上、領地滞在中は、領内末々《すえずえ》まで御公儀の恩恵に浴すことができるように努め、御安心されるよう厚くお世話されたい。よって御伝来の御太刀を遣《つか》わ

されるので秘蔵されるように。かつ、御領中巡見等の節に用いられるよう御鞍《くら》・御鐙《あぶみ》を遣わされ、又何かの御用途として黄金を遣わされるので、源義（光圀）殿の遺志を継ぎ、ますます忠誠を励まれるように。（渋沢栄一著『徳川慶喜公伝１』）

と書かれた褒詞《ほうし》を授けられた。そして、伝来の太刀、鞍鐙と白木の台二つに載《の》せた黄金百枚を拝領した。

斉昭にとっては、藩主就任以来十三年間、心血を注《そそ》いで取り組んだ「天保の改革」を将軍が評価したのである。まさに天にも昇《のぼ》る気持であっただろう。

斉昭は、将軍の褒賞のあと、水戸への帰路にあたり、ちょうど農繁期であることから、農民の負担にならないよう、御座船と多数の供船《ともぶね》を用意して、極力水路を用いたが、途中、次のような感動的なシーンが展開した。

六月十三日暁小石川藩邸の門前より御船にて。まず江戸川に沿って下り、墨田川をすぎ、行徳で船を上がって陸路を取り、大森（現千葉県印西市内）で宿をとった。翌日早く木下《きおろし》（現千葉県印西市内）に着いたが、そこに那珂湊より君臣丸（御座船）と御とも船が都合八十艘《そう》余待機していた。船は満帆《まんぱん》に風をはらんでとぶように走ったが、利根川沿岸十六州の民衆は、争って小幟《このぼり》・紅白等それぞれ舟印を建てた小舟を出し、とも綱《づな》（船をつなぎとめる綱）を引かせてほしいと願い出た。とも綱は短いのに、小舟は多く、その雑踏とさわぎはほとんどとどめようもないほどであった。そこで公（斉昭）は船頭に命じてとも綱に数百丈の縄をつなげさせ、藩の飛地となっている潮来《いたこ》村に着くころには船をひく小舟の数は三百艘くらい、民衆の数は数千人にも達した。公は郡役人に命じて大きな酒樽を岸辺に置かせ、かがみを抜いて大盃につぎ、船を引っ張った者どもに賜《たまわ》ることにされた。また、東湖は執政の戸田らと共に御供したが、その船中の余興には近臣の者は管弦を演奏し、舟子は舷《ふなばた》を叩いて拍子をとりながら歌を歌った。（『藤田東湖』、『回天詩史』）

帰路は、このように、将軍の褒賞を受けて、故郷へ錦を飾るのに相応《ふさわ》しい祝賀旅行になった。この他領の民衆と小舟は、かつて斉昭が幕府に口を利《き》いて、十数年前の天保二年（一八三一）に竣工した霞ヶ浦北浦南部の水神川の浚渫《しゅんせつ》工事で、自藩・他藩数百の村が洪水の患《うれえ》から解放されたのを徳としての歓迎であったという。

天国から地獄へ

しかし、喜びも束《つか》の間、その褒賞からわずか一年後の弘化元年（一八四四）四月二十日、水戸家の別荘那珂湊の夤賓閣《いひんかく》に滞在中の斉昭のもとへ、幕府から呼出しの奉書が届けられた。また、この呼出し状を追いかけるように、江戸の藩邸から、四月十三・十六・十七日の三日間、老中阿部正弘が藩の付家老《つけがろう》（幕府が御三家・御三卿に、政治の監督・運営のために付けた家老）中山信《のぶ》守《もり》に藩政に関わる疑義七カ条について問い質《ただ》しがあったとの知らせが届いた。その七カ条は、

一　鉄砲連発のこと。
一　御勝手向（藩財政）不足と申しているが、そのようなことは無いのではないか。
一　松前の地を今もって領有したいと望んでいること。
一　諸浪人を召抱《めしかかえ》たこと。
一　御宮、御祭の儀を改めたこと。（水戸東照宮の神仏分離を行ったことを指す）
一　寺院破却のこと。
一　学校の土手の高さのこと。

であり、江戸藩邸の重臣らは、これらは全て幕府の法に触れるものではなく、幕府の為を思って行ったものであるとの返答書を作成して提出したとの報告であった。

この七カ条を見ると、一つには、藩は財政難と言いつつ、鉄砲の一斉射撃訓練をし、諸浪人

を召し抱え、学校（弘道館）の土手を高くして戦に備えているのではないか。あるいは蝦夷地《えぞ》領有化に野心を燃やす等、幕府に対し謀反《むほん》の心があるのではないか。二つには、水戸東照宮の神仏分離や、寺院の取り壊しは、幕府の宗教統制に反するのではないか、という疑義である。

斉昭は五月二日に水戸を発ち、江戸小石川の上屋敷に入ったが、何ら弁明の機会は与えられず、五月六日、幕府の使いとしてやって来た水戸家の三連枝《れんし》（御三家の分家を連枝という）の四国高松藩主松平讃岐守頼胤《さぬきのかみよりたね》・奥州守山藩主松平大学頭頼誠《だいがくのかみよりのぶ》・常陸府中藩主松平播磨守頼縄《はりまのかみよりつぐ》から、致仕《ちし》（隠居）ならびに藩の駒込中屋敷での謹慎という幕命が伝えられた。その達《たつし》は、

藩政は近年おいおい気儘《きまま》になり、かつ藩主の驕慢《きょうまん》がつのり、自分一人の勝手気儘《きまま》な考えで、幕府の制度や法令などに触れるような事があったので、将軍は機嫌を損《そこ》ねる結果になった。（『水戸市史 中巻四』）

というものであった。

御三家であり、副将軍である（そのような決まりは何もないが、斉昭は、将軍に何かあれば、自分が代わりを果たさねば、と言った気持ちを持ち続けていた。また周囲もそのように思っていた）といった自負心からか、思い通りに事を成し遂げようと、これまで猛進してきた。また、将軍へのご意

見番を自負し、藩政改革で名声を得、一年前には将軍の褒賞を受けた。斉昭にとっては天国から地獄、如何に衝撃的であったか、その意気消沈ぶりは想像するに余りある。この日の黄昏《たそがれ》、斉昭は、ものさびしい姿で駒込の別邸に移った。

なお、斉昭の後は、嫡男慶篤《よしあつ》が継いで第十代藩主となったが、十三歳であることから、前述の三連枝の藩主が、幕府の命令で後見人を務《つと》めることになった。

失脚の原因

斉昭の失脚は、何が原因だったのか。

斉昭が弘化二〜三年頃に書き、弘化四年（一八四七）にまとめたという弁明書『不慍《ふおん》（うらまず怒らず）録』には、阿部正弘が斉昭を呼出すにあたって、家老に問い質《ただ》した前述の七カ条と、斉昭にどうやって伝わったか分からないが、将軍の御疑心として、次の五カ条も載せ、合わせて十二カ条について延々と弁明している。

一　国元へ長々《ながなが》と滞在したこと。江戸住まいが規則の簾中《れんじゅう》（正妻の登美宮。将軍の正室は御台所《みだいどころ》、御三家の正室は御簾中と呼ばれた）を国元へ帰して、先祖の墓参《ぼさん》・湯治《とうじ》（温泉で病を治す）をさせたいと願い出たこと。

一　水野越前守と心を合《あわ》せたとのこと。（前老中首座水野越前守の悪政に加担したのではないか）

一　国元での大砲製造のこと。

一　国元での追鳥狩《おいとりがり》（狩りに名を借りた仮想軍事演習）を行ったこと。

一　江戸にて甲冑《かっちゅう》を纏《まと》って年始の儀を行ったこと。

右の五カ条と先の七カ条から失脚理由を整理すると、次の四つにまとめることができる。

その1　武備に力を入れ過ぎたこと

近くは、天保八年（一八三七）二月に大塩平八郎の乱があり、天保十三年（一八四二）十月には、幕府は、高島秋帆《しゅうはん》を、「住宅は一種の城郭をなし、大小の銃砲を備え、籠城の用意をしている」などの罪状を並べ、謀反《むほん》の疑いで逮捕している。謀反に過敏になっていた幕府が、水戸藩の武力整備や追鳥狩と名付けた仮想軍事演習を苦々しく思ったことは間違いない。それに、次に述べる如く、蝦夷地を藩領にしたいとか、自分が江戸を離れ水戸滞在が長くなる時ではあったが、正室を国元へ帰したいという請願も行っている。これらの請願は、もともと、謀反を企《たくら》んでいるのではないか、といった口実を幕府に与える危険性を持っていた。

その２　斉昭の執拗《しつよう》な内願や意見具申が、幕府の顰蹙《ひんしゅく》を買ったこと

藩主就任して僅か一年後の天保元（一八三〇）年十月、老中大久保忠眞《ただざね》宛書簡で、時の老中首座水野忠成《ただあきら》を「賄賂《わいろ》政治」と決めつけたほか、幕府を大いに悩ませたのが、天保五年（一八三四）十月に始まった、領地を拡げて欲しいという増封《ぞうほう》請願である。御三家の中でも財政は窮乏状態にあること、水戸藩が海防にあたることなどを理由に、蝦夷《えぞ》地の領有化と常陸《ひたち》の鹿島・行方《なめかた》二郡のうちと銚子筋に、水戸藩の財政不足を補填できるだけの領地の拡大を請願している。

何回か請願の後、天保六年（一八三五）六月に、幕府から、年五千両（向こう五年間）の下賜金を引き出したが、それで諦《あきら》めることはしなかった。特に、蝦夷地拝領については、『不慍録《ふおん》』には、「天保五年に始まった請願は、十年間で数十通にのぼり、今（弘化二～三年頃カ）もって願うところである」と書いている。蝦夷を藩領とする松前藩が、商権を独占しているのが、斉昭には垂涎《すいぜん》の的であったという説もあるが、さぞや幕府は、辟易《へきえき》したことと思われる。

こうした幕府が困惑する話は、オランダ交易の中止、神武天皇陵墓修造などの提言にもみられるが、極《きわ》め付きは、天保十一年（一八四〇）八月に行った、正室の登美宮を国元へ帰したいという難題であった。斉昭の言い分は、「自分の水戸滞在も長くなるし、人質と言うことであれば御守殿も後継《あとつ》ぎも江戸に居る。この家へ縁付いたからには、先祖の墓参りもさせたい」とのことであったが、色よい返事は貰えなかった。くどいことに、弘化元年（一八四四）正月に

再度請願を行ったところ、同年四月十三日、老中土井利位《としつら》から、将軍の命令であるとして、「諸大名が江戸を離れる際、如何なる事情があろうとも、正妻と後継ぎを江戸に置くことは、古来の慣《なら》わしである」と断られた。将軍も腹立たしかったであろう。

この四月十三日という日は、藩の付け家老が呼ばれて、阿部正弘から藩政に関わる疑義七カ条について問い質《ただ》しを受けた最初の日である。

その3　大奥が斉昭を嫌ったこと

老中首座水野忠邦《ただくに》が、天保十二年に始めた、幕府の天保の改革を進めるにあたり、大奥女中の最高位である、上臈《じょうろう》御年寄の姉小路《あねがこうじ》に、経費節約を要請したところ、姉小路は忠邦に、

「大奥は男がいない女だけの異常な世界。男との付き合いを諦《あきら》めて奉公している女が、美食や娯楽に金を費やして何が悪い」と言われ、忠邦は反論できなかった。（山本博文著『図説 大奥の世界』）

また、右の本は、引き続き、次の話を載せている。

徳川斉昭が姉小路を自邸に招こうとしたところ、姉小路が多忙を理由に断ったという。御三家の水戸藩主の誘いを平然と断《ことわ》れるほど、姉小路は影響力を持っていたのである。一説によれば、大奥の莫大な経費を批判した斉昭を姉小路は嫌っていたらしい。それが原因で、大奥は水戸徳川家に反感を募《つの》らせる。（同）

とある。

斉昭が、姉小路を招こうとした書簡は、失脚後の弘化四年（一八四七）正月のもので、斉昭としては、謹慎は解けたものの、藩政への復帰が許されなかったため、大奥経由で直《じか》に将軍に訴えようと、その運動しをているときであった。姉小路が断るのも当然であろう。また、文中にある大奥の莫大な経費を批判した、という点であるが、もともと、斉昭の節約は、大奥でも有名であったと思われる。天保十年六月に斉昭が上呈した将軍宛の意見書では、『上《かみ》（将軍）のお手許《てもと》をはじめ、奥向きそのほか、御入り用をつめるように』と迫っており、これを洩れ聞いたであろう姉小路らの不興《ふきょう》を買ったことが十分に推測できる。大奥はケチが大嫌いだった。

また、信仰心の篤《あつ》い大奥にとって、斉昭の行った寺院の処分や整理、梵鐘や仏具の没収などは、聞くに堪えない話であった。

大奥の女性たちが、眉《まゆ》をひそめて囁《ささや》きあっていたと思われる話がある。

斉昭は一妻九妾から、三十五人の子女を挙げた。その斉昭がとくに愛したのが唐橋《からはし》であった。唐橋は、斉昭の兄斉脩《なりのぶ》に、夫人峰姫が入輿したとき従ってきた上臈で、絶世の美人であったと伝えられている。彼女の身分すなわち上臈年寄というのは、奥女中の中の最高級者であって一生奉公であった。すなわち奥を下がって嫁に行くことは想定されておらず、また尼僧同様に不犯《ふぼん》を誓う例になっていた。（中略）ところがその唐橋に斉昭が迫って犯した。そして唐橋は妊娠した。これを知った峰姫は、自分の身辺の風儀を乱し、奥向きの制度を壊したのを怒って江戸城大奥を通じて幕府に訴えた。（中略）なお妊娠した唐橋は奥から下げられ、堕胎して京都に戻されたが、斉昭は思いきれず、唐橋の実家にいろいろと物を贈って再び唐橋を呼び戻し、さすがに江戸には置けないので水戸に下らせたといわれている。（小野寺龍太著『幕末の魁、維新の殿—徳川斉昭の攘夷』）

この話は、何時の頃か年月が定かでないが、三田村玄龍著『大名生活の内秘』に、水戸へ下がらせたという唐橋について、「公辺を憚《はばか》り茨城へおくって囲い置いたが、定府（著者注　藩主は参勤交代がなく、常に江戸住まいが原則）の御家格にて不都合なために追鳥狩調練や海防などと名をつけて、国籠《くにごも》りのみしたので、ついに駒込に禁固されることになった。」とあるので、時期は、弘化元年の斉昭失脚前のことと思われる。

斉昭は、大奥の規律を乱しているので、その報《むく》いとして、将軍が罰しても不思議でない。また、周囲も罰することを心待ちにしていたかも知れない。話の何処からが尾ひれか分からないが、こうした話が、斉昭失脚の一因となっていることは十分に考えられる。

斉昭の女性問題について、もう一つ紹介しておくと、安政三年（一八五六）十月二十六日付の島津斉彬の松平慶永宛書簡では、

当公（著者注　藩主慶篤）の御愛妾《あいしょう》も当月安産され、この二十二日俄《にわ》かに宿下《やどさ》がりして養生するように仰《おお》せ付けられたそうだ。かねて聞いていた悪評どおりのことが起こったと思われる。当公でなく、老公（斉昭）の御寵愛《ちょうあい》によると宿元では申しているとのこと。当公のお考えは如何であろうか。詳しいことは聞いていないので、分かったらご連絡する。捨て置き難《がた》きことにて、当公が御承知のうえなら良いが、そうでなければこの先どうなるか及ばずながら心配だ。（島津家臨時編輯所編『照国公文書 巻之二』）

とある。

その4　社寺改革をやり過ぎたこと

社寺改革の内容、ならびに社寺改革をきっかけに反斉昭勢力が結びついて、斉昭失脚の流れを作っていった、と前述した。それに加えて、社寺改革が失脚理由の大きな一つになると見られる事由を、整理して二つ付け加えておきたい。

まず、老中阿部正弘が藩の付家老中山信守に問い質した七カ条のうち、社寺改革は、将軍の褒賞の後に、斉昭が精力的に取り組んだもので、褒賞時には考えられないことであった。

また、もう一つは、斉昭に連座して、藤田東湖・戸田忠敞の両人とともに寺社奉行だった今井金衛門が蟄居の身となったことである。今井金衛門が取り仕切った社寺改革が、失脚の原因となったことを物語っている。

先の、幕府の疑義・疑心合わせて十二カ条から考えられる失脚理由は以上のとおりである。

なお、御疑心の一つに、「水野越前守と心を合《あわせ》たるとの事」とあるが、斉昭が水野忠邦に加担した形跡は認められない。

もう一つの失脚理由

ここで、藤田東湖・戸田忠敞・今井金衛門の三人が、蟄居《ちっきょ》という重い罰を受けたことについて、別の角度からもう一度考えてみたい。今井金衛門が入っていることから、社寺改革が失脚理由の大きな一つであったことを示している点については前述した。

問題は、やはり、罰を受けた者の中に結城寅寿が入っていないことである。

寅寿が執政になったのは、天保十三年（一八四二）三月であり、天保とほぼ同時に始まった改革に、寅寿が重い役職で携わったのは終盤だけであるから、罰しなかったのか、あるいは、告げ口の当事者だったから外したのか。それより何より、罰したかった狙いは、藤田東湖と戸田忠敞の二人だったのではないだろうか。要するに、前将軍家斉の実子の養子入りを拒み、中・下士層を旗手にした水戸藩天保の改革を、幕府は初めから嫌っていたことが考えられる。

失脚は、

耀蔵（著者注　鳥居耀蔵）が斉昭失脚のために働いたことは確かだが、「甲辰の御国難（著者注　弘化元年の斉昭失脚を言う）」はそんな陰謀から発したのではなく、もっと大きな政治の動き、すなわち幕閣が水戸藩の新政を嫌ったために起こったのである。（『幕末の魁、維新の殿―徳川斉昭の攘夷』）

という見方も頷《うなず》ける。

また、水戸へ「斉昭謹慎」の報が届いた直ぐ後の頃の話であるが、青山延寿《のぶとし》（水戸藩儒学者。婦人活動家山川菊栄の外祖父）が書いた友部八五郎（弘道館の教職）宛書簡には、

こんどの事件は全く仏教排斥から来ているというが、実は公（斉昭）のしたことが、一々《いちいち》幕府の忌諱《きい》に触れたので、仏教云々《うんぬん》を口実にしたまでである。（『覚書 幕末の水戸藩』）

とある。

青山延寿と友部八五郎は、天保十二年（一八四一）、他の何人かと同時に新規召出しとなった。彼らは親密な間柄になったが、斉昭が失脚して結城派政権になったとき、友部ひとりが、突然（弘道館の教職から）教授ならびに少年藩主慶篤の侍講《じこう》（教育係）という重要な地位に抜擢されたので、友部の向背《こうはい》（先行き）が周囲の注意をひいたらしい。（『覚書 幕末の水戸藩』）

ここで、注目したいのは、青山延寿が、斉昭失脚の直後にもかかわらず、こうした見解を述べていることである。彼は、当時、まだ二十五～六歳であったが、父延宇《のぶゆき》・兄延光《のぶみつ》と同様に、党派に偏しない立派な学者であったと思われる。その彼が、斉昭の新政は、幕府の御政道にそぐわないものであると、常々冷静に見ていたのである。

とくに、斉昭の宗教改革を見るとき、幕府の顰蹙《ひんしゅく》を買うことを察知し、幕府に睨《にら》まれること

を懸念する人たちが、藩内に相当いたのではないだろうか。もちろん、こうした危険を斉昭に説いたところで、斉昭の眼には、自分にさからう者としか映《うつ》らなかったであろう。

五　斉昭は失脚理由をどう捉《とら》えたか

結城寅寿を憎む斉昭

失脚理由について、前項で縷々《るる》述べたが、肝心の斉昭は、失脚理由をどう捉《とら》えたのか。一言でまとめると次のとおりである。

何のお咎《とが》めもなかった寅寿が政権に残り、若い藩主の下で藩政を恣《ほしいまま》に取り仕切り、改革派を役職から全て退けて、その代わりを結城派で固め、斉昭の改革を否定していった。（ただし、検地の結果は受け入れざるをえなかった）

こうした寅寿を見た斉昭は、「寅寿が不平の僧侶らと結び、幕府の鳥居耀蔵（後述）と結託して、幕府に告げ口をしたために相違ない」と固く信じ込み、寅寿と結城派を心底から憎むことになった。

『新伊勢物語』

弘化二年（一八四五）二月、かつて斉昭に隠居・謹慎の処罰を言い渡した老中阿部伊勢守正弘が老中首座に就任した。その年の七月から、斉昭は、阿部正弘と書簡を交わすようになり、取り交わされた書簡は、後日『新伊勢物語』として、斉昭の手で整理・編集された。

その弘化二年七月十一日付の正弘宛書簡では、失脚したのは、結城寅寿が幕府へ告げ口をしたためではないか、そして、その告げ口には、鳥居耀蔵が結託していたのではないかと、次の二つの理由をあげて正弘に尋ねている。

その1　「昨年五月、召されて江戸登りの節は、国中一同が心配して、送りに出た者は涙を流さずには居られなかったが、結城は、御三家共の行列供に奴《やっこ》を振らせてはならないことを知っているのに、発足の節、宅より城まで奴を振らせ、供の目付近藤造酒衛門へ気づかぬように申し聞かせて、又々江戸まで奴を振らせた。」（『新伊勢物語』）

つまり、結城は、すべてを知っているように振舞っていた。失脚を仕組んだのは彼ではないか、と言っている。

この話に一言付け加えておくと、結城寅寿が安政三年（一八五六）四月に処刑された（後述）ときに、検使（見届けるために派遣される使者）を務《つと》めた久木《ひさき》直二郎も、この時の様子を次のように言っている。

弘化元年の五月、烈公幕府より召されて登る時、今度のお登りは決して吉兆ではないと誰も思ったが、結城は何と心得たか、江戸より赤熊《しゃぐま》（著者注　赤く染めたヤクの尾の毛）を振る奴をわざわざ呼び下し、鳥毛の長柄《ながえ》を振らせる大そうな勢いでお供した。（中略）結城は馬上で立派な行装で揚々としていったが、先生（著者注　藤田東湖のこと。久木は東湖の妹の再婚相手）は駕籠《かご》で苦々しい顔つきであった。果たして先生と戸田は蟄居《ちっきょ》、烈公は慎み・隠居となった。結城の心では知っていたであろう。（『故老實歷 水戸史談』）

その2　「鳥居甲斐守は自分の悪を覆《おお》うため、拙老（著者注　斉昭のこと）を兼々《かねがね》気にかけていた。結城は拙老を退け、権力を振るいたがっていることを知っていたので、もしや鳥居と申し合わせていたといった驚くべきことを、お聞きになっていたのではないかと勘ぐっています。（中略）もしや鳥居の御吟味の仕方によっては、結城のことも出てくるのではないでしょうか。そのようになれば、拙老にも明白になる。何処《どこ》からか反逆ということをお聞きにならなければ、こうはならなかったと思う。」（『新伊勢物語』）

ここでは、鳥居を取り調べている過程で、鳥居と結城が結託して自分（斉昭）を陥れたという話が出ているのではないか、と正弘に訊《き》いている。

こうした斉昭の質問に対して、正弘は、「将軍は、万端《ばんたん》御賢明でいらっしゃるので、でっちあげなど取り上げられるはずが無いのは勿論、このたびの御処分にあたり、貴方様に御叛心《はんしん》が御有りなどと言う話は、どこからも耳にされておられない」と返事している。

鳥居甲斐守耀蔵《ようぞう》（忠耀《ただてる》）

天保十年（一八三九）五月、当時、目付（幕府の職名。行為を観察する役）であった鳥居耀蔵は、蛮社《ばんしゃ》の獄《ごく》と呼ばれる言論弾圧事件をでっちあげて、渡辺崋山《かざん》（田原藩家老）と高野長英《ちょうえい》の二人の蘭学者を自殺に追い込んだ。

あるいは、天保十二年（一八四一）五月に始まった、幕府の「天保の改革」では、節約令・物価引下げ政策を、町人の生活にまで徹底させるとして、大工・左官の賃金を初め、湯屋・質屋・魚屋といった、日々商《あきな》いにいそしむ人達の生活を統制し、その生活に容赦なく干渉した。そのため、鳥居の手による商家の廃業・家族離散は数知れずと言われた。

さらに、天保十三年（一八四二）十月には、長崎会所（貿易機関）の高島秋帆《しゅうはん》を、謀反《むほん》の企てがあるとして告発逮捕した。鳥居が秋帆を告発した時の罪状は、次のとおり。

一　年来、銃砲を買い入れて訓練を行っているが、その下心は謀反の企《くわだ》てである。
一　これが証拠とすべきは、秋帆の長崎小島郷にある住宅は、一種の城郭をなし、大小の銃砲を備え、籠城《ろうじょう》の用意をしていることである。
一　秋帆は会所の金を利用し、肥後（熊本地方）より兵糧米を買込み貯蔵している。また彼は軍用金を得るためバハン（密貿易）を行っている。
一　秋帆は、密貿易を行うため、数隻の早船を作った。（有馬成甫著『高島秋帆』）

長崎から江戸に送られた秋帆には、天保十四年（一八四三）三月から始まる、鳥居を長《おさ》とする評定所五手掛《ごてがかり》（勘定・寺社・町の各奉行と大目付・目付）による大掛かりな裁判が待っていた。秋帆の取り調べは遅々としたが、鳥居の吟味段階では、死罪と一旦は決まっていたという。（石山滋夫著『評伝 高島秋帆』）

しかし、天保十三年（一八四二）に発令された天保上知令《あげちれい》（幕府直轄地を江戸十里四方と大坂五里四方に集めようとした）を巡《めぐ》って、天保の改革では老中首座水野忠邦に協力していた老中土井利位《としつら》と鳥居が離反した。そのため、幕府内に混乱が生じ、ゴタゴタしているうちに、鳥居がそれまでに行った、強引なでっちあげに目が向けられた。その結果、鳥居は弘化元年（一八四四）九月六日に町奉行を罷免され、翌弘化二年（一八四五）正月二十二日、この事件の吟味やり直し（再審）が阿部正弘によって命ぜられた。

そして、翌弘化三年（一八四六）七月二十五日、秋帆に出た判決は、告発の柱であった謀反の企ては認められず、罪状としては、身分の異なる代官の娘を倅《せがれ》の嫁に貰った等で、中追放・武蔵国岡部藩阿部家にお預けという軽いものであった。

一方鳥居は、弘化二年三月に禁錮となり、同年十月、丸亀藩京極家に永《えい》（終身）預けという重い処分となった。

鳥居と寅寿の結託

鳥居と寅寿の結託があったとする、斉昭の見立てに、賛意を示している書物もある。

藤田晴軒（門閥派重臣）と結城寅寿等は、数多くの悪坊主と腹を合わせ、烈公を陥《おとしい》れ、正論の士を除かんと種々のたくらみを為《な》し、かつ又幕府の勘定奉行鳥居甲斐守（天保十四年八月から一時期勘定奉行も兼務した）へも取り入って、戸田忠敞・藤田東湖ならびに今井金衛門は、烈公の間違った考えを助成していると訴えた。（坂井四郎兵衛編『天保明治 水戸見聞實記』）

保守派の首領結城寅寿が、改革派の領袖《りょうしゅう》たる両田（著者注　藤田東湖と戸田忠敞）を除こうとしたことから、禍《わざわい》が斉昭卿の身に及ぶことになった。結城は東湖らを除く為に幕府の勘定奉行（天保十四年八月から一時期勘定奉行も兼務した）鳥居甲斐守（忠輝《ただてる》）と結託した。（『藤田東湖伝』）

当時鳥居は町奉行であった。彼が七つのうち、第六の寺院を多く破却したこと、第七の学校（弘道館）の土手を高く築いたこと、の罪状を誇大にふくらませ、デッチあげた可能性はないとは言えない。とくに、第七は、高島秋帆が豪邸を建て、塀を高くめぐらした罪状と同類である。（中略）鳥居が声望ある人物を妬《ねた》んで、悪辣《あくらつ》な手段で罪に落としたやり口は、渡辺崋山、高野長英、矢部定謙、高島秋帆の前例と全く同じである。一年前、将軍より褒美を受けた斉昭の足を、鳥居が引っ張った可能性は充分にある。（土居良三著『開国への布石―評伝 老中首座阿部正弘』）

また、前述の弘化二年（一八四五）七月十一日付の斉昭の書簡（61頁参照）に対する正弘の返書（62頁参照）には日付がないが、八月初めと推定される。その頃には、高島再審が進むにつれて、鳥居のやり口、罪状がはっきりわかった段階であったから、鳥居と結城が結託しての告げ口と正弘も断定していたと見てよい。（『開国への布石―評伝 老中首座阿部正弘』）

右の文中に、「鳥居が、将軍より褒美を受けた斉昭の足を引っ張った可能性は充分にある」とあるが、斉昭と鳥居の間には、天保十四年（一八四三）六月から、幕府が進めた印旛沼の堀割工事に関し次のような話があったことも斉昭は書いている。

御勘定奉行鳥居甲斐守が、我が領分へ見分にきた。これは、先代が大谷川を堀割《ほりわり》したいという意向を、我が家の有司共の意見でお持ちになっていたので、（著者注 鳥居はこの話を持ち出せば）我らが同意すると思い、藩から莫大な金をゆすろうと思って来たのであろう。しかし、今は先年と違い、堀割を造る気はなかったので、鳥居は目当てが相違して、川筋の見分もなく、浜など見物して、那珂湊に一日逗留して帰って行った。（『不慍録』）

この話が何時のことか定かではないが、鳥居が御勘定奉行を兼帯したのが天保十四年八月であるから、鳥居が見分に行ったのは、斉昭が将軍の褒賞を受けて帰国していた時のことと思われる。文面からは、斉昭がそのとき鳥居に会ったのかどうかは分からない。しかしいずれにしろ、堀割の話を無下《むげ》にされた鳥居としては、かねて心よく思っていなかった斉昭が、将軍の褒賞を受けて面白くなかったところでもあったので、一層不愉快な気持ちを募《つの》らせたことも考えられる。

なお、大谷川の堀割だが、かつて三代藩主綱條《つなえだ》の時に、藩政改革請負人松波勘十郎が江戸との交易活性化を目論《もくろ》んで、涸沼《ひぬま》の大谷川から北浦へ通じる水路を掘ったが失敗している。松波勘十郎は、労賃未払いなどで農民に訴えられ、捕えられて獄死。また、斉昭は、掘割は莫大な財を費やすことから、堅牢な船作りが先であるとしていた。

以上、斉昭の失脚には、鳥居と結城が結託しての告げ口があったとする説は、きわめて説得力があると思われる。もちろん、失脚したのは、それだけでなく、宗教界の反発、大奥での不人気、斉昭を黙らせたい幕府、そもそも斉昭の改革を好まない幕府等々、これまで見てきた全ての要因が重なり合って、将軍の勘気《かんき》を蒙《こうむ》ったものと考えるのが妥当と思われる。

この鳥居と結城二人の結託説を補強するものとして、次の二点が考えられる。

その１　『水戸市史 中巻四』に次の一文《いちぶん》がある。

結城が執政を罷《や》め、表勤《おもてづとめ》（表家老のこと、軍事を担当するが名誉的なもので実務はない）になったのは、去る（著者注　弘化元年）八月十八日であるが、なお実権を握っていたから、この人事は申し訳的なもの（著者注　当時、藩士・農民による斉昭の無実を明らかにする運動が高まって、騒然としていた。また、藤田・戸田両名が蟄居なのに、同様に重要な役割を担っていた結城には何のお咎《とが》めもなかったので、藩内を鎮《しず》めるため、世上を睨《にら》んで、とりあえず結城も罰したの意）だったと受け取られている。しかし、十一月表勤を罷免されて藩政の表舞台から去ったのは、結城と関係深かった幕府の鳥居が、その役職を追われて一か月後のことであるから、幕閣の斉昭宥免に関する一連の動きと、無関係とは考えられない。（『水戸市史 中巻四』）

この記事にある一か月後という話が、事実かどうかをチェックしたい。

まず、鳥居が役職を追われたのは、弘化元年（一八四四）九月六日である。そして、結城が藩政の表舞台から去ったのは十一月十日であるから、この間、約二か月開いている。

しかし、十月二十七日、正弘は、斉昭の処分後、間もなく起こった、斉昭の無実を訴える雪《せつ》冤《えん》運動を、藩に厳重に取り締まるように求めた諭書《さとしがき》の中で、斉昭の謹慎解除が近くなったことを匂《にお》わせている。ということは、この諭書が出されたときは、斉昭の謹慎解除と共に、結城寅寿の処分が、すでに決まっていたことが十分に推測できる。

このように理解すると、この『水戸市史』の記事も合点がいく。

その２　弘化元年（一八四四）十一月十日に、表勤も辞めさせられ、水戸へ移された結城に対し、弘化四年（一八四七）九月二十二日、阿部正弘は、藩に寅寿を処罰するよう諭《さと》した。藩は従わざるを得ず、翌十月二十四日、寅寿に隠居謹慎を命じ、家禄を半減（千石を五百石へ）し、後継ぎの一万丸に家督を継がせた。

これは、表向き、水戸藩の内紛に対し、改革派と結城派の喧嘩《けんか》両成敗として取られた処置で、藤田東湖と戸田忠敞の二人も、同時に、慎《つつし》み・隠居の処分を受けた。

しかし、この阿部正弘の画策した処分には裏があった。

東湖や戸田は、すでに蟄居中の身であるから、隠居させられて家督を息子に譲ったところで、日常の生活には変わりないが、寅寿は禄を半分に減らされたうえ藩政から追放されたからで、正弘は機先を制して陰謀の首脳（著者注　結城寅寿）を狙い打ちにしたのであった。

（『開国への布石—評伝 老中首座阿部正弘』）

実は、水戸藩の代々家老をつとめる結城派の家老朝比奈弥太郎（斉昭失脚後、寅寿らと藩政を牛耳《ぎゅうじ》っていた一人）が、旧縁の幕府老中青山忠良《ただなが》をそそのかして、正弘を倒すべく反旗を翻《ひるがえ》させ、正弘を倒すことで、正弘と近しい斉昭を幕府から遠ざけようと企《くわだ》てた。これを察知した正弘が、素早く機先《きせん》を制したということである。

要するに、正弘は喧嘩両成敗に見せかけて、寅寿の罪を問うたのである。『開国への布石』の著者土居良三氏は、前述のとおり、結城と鳥居が結託しての告げ口があったことを、正弘は知っていたと見ている。確かに、正弘は、これを知っていたからこそ、改めて尋問するまでもなく、このような形で、寅寿の罪を問うことができたのだと思われる。

ここで、くどくなるが、もう一つ付け加えておきたい。斉昭が失脚したとき、失脚を捌いたのは、前年の天保十四年閏九月に老中になったばかりの正弘であった。それまで、正弘は斉昭とは接点があまりなかったことから、斉昭を十分に知り尽くしていなかったと思われる。重要なのは、このときはまだ、老中正弘の下に、鳥居耀蔵が南町奉行として居たことである。鳥居は、天保十四年八~十月の間、勘定奉行も兼ねていた。当然に、正弘と鳥居の間で、斉昭の処分についても話題になったであろう。鳥居が、何と正弘に告げたか知るよしもないが、正弘は鳥居と結城の結託を身近で知っていればこそ、結城の罪を容易に問うことができたのである。この後、結城は他家預け、処刑への道をたどることになる。

結城と鳥居の結託説を補強する話は以上であるが、右の文中の「鳥居が何と正弘に告げたか知るよしもない」と書いた傍線部分は、斉昭と阿部正弘の関係を示すうえで、大きな意味を持っている。

つまり、鳥居が正弘に何を告げたか、具体的には分からないが、斉昭が失脚したことなどから、斉昭にとって不利な話であったことは間違いない。そうであれば、斉昭の考えた「結城と鳥居が結託して陥れたのではないか」という失脚理由は、的を射ていたことになる。

斉昭が正弘に、書簡で「結城の告げ口があったのではないか、そして鳥居が結託したのではないか」と尋ねたとき、正弘は、「将軍は、でっちあげなど取り上げられるはずがない」等と要領よく答えただけで、正弘が鳥居の話を聞いたか否か等ついては、答える必要もなかったし、触れてもいない。

しかし、正弘は、鳥居の話を聞いたうえで斉昭を処分したことに、後《うし》ろめたい気持ちを抱いたであろう。もちろん、一度決めた処分を修正することはできない。

正弘は、こうした負い目があったからこそ、斉昭を持て余しつつも、自身が亡くなるまで何くれとなく支援した。その支援がいかに大きいものであったかは、追々触れていくことになるが、60頁で前述した、正弘と斉昭の書簡交換（『新伊勢物語』）は、その始まりである。

第三章　斉昭の復讐

一　斉昭の復権と結城派の抵抗

雪冤《せつえん》運動

斉昭の復帰を語るにあたっては、話を失脚時に起きた雪冤（無実を訴え、潔白であることを明らかにする）運動の頃に戻さねばならない。

斉昭の無実を訴える動きは、早くも斉昭失脚一か月後、弘化元年（一八四四）六月中に農村有志の間に認められると、郡宰《ぐんさい》（藩を四つに分けて、それぞれに置いた郡奉行《こおり》）の吉成信貞《のぶさだ》らが後見三連枝に提出した陳情書に記《しる》されている。（『水戸市史 中巻四』）

こうした農民の動きは、最初は郡の役所へ陳情と言う形で、斉昭の治績を称《たた》え、無実を訴えるものであったが、九月には、御三家の尾張藩・紀州藩、或いは高松藩の江戸藩邸などへ、集団で押し掛けるようになった。このような雪冤運動に立ち上がった農民達を義民と呼んだ。

農民による雪冤運動は、江戸上《のぼ》りだけでなく、何百名・何千名といった単位の集会も開かれるなど、この年の十月にかけて大きな盛り上がりを見せた。

十月六日、阿部正弘から、領民で江戸上りの者は、即刻捕えて水戸へ送り帰すこと。それができないなら、幕府が直接逮捕するとの厳命が出された。この時、藩政は、結城派が牛耳《ぎゅうじ》っていたから、藩は、幕府の命令通り、雪冤運動に厳しく対応した。

また、十月二十七日に阿部正弘が出した諭書《さとしがき》には、

御三家は諸家と違い、日数によって謹慎が解除されるものではなく、将軍の思召《おぼしめ》しによるから、程なく解かれることもあるやも知れぬ。ところが大勢江戸上りで騒がしくては、かえって御為《おため》にならない。それなのに水戸家中には、今以《もっ》て鎮《しず》まり兼ねる者もあるやに聞いているので、なお一層取締まりを厳重にして、鎮まるように一統へもを諭《さと》すこと。（大意）
（『水戸市史 中巻四』）

といった、謹慎解除も近いと受け取れる文言が入っていた。

藩士による雪冤運動の代表的なものは、その諭書の出る少し前の弘化元年（一八四四）十月二十日、大番頭の武田正生《まさなり》が老中首座の水野忠邦を、郡宰の吉成信貞が老中の牧野忠雅《ただまさ》・同堀親害《ちかしげ》を、それぞれ邸に訪ねて斉昭の雪冤を陳情した。二人は捕らえられ、水戸へ送還のうえ禁

固の処分となった。
一方、農民の雪冤運動には、郡を越えての大きな集会など、組織的な動きが見られ、改革派による動員説がある。
大分後年になるが、嘉永六年（一八五三）九月末、結城派の谷田部藤七郎等の藩主慶篤宛上《じょう》書《しょ》（地位の高い人に宛てた意見書。88頁に掲載）には、天狗（改革派の別称）反対の立場で書かれているが、その中に、去る辰年駒込様（斉昭）が御隠居を仰せ付けられたときのこととして、「金子孫二郎は、以前西扱いを勤めていた時、御郡手代共を指し出し、百姓どもまで大勢騒がせた」と記している。（『天保明治 水戸見聞實記』）
文中の「西扱い」とは、西郡の郡奉行で、彼は後の桜田門外の変の首謀者の一人である。

斉昭が、二年四か月かけて天保十三年（一八四二）十一月に終えた検地も、一部富農に不満はあったが、ほとんどの農民には受け入れられており、名主・村役人・農民の主だったものに言い含めれば、農民が動く素地は十分にできていたと思われる。

かつて、天保十一年（一八四〇）に、幕府の出した三方領地替（長岡藩→川越藩→庄内藩→長岡藩）が、庄内藩の農民らの運動で撤回された。

庄内藩の農民は、ちょうど帰藩していた斉昭のところにも嘆願に来た。斉昭は、彼らに長い道中疲労のため諸病にかかったりしないよう、「水府（水戸）製」の薬を持たせ、農民達を感激させている。（『新装 水戸の斉昭』）

斉昭の雪冤のために農民が動いたのは、恐らく、庄内藩の農民運動を模範として、改革派が組織的に動員をかけたと思われる。斉昭は、農民を治《おさ》める郡《こおり》奉行には、藩主就任以来、自分の意のままに動く改革派の有能な藩士を配しており、農民の動員には、斉昭の意志もあったようにも推測できるが、裏付けるものは何もない。

斉昭の謹慎解除

弘化元年（一八四四）十一月二十六日、斉昭は百九十八日ぶりに謹慎を解かれた。

『水戸藩史料 上編乾』は、斉昭の謹慎を幕府が解いたのは、「処分は冤罪《えんざい》だったと後悔したことによるとは言え、それだけでなく、夷船対策としての斉昭の見識と、水戸藩の騒動（雪冤運動）の鎮静化を考え併《あわ》せてのことと思われる」と書いている。

実際に、冤罪であったのかどうかはともかく、この後、斉昭は、長い年月を要するのだが、徐々に名誉を回復していく。

しかし、この時点では謹慎が許されたと言っても、藩政へ関与することは許されなかったため、改革派や農民の雪冤運動は、藩政復帰への運動に切り替えられ、止《や》むことなく続けられた。

農民の江戸上りの者は、即刻捕えて水戸へ送り帰せという幕府の厳命に応える形で、藩の結城派政権は、これを厳しく取り締まった。そのため多くの農民が入牢し、拷問《ごうもん》を受けた者、牢死した者も出るようになり、こうした活動は次第に行き詰まっていく。

弘化二年（一八四五）七月から、前述したとおり、斉昭は、阿部正弘と書簡を交わすようになるが、これが、阿部正弘の斉昭に対する認識を、徐々に改めさせるのに役立ったことは間違いない。

そして、時が経つ中、改革派は、下火になった雪冤運動に見切りをつけ、高橋多一郎（彼も、金子孫二郎と共に後の桜田門外の変の首謀者となる）が中心となって、弘化三年（一八四六）七月頃から、斉昭は冤罪であるとの話が、将軍に直接届くよう、御守殿（先代斉脩の正室で将軍の妹峰姫）に頼んで大奥を動かす、或いは阿部正弘をはじめ、将軍に近い御側御用取次や奥右筆・目付らに取り入って強く訴えることにした。

このような改革派の動きに対して、結城派も負けずに、幕府の要人へ働きかけて、「もし、斉昭を宥免《ゆうめん》すれば、国元では天狗共が再び活動し始めて、三連枝後見で、鎮静し掛けた政情を覆《くつがえ》すだろう」（『水戸市史 中巻四』）と斉昭の復帰阻止を訴え、両派が、有利な裁決を求めて策を競《きそ》い、金品を動かした。

斉昭に対する阿部正弘の援護

弘化四年（一八四七）八月朔日《ついたち》、将軍と正弘が相談の上の事であろうが、斉昭の七男七郎麿《しちろうまろ》に、御三卿の一つである一橋《ひとつばし》家を相続するようにとの内命が下った。前の十一代将軍家斉《いえなり》は、一橋家の出であり、七郎麿も後の将軍候補の一人となった。

斉昭は、このときの心境を歌に託して、

棹《さし》ていく　さおのとりての渡し船
　　思う方にも　とくつきにけり

と詠《よ》んでいる。（『徳川慶喜公伝1』）

斉昭としては、棹《さお》を操《と》る船頭の渡し船が、いつの間にか目指す船着き場に着いている、と譬《たと》えることで、自分の願うところであったと言いたかったのであろう。

また、同年十月二十四日には、前述（69頁参照）の通り結城寅寿に、隠居謹慎を命じ、家禄千石を五百石へ半減し、長男一万丸に家督を継がせるという処罰が行われた。

前述の繰り返しになるが、藩の朝比奈弥太郎（家老）が、旧縁の幕府老中青山忠良をそそのかして、正弘に対し反旗を翻《ひるがえ》させ、正弘を失脚させて斉昭との仲を断《た》ち、斉昭を孤立させるのが狙いだった。その計画を、正弘が察知して事前に打った手が、陰謀の首脳（寅寿）を狙い撃ちすることであった。

改革派の高橋多一郎は、寅寿処分の十日前に、この朝比奈らの計画を、土浦藩士（当時は側用人）大久保要《かなめ》からの書状で知らされており、大久保はこの話を「密《ひそ》かに訪ねてきた正弘の家臣石川和介《わすけ》（側用人、後に執政）から聞いた」としている。（『開国への布石―評伝 老中首座阿部正弘』）

大久保については、第一章で触れたが、斉昭に極めて近い人物であり、ここで重要なことは、その大久保を正弘の家臣が、みずから訪ねて機密を意図的に漏らしていることである。正弘の、斉昭に対する気持ちを、ここでも読み取ることができる。

藩主慶篤の内願《ないがん》

嘉永元年（一八四八）三月、藩主慶篤《よしあつ》は元服した。その慶篤が内願（権限のある人に密《ひそ》かに頼むこと）という思いがけない行動を取った。

毎月の朔望（一日と十五日）両日は諸大名の登城日であったが、四月朔日（著者注　嘉永元年）に慶篤が江戸城に出た時、阿部閣老に会って、斉昭の身上につき内願し、その後十五日の登城日にも頼む予定であったという。従来、斉昭と親子の間ながら睦まじくなく、宥免運動にも力を貸さなかった慶篤が、直接閣老に向かって内願したことは、まことに思い切った行動と言わねばならぬが、これはおそらく斉昭側が慶篤の元服を好機として、内願を強く慫慂《しょうよう》したことと、更に幕閣筋からも内々で根廻があったために違いない。そして内願の内容も、ただ斉昭の宥免だけでなく、本筋は三連枝後見御免であったことは、この後の政情の展開から推察できる。（『水戸市史 中巻四』）

慶篤は、十三歳で藩主になって以来、五年近くもの間、三連枝《れんし》後見の下、結城派に囲まれ、改革派がこれまでやってきたことは間違っていると教えられ、武芸・文学は大名の業にあらずとして、専ら、茶・花・能楽などの遊技を勧められてきた。正弘に直接内願するといったことは、今までの慶篤とは思えない、思いがけない行動である。小石川邸で、結城派の手の内にあり、斉昭と、あまり話すこともないという慶篤を、斉昭側の誰が説得できたのだろうか。もしかしたら、正弘が口説《くど》いたのだろうか。江戸城内であれば、正弘であれ、代わりの者であれ、誰にも邪魔されずに慶篤と話し込むことはできる。

いずれにしても、翌々月の六月朔日《ついたち》の登城日には、先の慶篤の内願に対する返事として、将軍の意向が次のように封書で伝えられた。

今すぐ後見を止めるわけにはいかないが、何時までも現状のままということはない。中納言（斉昭）様の施政の中には過不足も多かったが、賞賛すべきものも少なくないから今いわれなく改める必要はない。これらの政事《まつりごと》が、中納言様の時代より緩《ゆる》んだと聞くがよろしくない。ご成長の上は、分家・家老を押えて、みずから政治を行うよう努力するように。

（『水戸市史 中巻四』）

これは、慶篤が内願した三連枝の後見御免はかなわなかったが、三連枝の後見政治を非難し、若き藩主を励ますものであり、改革派の士気を高めるものであった。

斉昭の藩政復帰

嘉永二年（一八四九）三月、幕府は、長年にわたる藩内の騒動が静まるのを期待して、斉昭を藩政に復帰させることとし、三連枝に替わって、斉昭を藩主慶篤の後見人とした。

しかし、藩主慶篤を掌中《しょうちゅう》に入れ、主だった役職は全て自派で占めている結城派の牙城《がじょう》は固く、藩政に、斉昭が入っていく余地は全くなかった。

そうした中、斉昭としては、とにかく自分の手足を作らねばならない。頼ったのは、やはり、阿部正弘とその幕閣の権力であった。

斉昭の人事案を幕府に伝え、その人事を幕府の意向として藩に実行させることで、斉昭の信頼する重臣三人を、何とか江戸に配置することが出来たのは、嘉永五年（一八五二）五月であり、ここまで来るのに、藩政復帰から三年以上が経っている。斉昭の苦労が偲ばれる。

次頁の**【書簡番号一】**と**【書簡番号二】**には、斉昭が藩政復帰をした後、人の入れ替えに苦心している様子が書かれている。

【書簡番号一】は、嘉永三年（一八五〇）の正月四日付と思われる書簡で、まだ土屋寅直が、大坂城代拝命前のものであるが、「さて、過日、城中にてお願いした、三谷の配置替えの件について、まだ堀田へお話されていないのではないでしょうか。藩の役人達も、しきりに三谷の配置替えを願っていますので、なにとぞ早々に配置替えになるようお取り運び願いたく、宜《よろ》しくお願いいたします。三谷の配置替えの件は、過日もお願いしたとおり、私が、かれこれつぶやいたように思われては、御守殿に対して恐れ多いことになるので、全て風聞《ふうぶん》が耳に入ったとして、お話しいただきますように」とある。

三谷とは、御守殿（先代藩主斉脩《なりのぶ》の正室。将軍家慶《いえよし》の妹）に幕府が付けてきた付き人三谷惣兵衛と思われる。改革派と結城派の熾烈《しれつ》な抗争は、御守殿とその従者をも巻き込んでおり、斉昭にとって、付き人の三谷惣兵衛は、結城派に与《くみ》するものとして、目障《めざわ》りだったのであろう。

御守殿は将軍家慶の妹であることから、将軍や大奥に直接繋がっているため、抗争する両派

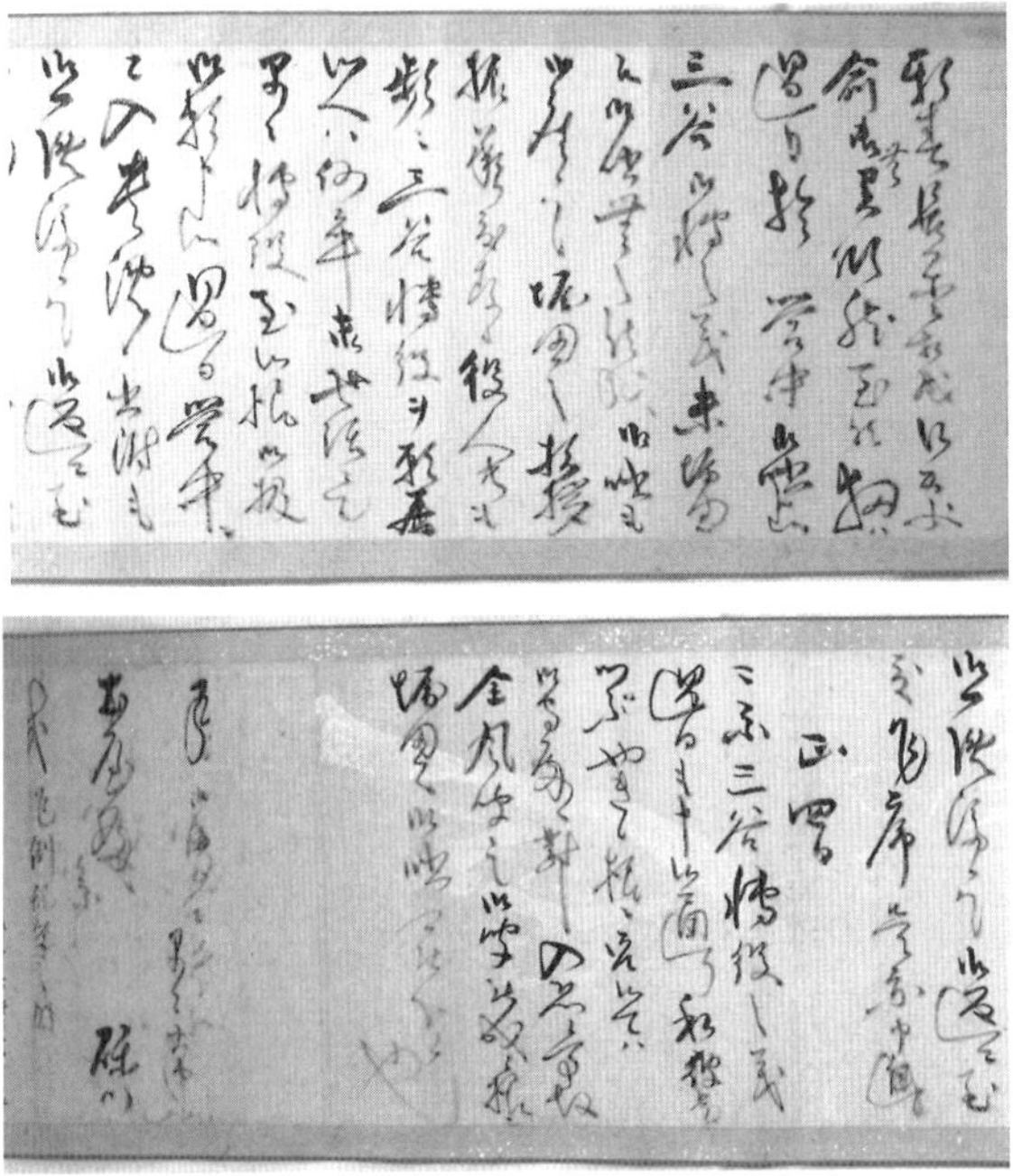

書簡番号一（書簡番号一の読解文全文は262頁に掲載）

にとっては、何としても味方にしたい大切な存在であった。また、文中の堀田は、堀田正睦《まさよし》と思われる。天保十四年（一八四三）閏九月老中役御免となったが、そのとき溜間《たまりのま》詰となって、幕政への発言権を依然有していた。

【書簡番号二】は、「これは、嘉永五年（一八五二）八月二十日に受け取った書簡に添付されていた別紙である」と受取人（寅直）側の記載があるが、その本文と思われる書簡は所在不明である。

本書簡には、

丹波守（結城派の家老 太田丹波守資春《すけはる》）も、ようやく江戸勤務から国元の水戸勤務へと移すことができた。ひとまず安心である。中山（藩の付家老、47頁参照）さえ結城に与《くみ》しなければ、直ぐにでもできたことなのに。いつものことだが五家（幕府が御三家に付けた付家老《つけがろう》。尾張藩の成瀬・竹腰氏、紀州藩の安藤・水野氏、水戸の中山氏を指す）という家来は特に扱いかねる。尾張藩も紀州藩も同じく悩まされているようだ。二十五年ばかり前、私が江戸城に登り始めた頃よりひどくなっている。結城は、何かにつけて付家老を盾《たて》に使って、私的な党派を作り、集まって来る者たちの利益をはかったので、ともすれば結城に与《くみ》するようになった。結城は、そのお陰で、幾度も家格を上げていった。

先だって、ようやく丹波守を水戸へ帰任させることが出来たので、江戸で残るのは側用人の今村、奥右筆の清水、小十人《こじゅうにん》（藩主のそばに使える）目付組頭の岩上などで、その他は大方正論の人（改革派の人）になった。これらの者は、家老とは違って、役職を替えることは容易《たやす》いことである。一度では上手くいかないが、まず職を替えれば、いろいろと悪行が出て来るだろう。そうなったところで、ボンベン玉（高島秋帆が徳丸ケ原で砲術演習した際、モルチール砲（臼砲）操練にボンベン榴弾《りゅうだん》を用いた）の一段打ちのごとく打つのが一番良い。

その人が職に就《つ》いているときは、周《まわ》りの人たちは、悪いことをしていると知っても、その人を恐れて何も表に出さないが、職を替えさせれば、いろいろこれ迄のことが出てくる。

もっとも、丹波守には、未《いま》だに役を替えさせたわけではなく、単に国元（水戸）勤務にしただけだが、江戸に置いておくのとは大違いで、いろいろ悪行《あくぎょう》は出てくるだろう。そのためか、丹波守を国元に下がるよう申し付けただけで、今村はじめ奥右筆ら、丹波の党は大騒ぎとなり、丹波守から、御守殿付きの上臈《じょうろう》をはじめとして莫大なる賄賂《わいろ》が贈られ、また、我家の奥向きへも同様だった。御守殿にお付の使番（職名）が今村宅へ来《きた》り、奥右筆等丹波の党の者共が寄り集まって、誰もが役を退くことになるのかと、不安に駆られて出仕してきたような騒がしさだった。

また、それがために、御守殿様に対しても、わざわざ登城していただいて、公方様（御守殿の兄の将軍家慶）から、丹波の水戸への異動を取り止めるように、声かけして欲しいというお願いが、再三にわたって巧みに行われた。

しかし、御守殿様は、目立つことでもあり、また、例もないことと申して断わられたそうだ。

今まで聞いたこともない話だ。家老の進退についてまで、御守殿様の使者などが加わって政《まつりごと》の相談とは。

この家には、藤井紋太夫（26頁参照）や松波勘十郎（67頁参照）といった悪人がいたが、その時でさえ、こんなことは無かった。丹波は御守殿様をわざわざ登城させ、自分のことで公方様より声を掛けさせて、下官（斉昭）ならびに藩主慶篤や簾中《れんじゅう》（斉昭の正室吉子）までも押さえつけようと巧みに動いている。恐ろしいことだ。そのうえ、内藤藤一郎（若年寄で結城派の巨魁《きょかい》と言われた）を異動させないようにと藩主（慶篤）から言わせようとしている。

とある。

よかろうさま

右の【書簡番号二】は、斉昭が、苦労して、江戸に信用のできる執政三人を配して、ほぼ思い通りの人事ができるようになった安心感を伝えると同時に、江戸から国元へ退けられた結城派の執政太田資春《すけはる》が、御守殿を動かして江戸勤務へ戻すよう働きかけたが、御守殿に断られた様子、あるいは、斉昭の人事に慌《あわ》てふためいている結城派の様子を告げている。

正確な月日は定かでないが、この太田資春の江戸勤務へ戻ることが叶わなかった頃として、次の話が伝えられている。

慶篤から阿部正弘に内願して、斉昭を水戸へ移そうとする陰謀が企てられたが、正弘がこれを見破って願書を返したという。(『水戸市史 中巻四』)

この話は、おそらく、結城派が、藩主慶篤を唆《そそのか》してのことであろうが、さる嘉永二年(一八四九)四月朔日には、慶篤は、阿部正弘に、「三連枝による後見は御免蒙りたい」と内願するといった、思いもかけない行動に出て、斉昭の藩政復帰に大きな役割を果たした(78頁参照)。ところが、この慶篤が、今回は、斉昭を排除しようとしたのである。こうした慶篤の動きは、理解しがたく、次の記事にみるごとく、彼の性格からくるものとしか考えられない。

(著者注 斉昭が失脚して、結城派が藩政を握ったとき) 八五郎(著者注 58頁で前出の友部八五郎)は十三歳の新藩主慶篤の教育係になった。この人(著者注 慶篤)が、強い個性をもった両親に似ても似つかぬ弱い性格で、家来が何をいっても、『よかろう』『よかろう』で通すので、『よかろうさま』の名があったくらい。今、右からいって『かようにきめますから』といえば、『よかろう』という。そのあとすぐ左がかけつけて、『とんでもない、それはこうでなければいけません、すぐこちらにお直し下さい』といえばケロリとして『よかろう』という。右がまたかけつけて責めると奥へにげ込もうとして、袖をつかまえて放さないと泣き出す騒ぎ。生来の無性格の上に、友部らの教育が悪く、いっそうのバカ殿様に仕上げ、学問や政治を嫌い、庭に凝って、松の枝ぶりや石の格好にしか興味をもたず、父斉昭とてんで話があわず、仲の悪いのは、側近の責任だというので、友部への憎しみが集まった。（『覚書 幕末の水戸藩』）

藩内抗争に対する幕府の裁決

嘉永六年（一八五三）六月三日、ペリーが浦賀にやって来た。七月三日、幕府は斉昭を海防参与に就任させ、隔日《かくじつ》（一日おき）登城して老中に意見を具申するという役割を与えた。もちろん正弘が幕府内の反対派を説得してのことである。

ペリー来航時の状況については、第四章で述べるが、いずれにしても、正弘は、海防知識に詳《くわ》しい斉昭を頼らねばならなかった。正弘が、これまで斉昭を援護してきたのは、こうした場面に備えての事でもあった。

斉昭に連座し、蟄居から遠慮、さらに致仕・謹慎を経て、前年二月に自由の身となっていた東湖と戸田も、七月二十日、幕府から海岸防禦御用掛を命ぜられ、常時江戸勤めとなった。

翌八月二十日、正弘から付家老中山備後守に次のような達《たっし》があった。

前中納言殿（斉昭）が海防参与として、江戸城へ登られることになったからには、中納言（慶篤）殿も、取り分け、お上（将軍）の御本意をお汲み取られ、藩政についても、すべて前中納言殿に相談して、政争になるような事柄は、熟慮をもって細心の注意を払わねばならない。そのことを心得られよ。

万一、先年までの三連枝御後見中と同じように、藩中が党派に分かれたままという悪い習慣が改められないようでは、御家の為にもならない。今般、前中納言殿が御登城になるからには、御家臣も、その節は咎《とが》めを受けていても、それに頓着《とんちゃく》することなく、正論有志のものはそれぞれの役へ用い、上下一体となり、とくに質素倹約・文武御引立・海岸防御等の急務を初め、全ての御政事について、御父子《ふし》打ち解けて御相談され、全力をあげて藩政に尽《つく》されるよう、藩主ならびに前中納言殿に申し上げてほしい。（『天保明治 水戸見聞實記』）

これが、藩内抗争に対する幕府の裁決であり、幕府の軍配は改革派に上がった。

結城派による藩主（慶篤）への上書《じょうしょ》（地位の高い人への意見書）

幕府の軍配が、改革派に上がり、追い込まれた結城派は、九月の末、谷田部藤七郎と白石平十郎の両名が、小石川藩邸の老女荻野を通じて、次の書を藩主慶篤に差し上げた。

去る辰年（弘化元年、一八四四）駒込様（斉昭）が御隠居を仰《おお》せ付けられたときから、天狗共（改革派）は騒ぎ、昼夜歩き回り、連判帳など作り、家臣の家はもちろん、百姓町人にまで署名を勧めました。また金子孫二郎（以前郡奉行）は配下の郡手代共を使って百姓共まで大勢騒がせましたが、厳重な取り締まりで、世上はようやく穏《おだ》やかになってきました。ところが、昨年暮れから当春にかけて、天狗共が申し分ない役職を仰せ付けられるようになりました。又この度、戸田銀次郎（忠敞）・藤田東湖も良い役職を仰せ付けられています。更に、藩主の御近習へも天狗共が大勢取り立てられたのは、恐れながら藩主をも天狗共の自由にしようという目論見《もくろみ》に相違なく、驚くべき巧みさであるといえます。

そのうえ、八月二十日の阿部伊勢守（阿部正弘）の御書付《おかきつ》けには、前中納言殿（斉昭）は、将軍の御本意からお役を賜ったと認《したた》められてあり、隔日御登城されるとのこと。しかし、御三家がこれまでこうした場面に出会ったことは無く、あたかも御大老であるかのようにも見え、御家格にもかかわるのではないかと一同心配しています。

御書付けには、万一、先年の三連枝による御後見中の取り扱いに泥《なず》み云々《うんぬん》と御認めの箇所は、御三連枝が御後見中に、士民が動揺しないよう取り締まったことが、却《かえ》って宜《よろ》しくなかったと読み取れます。騒動の取り締まりは、公辺からも厳重なお達《たつし》があってのことであり、阿部伊勢守へも一々御打合せ御指図を仰ぎ、それぞれ取り調べたものであって、それについてのお咎《とが》めは、有る筈《はず》のないことで、一同疑問に思っています。

また、御書付けには、正論有志の者それぞれ役方へ登用するようにと認められています。天狗共は以前より自分の党を正論有志と申し、町や村里の天狗共を義民義党等と申しています。しかるところ、この度、正論有志と仰せ出されたことは、天狗共を御役職へ用いるようにとのことと思われ、一同驚いています。公辺の御達《たつし》に正論有志等といった文言が載《の》った例はなく、天狗の唱《とな》える文言で仰せ出されるとは、疑問とするところです。

更に、御書付けには、御父子打ち解けて相談の上と認められているということは、伊勢守様（阿部正弘）はこれまで御不和と思われていたということであり、一同驚くと共に残念な次第です。中納言（慶篤）様にはいたって御仁愛《じんあい》にとみ、孝行を尽されていらせられ、前中納言（斉昭）様も情け深くいらせられることから、下々一同有難く存じております。したがって、お二人が不和であるといったお咎めは、他のことと異なり、中納言様の孝行にも関わることで、両公（斉昭・慶篤）様の恥《はじ》にもなるものと一同残念でなりません。

申し上げるのも恐れ多きことながら、前々から天狗共は、御上（慶篤）について、温和でいらせられ、公辺の言うとおりにせず、全て立派を好み、武備等は好まれないため、いずれは若くして隠居されると噂《うわさ》していました。

しかしながら中納言様（慶篤）には、なさけ深い徳がおありで、下々迄一同帰服し、安心しているところへ、かねて天狗共が噂していた通りのお咎めを受けるようでは、天狗共が伊勢守殿をいかに上手く言いくるめたか、その結果の御書付けとしか思われません。万一、そうであれば、この上、兼ねて私共が心配していたように、もったいないこと（藩主慶篤が隠居させられること）までも上手く言いくるめられるのではないかと、藩士一同心配しています。

一　この度、駒込様（斉昭）海防参与として日々御登城のこと恐悦至極《きょうえつしごく》に存じますが、ご家中一同が心配しているのは、阿部伊勢守は先だって夷船《いせん》が来た時、諸大名の意見を入れなかったとの噂もあり、そうしたところへ駒込様が登城されて、お世話をするのは、伊勢守殿の不出来な扱いを、駒込様のせいにされるのではないかということです。先年も、水野越前守へ万端打合せのうえ、藩政と改革に取り組まれ、御太刀・黄金を拝領しましたが、喜ぶ間もなく御慎《つつし》み・御隠居となってしまい藩内一同残念がったところです。今回も伊勢守殿の風聞《ふうぶん》甚《はなは》だもって良くないことから、万一伊勢守が異動でもしたら、この先どうなるか分かりません。

（中略）

一　右に列記のほか、その時々の振舞《ふるまい》を見ても、天狗共は実に悪逆謀反《むほん》人であって、このうえ何をするか分かりません。思うに、当君（慶篤）様が天狗をお嫌いなことは、天狗共はじめ藩士一同承知していることで、この先御年を召《め》され、いよいよ御自分の政《まつりごと》をすめるときは、天狗共は前々の悪事が露見《ろけん》するので、それぞれの身の上がどうなるかと行く末《すえ》を考え、今から念を入れて工夫しています。既に八月二十日伊勢守殿よりお渡しの御書付けも、天狗が拵《こしら》えたかに思え、当君様を、親不孝だと陥《おとしい》れる計策の手口が露《あら》わになったものと思われます。

近頃、耳にするに、オランダから伝わった薬には、三十日過ぎ、半年過ぎて発病する薬もあるという。外々《そとそと》はともかく、せめて御近辺だけは、中納言（慶篤）様の思いどおりの人を召使とするようにしていただきたい。取り越し苦労のように思われるかもしれませんが、万々一の事が起きた後では、例え天狗共を残らず打ち殺して粉にしたところで間に合わず、悪人共の謀計《ぼうけい》誠に恐るべしです。このような時節、奥向きが一番大切です。申し上げるまでもなく厳重に御守護されますよう伏して願いあげるところです。

謹言。（『天保明治 水戸見聞實記』）

結城寅寿、終身禁固の身となる

右の上書には、幕府の軍配が改革派に上がったことで、結城派としては、前途を悲観し、この先、なんとか藩主（慶篤）を斉昭から切り離して抱き込み、勢力を回復したいという願いがこもっている。しかし、藩政府の執行部は、すでに斉昭が信頼する改革派で固められていた。この上書を知った執行部には、結城派を大いに危険視して、「結城寅寿を死罪にせねば、何時までも、こうした企《たくら》みが繰り返される」という意見もあったが、藤田東湖の反対で、終身禁固として、嘉永六年（一八五三）十月水戸徳川家の支族松平松之允《まつのすけ》の長倉（現常陸大宮市）の陣屋に幽閉した。また、弘化四年（一八四七）十月に、家禄を半減（五百石へ）されて跡を継いだ一万丸（77頁参照）は、領地・屋敷を召上げられ十人扶持《じゅうにんぶち》（十人分の米が給される）となって蟄居を命ぜられた。

二　藤田東湖と戸田忠敞の死

結城寅寿を終身禁固としたことで、斉昭派としては、後顧《こうこ》の憂《うれ》えを最小限にとどめて、天保改革当時と同様に、改革派中心の体制に復《かえ》すことができた。しかし、安政元年（一八五四）ペリーとの日米和親条約締結、プチャーチンとの日露和親条約締結と、開国が進んでいく中、寅寿をお預けにして、ちょうど二年後の安政二年（一八五五）十月二日、安政江戸地震が発生、藤田東湖、戸田忠敞の二人が倒壊家屋の下敷きになって死亡するという思いがけないことが起きた。

【書簡番号三】は、斉昭が同年十月二十五日付で地震の状況を寅直へ報じたもので、当地、去る二日夜、大地震に襲われ、御城も損じるほどで、小生の住まいも大きく傾き、潰《つぶ》れたところも数多く、屋敷内の小屋などは大方潰れ、死人も大勢で、その夜から今まで屋敷の庭園（現在の後楽園）に居ます。庭の茶屋も大方潰れ、野宿です。誰もが助けるのに苦心しています。他所《よそ》は、もっとひどい所もあるとのこと。お察しください。当家は皆無事につきご安心ください。大小名の中には、主従残らずどうこうしたとも聞く。拙者の方も死人少なからず、第一に、両田（藤田東湖と戸田忠敞）を失ったこと、実にもって天道は是か非かと恨むほか無く、残念至極だ。今の御代《みよ》になって、転変地妖《てんぺんちよう》が度々、なんとも恐れ入る次第である。このうえは、大火、大水なども考えられ、また、昨年も当年も大地震が来たからには、来年もくるかも知れない。夷狄《いてき》などもどうなることか、重々心配だ。

とある。

また、右の書簡から一か月後の、翌十一月二十七日付　寅直宛では、

内々、聞くところによれば、姦人共（著者注　結城派を指す）は、僧侶をつっつき、僧侶を騒がせて、自分と阿部正弘などの扱いが良くないことを理由にして、自分と阿部正弘を打ち落として、老中までも入れ替えさせ、その入れ替えた老中から指図させて、当家の

政《まつりごと》でも有志（著者注　改革派の役人をさす）を退け、姦人共で占める計策もあるようだ。寺院などでは、梵鐘御引き上げ（著者注　寺の梵鐘を潰して大砲にする毀鐘鋳砲を、斉昭が幕府に建議して、朝廷に奏請《そうせい》、安政元年十二月に天皇の裁可を受けた太政官符として幕府に下賜され、幕府は、翌年三月これを全国に布告した）に反対して、騒ぎ立てたい様子もあるようだ。御申し越しのとおり、藩の姦人共は二人（著者注　東湖と戸田忠敞）が死ぬと直ぐに計策を廻《めぐ》らしているようだが、最近は、中納言（著者注　慶篤）が、姦人共が良くないことを、少々飲み込んできたのが、大いに宜《よろ》しく、ご安心ください。国元の姦人共は、とかく高松藩主へ取り入っている。高松藩主は、井伊彦根藩主と一体のようだ。かれこれ申し上げるのも、姦人・姦僧らが、以前、自分（著者注　斉昭）が失脚した時と同じような動きをしているように見受けられるからで、さてさて大仕掛けなる姦計になるのではないか。（『義公・烈公書翰集』）

と書き、結城派と高松藩主、更には、井伊直弼の動きを警戒している。

なお、右書簡には、「最近は、中納言（慶篤）が、姦人共が良くないことを、少々飲み込んできたのが、大いに宜しく、ご安心ください」とも書いているが、斉昭は、この後、慶篤の結城派寄りの動きに大変な苦しみを味わうことになる。

再《ふた》び谷田部藤七郎による藩主（慶篤）への上書

斉昭が心配した通り、二人の死に勢いづいた結城派が、失地回復の好機とばかり活動を再開し、二年前に藩主慶篤へ上書した谷田部藤七郎が、安政二年（一八五五）十二月、再び慶篤へ上書した。

この節、政《まつりごと》を一々筆にすることは出来ず、恐れながら、大変とも申し上げるべきかと思います。それと申すも、天狗共ばかりお取り用いられているからと思います。

当節、取り用いられている天狗の役人の内でも、原田兵介・桑原治兵衛・矢野唯之允・高橋多一郎らは実に大悪人です。

この節、御国御家中の模様はもっぱら天狗が用いられ、天狗の勢いが盛んなように見受けられますが、御家中を十とすれば、そのうち八は天狗ではありません。右の天狗でない者たちは、時々寄り集まって、恐れながら御政治の向、このまま長く御取り行われると、この先どのようになっていくのでしょうか、一日も早く慶篤様による直々《じきじき》の政をと願っています。

私共が心配しているのは、かつての天狗共の悪事は一通りではなく、こうした話は、去る丑年（嘉永六年）の冬、老女萩野を通して書面で申し上げました。日々のお召し上がり物に用心することは、普段でも大事なことはもちろんのことで、それぞれのお役人が立ち会って御風味・御毒味をしますが、当節は御近臣まで追々天狗の者に占められています。近頃聞くところによれば、荻野は年をとっており、小川（結城派と懇意にしていた女中と思われる）は兼ねて忠節の者と聞いていますが、休んでいるとのことで驚いています。

このほか、政治向きのことは、仮に悪政だとしても、下々の者は難儀をしても我慢できますが、近臣老女ら御食事のお世話する者たちが、残らず天狗の者たちでは、実のところ心配で見ておれません。他の事ならともかく、このことだけは、どのように御六ケ敷《むつかしく》ても是非御手当いただきたい。

前回の書でも申し上げましたが、御先代様（著者注　斉昭）には御見合せしない（著者注天狗の者たちを使うのを止めない）ので、大変なことになっている。そのため、天狗共を取り除き、鈴木石見守、太田丹波守、大森彌三左衛門を大寄合頭上座御用達とし、近藤義太夫を若年寄とし、遠山龍介を学校奉行とし、中村彦兵衛を御目付とし、尾羽平蔵、嶋海何右衛門、清水久三郎、加藤木左内衛門を奥右筆頭取とし、石川新吉を郡奉行とし、本郷金右衛門を小十人目付組頭とし、右の通り御用《もち》いいただけば、萬民安堵することでしょう。今すぐ御気持ちを伺って国へ戻りたく謹んで申し上げます。（『天保明治 水戸見聞實記』）

上書の内容は以上であるが、谷田部藤七郎の意見が、慶篤をはじめ小石川邸を大きく揺さぶったという記事がある。

同月末（著者注　安政二年十一月末、谷田部藤七郎は）弟庄蔵を随《したが》えて江戸へ密行し、小石川邸へ参り、同志者横山兵蔵等と示し合わせ、再三上書して天下の形勢を説き、国政の利害を諭《さと》し、朋党比周《ほうとうひしゅう》（著者注　徒党を組むこと）の弊を一洗して、士心の調和を図らねば、将来忌々《いまいま》しき大事となる。ついては、この際、政府に一大黜陟《ちゅつちょく》（著者注　功の無い者は退け、功のある者を採用する）を行い、人心の帰服安堵を計るがことが何よりの急務であると、憚《はばか》るところなく陳述すれば、中納言公（著者注　慶篤公）にも前々より党派軋轢《あつれき》の弊に鑑《かんが》み、藩の将来については、頗《すこぶ》る御苦慮あらせられる折柄といい、かつは、谷田部に同意の者、有司にも少なくないことから、この議論殆ど満邸を動かし、あわや結城寅寿が再び登用されるに至るのではないかといった有り様であった。（『水戸藩党争始末』）

谷田部の上書がもたらした、こうした藩邸内の状況に、斉昭と改革派の驚きはひととおりでなく、大いに慌《あわ》てさせられたが、藤七郎の意見が容《い》れられることはなかった。

思いを遂げられなかった藤七郎は、安政三年（一八五六）正月、弟庄蔵と共に江戸を発ち、姿をくらました。

藩主慶篤が招いた危機

斉昭と改革派を大いに驚かせ、慌てさせた谷田部藤七郎の安政二年（一八五五）十二月の上書について、『水戸市史 中巻四』は、この上書が作成された経緯に問題があると指摘している。

どういうことかと言うと、この上書は十二月五日に書かれているが、彰考館所蔵の『探奸雑書』に載るこの上書には、冒頭に次の一文があるという。

去る十一月二十一日、小姓頭取横山兵蔵（江戸詰）（著者注　結城派）へ、御内命（著者注　藩主慶篤からの指示）の由で、横山は讃岐高松藩松平頼胤《よりたね》（著者注　かつて、慶篤の後見人を務めた。水戸徳川家の分家の藩主であるが、斉昭とは不仲で、以前から結城派の肩を持つ）様の家来滝川内膳宅に至り、そこで尊慮の趣（著者注　藩主慶篤の意向）を仰せ渡された。内膳よりは私共（著者注　横山兵蔵ら結城派を指す）へ書面で、私共が藩政について考えていることがあったならば、隠さずありのままに申し述べるようにというので、取敢えず火急にあらましを申し上げた。（大意）

つまり、横山兵蔵が、藩主慶篤の指示で、滝川内膳宅へ行って、そこで尊慮の趣（藩政について、考えていることがあれば出すように、という藩主慶篤の意向）を聞かされているので、谷田部の上書は、予《あらかじ》め慶篤の方から申し付けたものではないかと疑問を呈しているのである。

さらに加えて、同『水戸市史』は、横山兵蔵が十二月五日付で書いた、藩主慶篤宛の書簡を紹介しており、そこには、

谷田部の上書は滝川内膳へ指出されたので、それを受けて指上げる。谷田部は、この殿からの申し付けを、心から有難く思っている。しかしすぐ水戸で上書を認《したた》めて指上げるというのも恐れ入ることなので、谷田部を内々江戸へ上らせることにした。このような次第で上書が延引した。谷田部の江戸上りは重大事なので、無断で上ったことを内々申し上げる。（大意）（『水戸市史 中巻四』）

と記されている。

こうしたことから、『水戸市史』は、これらの手紙や、上書が偽物《にせもの》でない限り、慶篤と結城派は相通じていることになる。そして、慶篤が谷田部に上書させたのは、慶篤が結城派に同情的であったことから、天狗派をおさえ、結城派の再起を願ってのものであったと解している。

たしかに、慶篤の行為は、結城派への同情心から出たことかも知れないが、斉昭と改革派（天狗派）にとっては、敵に利する行為以外の何物でもない。

さらに加えて、今回の上書の一件の中で、大問題が浮上する。それは、あろうことか慶篤が、結城寅寿復活の企《くわだ》てを、結城派から聞かされていたと思われることである。この点については後述する。

谷田部藤七郎兄弟の逮捕依頼

安政三年（一八五六）三月六日付と思われる斉昭の寅直宛書簡では、谷田部藤七郎兄弟の逮捕を依頼している。

【書簡番号四】

家来の谷田部藤七郎と大嶺庄蔵が姿をくらませて高松に潜伏している様子に付き、高松藩主の讃岐守（松平頼胤）へ引き渡すように申し遣《つか》わしたが、隠し置いているのか、他へ逃がしているのか分からない。その点お含みおきのうえ町奉行（大坂城代支配下の大坂町奉行）へお手配願い、早々にお召し捕りいただきたい。

先の地震（安政二年十月二日の安政江戸地震）で藤田東湖と戸田忠敞が死んだのを好機とばかりに、奸党《かんとう》（結城派を指す）の者共が、この正月頃から再び動き出して、拙老《せつろう》（斉昭）と中納言（斉昭の倅《せがれ》で藩主の慶篤）を仲違《なかたがい》させ、中納言を自分達の側に取り込んで、中納言から有志の人々（改革派の要人達）に蟄居を申し付けて藩政から外し、幽閉中の結城寅寿や、江戸から国元水戸へ勤務替えさせられた家老の太田丹波守資春《すけはる》を江戸へ引き出して、再び藩政を担《にな》わせようと企《たくら》んでいる。

（中略）

奸人共は中納言へ、拙老のことを『評判も悪く、それゆえ登城もない（幕府は斉昭に対し、「安政三年正月以降は、登城に及ばず」との達《たつし》を出している）』として、『拙老に付いていては、中納言のためにならないので、拙老を駒込藩邸か国元へ押し込めるよう幕府に願い出たほうが良い』と日々上書や口上を繰り返した。

拙老と中納言は不和になることなく、二月二十五日に、連れ立って小梅の下屋敷へ出掛けた。

奸人の小姓頭取横山兵蔵らは、その前日、中納言に『明日小梅へ行かれたら、必ず天狗共（改革派の別称）が毒を盛るから、決して行かないほうが良い』と止めたが、中納言が拙老の手を取って歩くのを見て、兵蔵や奸人仲間で同じ小姓頭取の大森金八郎は、終日へこんだ様子で、口もきかず、食事も摂《と》らなかったので、供《とも》の人達は疲れないで済んだそうだ。

これまで奸人共は、拙老親子を仲違させ、中納言を騙《だま》して改革派の人々を打落とし、結城寅寿らを引き出そうと支藩の高松藩主松平頼胤とも示し合わせていた。

しかし、拙老親子を仲違させるのは難《むずか》しそうなので、今度は、拙老はもちろん、中納言も、それと口を出しそうな慶喜の三人を一緒に、幕府からお咎めにしてもらってはどうかと彼らは考えた。

しかし、これも、拙老には多くの子がおり、頼胤としては、後を継いだ子が拙老の志を継いでは困るし、また中納言には鉄之丞という内々の子もいるので、頼胤の思い通りにいかないと思ったのであろう、頼胤は、『自分がこの家（水戸徳川家）を奪い、結城らを引き出すことにしよう』と、大森金八郎へ直《じか》に話した。

すると、大森金八郎が、中納言の側にいた者を、仲間の結城派の一人であると勘違いして、この企てを、その者に話してしまった。これを聞いたものは、驚いて中納言の耳に入れたため、拙老も彼らの企てを、知るところとなった。

高松藩主（頼胤）は、かつて拙老が失脚した時、藩主慶篤の後見を幕府から仰せ付けられていたので、如何様の悪政も行うことができたが、後見人でなくなった後も、あたかも預け人（結城）になり替わったかのように振舞っている。頼胤と結城は以前から交際があり、頼胤からは結城へ遣《つか》わし物が、結城からは上書や上等の品物が贈られていた。頼胤は、悪いことに溜間《たまりのま》（江戸城、井伊直弼等譜代大名の上級者の詰め所）に詰めていることから、それを良いことにして、外々では役人風を吹かせ、預け人（結城寅寿）と連絡を取るという不届き者である。

それと言うのも、甲辰の節（斉昭が罰せられ失脚したとき）、結城は、中納言（慶篤）までも一緒に打落とし、頼胤に此の家を継がせて、自分はもっと出世したいという欲望を持っていたものと、拙老は察していたが、この度の頼胤の話と良く符合している。

（中略）

だいたい、高松藩は当藩の分家なのだから、当藩のお尋ね者であれば、引き渡してくれてもよい筈なのに、高松藩も彼らに与《くみ》しているので、やむを得ず中納言から大坂町奉行所へお頼みする次第につき、これらのことお含みおきください。

不安と焦《あせ》りが募《つの》る斉昭

右の書簡で、召捕って欲しいと依頼した二人のうち特に谷田部藤七郎は、藩内結城派の参謀格である。斉昭を失脚させて追い落としたものの、水戸徳川家の支族松平松之允《まつのすけ》の長倉（現常陸大宮市内）の陣屋に幽閉されてしまった、結城派の総帥である結城寅寿を復帰させ、結城派の復権を画策したが、不首尾に終わり、弟と共に安政三年正月に姿をくらましたことは前述した。

そのため、谷田部藤七郎の企《たくら》みを恐れる斉昭が、両名が高松に潜伏している（高松藩主松平讃岐守頼胤の庇護下《ひごか》にあるのでは）との情報をもとに書いた書簡である。

斉昭は、何を企《たくら》んでいるか分からない谷田部藤七郎を早急に捕捉せねばならないこと、そして、幽閉中の同派総帥である結城寅寿共々、一刻も早く死罪にせねばならないことに大きな不安と焦《あせ》りを感じていた。

とくに、斉昭にとっては、単に犯罪人を追うというだけでなく、まかり間違えれば、水戸徳川家存亡の危機を招きかねない、切実な秘め事を抱《かか》えていた。それは、倅《せがれ》の藩主慶篤に関わることであった。

「安政二年（一八五五）十二月の谷田部の上書は、藩主慶篤が、自分宛に書くようにと、申し付けたものではないか」と前述した（100頁参照）が、ここでは、まず、『水戸史談』に載る元水戸藩士渡井量蔵《わたらい》（安政五〜六年の頃は斉昭に小納戸として仕え、理髪・膳番・庭方などの細事を担《にな》った）の史話を聞こう。

彼は（結城の企《くわだ》ては…の意）、谷田部を使って、藩主慶篤の側近は結城派で固《かた》めさせ、また一方では、讃岐守（高松藩主）へ取り入って、讃岐守の伝手《つて》で井伊家（井伊直弼《なおすけ》）の助勢を得て、烈公に同意の幕府老中を退け、幕府の命で再び烈公を駒込へ押し込め、結城が藩の執政に返り咲くという手筈《てはず》であった。これには、讃岐守も大いに力を入れ、井伊も尽力するつもりになっていた。順公（藩主慶篤）もほとんど騙《だま》された様子だった。

谷田部が讃州（高松）へ出立の時には、小石川の殿中にて荷造りをして、お金も頂戴して打立ち、公然と海岸砲台地を見分するという届書を出していった。

これらの大陰謀を行う迄に、万一、結城を殺されては、結城の企《くわだ》てた筋書きが台無しになるので、事前に、讃岐守が結城を貰い受けるという手筈にして、順公（慶篤）も、ほぼ御承知されたのだが、たちまち露見してしまった。これによって、結城を死刑にせざるをえなくなった。これが結城死罪の根本の事情である。（『故老實歴 水戸史談』）

結城寅寿の企て

渡井量蔵の史話のポイントは次の四点である。

一　高松藩主の伝手《つて》で、井伊直弼の力も借りて、斉昭を再び駒込へ押し込め、結城が藩の執政に返り咲く、というのが結城の企てであった。

一　この企てに、慶篤もほとんど騙《だま》された様子だった。

一　慶篤は、谷田部が讃州（高松）へ向かったのを知っていた。

一　慶篤は、讃岐守（高松藩主）が結城を貰い受けるという話も、ほぼ承知したが、直ぐに露見してしまった、つまり、直ぐに斉昭の知るところとなった。

先に前述した、安政二年十二月の谷田部の上書は、慶篤の意向の下に書かれたのではないか、という話と、渡井量蔵の史話を合わせると、藩主慶篤は、結城派に同情して、同派の復活を願って手を尽《つく》しているうちに、はからずも結城派の企《たくら》みを聞かされてしまった。

さすがに慶篤も、事の成り行きに不安を感じ取り、結城派の企みを斉昭に打ち明けることで、このあと始末を斉昭に委《ゆだ》ねざるを得なくなってしまった、といったところであろう。

結城寅寿の企てを慶篤から打ち明けられた斉昭

こうした話を慶篤から打ち明けられた斉昭は、さぞ愕然《がくぜん》としたことと思われる。慶篤は、谷田部兄弟が行方をくらませたことに関《かか》わっていたうえに、結城の陰謀も聞かされていたのだ。

斉昭が、慶篤から、それを打ち明けられたのは何時かということであれば、右の史話の中に、「順公（慶篤）も、ほぼ御承知されたのだが、たちまち露見してしまった」とあることから、安政三年正月に、谷田部の行方《ゆくえ》が分からなくなってから、さほど日数はたっていない頃になるが、おおよそのところは次のとおりである。

まず、斉昭は、安政三年（一八五六）正月二十一日付で、松平慶永に宛てて、「谷田部藤七郎（通義）と申す大姦人（悪人）が、支藩の讃岐高松等へ喰い入り、色々の姦計（悪だくみ）をめぐらしている故、召捕ろうとしていたところ、水戸にもおらず、行方を暗ましている由。年は五十位にもなろうか、名も変えていると思うが、耳に入ったなら居所をごく内密に知らせてほしい」（大意）と頼んでいる。（『水戸市史 中巻四』）

斉昭が、松平慶永に一報を入れたのは、話が即座に、慶永から阿部正弘に伝わることを期待したからに他ならない。阿部正弘の亡くなった前夫人は慶永の姻戚であったが、その後添えとなった謐《いつ》は糸魚川《いといがわ》藩主の娘で、慶永が自分の養女にして正弘に嫁《とつ》がせた。慶永は正弘の信頼が厚く、慶永も正弘を支援することを惜しまなかった。

こうした二人の関係を斉昭は熟知しており、自分の口を通さずに、他人の口を使って自分の意向を伝えるやり方を、斉昭は、あちらこちらでしばしば用いている。

話が少しそれたが、斉昭の右の正月二十一日付書簡では、谷田部の出奔を書いているが、行先や慶篤について触れていないので、この時はまだ慶篤から打ち明けられていなかったと思われる。

一方、先に見た**【書簡番号四】**には、二月二十五日に、斉昭と慶篤が連れ立って小梅の下屋敷へ出掛け、仲睦まじい姿を結城派に見せつけたとあるので、このときは、すでに打ち明けられた後と思われる。

そうすると、斉昭が慶篤から、結城の企みを打ち明けられたのは、正月二十一日から、二月二十五日までの間となる。

慶篤が、結城派に与《くみ》したことを、どこまで詳細に打ち明けたかは分からない。しかし、谷田部の十二月の上書の一件は、慶篤が仕掛けたものであり、さらに結城の企みも聞かされていたのである。斉昭にしてみれば、とても、人に聞かせられる話ではなく、一刻も早く、事が明らかになる前に、結城と谷田部らの口を封ぜねばならなくなってしまったのである。

【書簡番号四】に見られる大きな問題点

同書簡には、慶篤が結城派に肩入れした話、慶篤から打ち明けられた話は、どこにも書かれていない。いかに書簡の相手が土屋寅直とはいえ、書くことのできない話であった。

まず、二月二十五日に、斉昭と慶篤が連れ立って小梅の下屋敷へ出掛け、仲睦まじい姿を結城派に見せつけたとき、これを見た結城派の面々が、終日へこんだ様子であったとある。これは、慶篤が、斉昭に打ち明けたことを、彼らが悟《さと》ったのが、このときであったのかもしれない。

あるいは、慶篤が、斉昭に打ち明けたことを薄々気づいていた彼らが、「やはり斉昭に話してしまっていたのか」と、大きく落胆した姿であった。

問題は、「頼胤《よりたね》（高松藩主）が、『自分がこの家（水戸徳川家）を奪い、結城らを引き出すことにしよう』と、結城派の小姓頭取大森金八郎へ直《じか》に話した。すると、大森金八郎が、中納言の側にいた者を、仲間の結城派の一人であると勘違いしたため、この企てを、その者に話してしまった。これを聞かされたものは、驚いて中納言の耳に入れたため、拙老（斉昭）も彼らの企てを、知るところとなった」と書かれた個所をどう解釈するかである。

高松藩主の企《たくら》みについて

まず、この【書簡番号四】の文中には、頼胤が、『自分がこの家（水戸徳川家）を奪い、結城らを引き出すことにしよう』と言ったとあるが、結城派が慶篤に聞かせた企み（105〜106頁参照）は、「結城派復活の大陰謀を行う前に、万一、結城を殺されては、筋書きが台無しになるので、事前に、高松藩主頼胤が結城を貰い受けるという手筈にして…」という話であった。

要するに、斉昭が【書簡番号四】に書いたことと、渡井量蔵の史話とは食い違うので、いずれが正しいかということになる。

実は、【書簡番号四】に先立つ二月二十八日、慶篤は江戸城で、「隠居（斉昭）から腹蔵《ふくぞう》なくお話申し上げ、ご相談に乗ってもらえ」と申し付けられたと、松平慶永に面会を求めた。

そこで慶篤は、「高松藩主頼胤が、隠居（斉昭）・小子（慶篤）・慶喜の三人を、幕府に咎《とが》めさせて、頼胤が、この家を奪うつもりだ」と話している。（中根雪江著『昨夢紀事第一』）

また、斉昭も慶永宛に、三月二日付書簡で、右の慶篤の話と同じ内容を書いている。（『昨夢紀事第一』）

さらに、斉昭は、四月に、次のように青山延光《のぶみつ》（小姓頭兼弘道館教授頭取）宛に、結城を首脳とする奸党一派が、斉昭・慶篤・慶喜を排して、高松藩主松平頼胤を水戸藩主に迎えようという陰謀をたくらんでいると書き、次のように続けている。

…さてまた結城事、長倉へ預けたが、それからも高松とは常々文通しており、高松よりも遣《つか》わしものがあり、同人よりも上物《あがりもの》した証拠が出た。甲辰（弘化元年の斉昭幕譴）の節、中納言（著者注　慶篤公）をも打ち落とし、高松をこの家へ直し度《たし》と言っていることもうすうす聞いていたが、この度のことで符合した。高松も悪いが、とどのつまりは、結城、谷田部らの者があってのことで、藤井（紋太夫）などからみればその罪百倍にもせねばならない。谷田部は密《ひそ》かに長倉へ行き、番人に頼んで結城と相談の上、中納言に差し上げる書にもした。いかにも不届き至極の者なり…この段内密にお話した。会澤にも内々話すつもりだ。あとは直ちに火の中に入れて下さい。（『覚書 幕末の水戸藩』）

この書簡を読んで気になるのは、斉昭は、高松藩主を嫌っているにもかかわらず、彼には責任を求めず、すべては結城・谷田部が責任を取るべきとしていること。もう一つは、多くの人に、高松藩主に、この家を奪わせようとしている、と話しながら、後で見るとおり、死罪宣告書（126頁参照）には、この点は一言も触れておらず、死罪の理由が薄弱になっていることである。

一方、本章四項の「結城寅寿の処刑」（122頁参照）で、処刑のとき検使役を命ぜられた、当時目付の久木《ひさき》直次郎は、処刑に立ち会った後の後日談として、

この時、谷田部は讃州へ逃げて頼《しき》りに運動していたから、（著者注　結城は）その報せを待っていたものと見える。讃岐守（著者注　高松藩主松平頼胤）より井伊掃部頭へ頼み、尾張殿（著者注　尾張藩主徳川慶勝《よしかつ》）の手をかりて、幕府を拵《こしら》え（著者注　幕府に根回しして実現させる）、結城を高松（讃岐守）にもらい受けてもらうのが最後の手段らしかった。これは後で知れたのだ。（『故老實歴 水戸史談』）

と言っている。この、結城を高松藩が貰い受ける話は、渡井の話（107頁参照）と一致する。

もう一つ、気になるのは、**【書簡番号四】**の文中に、「大森金八郎が、中納言の側にいた者を、仲間の結城派の一人であると勘違いして…」のくだりである。大森は小姓頭取であり、小姓頭

取ともあろうものが、このようなミスを犯すとは考えにくいのである。また、頼胤が、この家を奪うという陰謀を持ち出すことで、慶篤の落ち度を少しでもカバーできるかもしれない。これらを考えてくると、もしかしたら、斉昭と慶篤が口裏を合わせて、話を作り替え、周囲へ吹《ふい》聴《ちょう》していったのではないかと推測できる。

この推測を裏付ける

高松藩主頼胤が、水戸徳川家を乗っ取ることを企《たくら》んでいたのか、いなかったのかを考えると、『昨夢紀事 第一』に、興味深い書簡がいくつか載っているので、以下紹介したい。

その1　松平慶永の、安政三年（一八五六）三月十一日付、斉昭宛書簡では、「慶篤君にも話しておいたが、この件（高松藩主頼胤が、水戸徳川家の乗っ取りを企んでいたか）は、公辺に糾明《きゅうめい》してもらってはどうか。その方が、白黒も判別し、首領が誰であるかも分かる。私からも、その旨、その筋（老中阿部正弘を指す）へ周旋しているが、未《いま》だこれと言って、確証めいた話をするまでには至っていない」と、幕府に訴えて白黒つけてもらうことを勧めたのに対し、斉昭は、三月十三日付の返書で、「中納言（慶篤）へ縷々《るる》御話下され有難うございます。同人は十三歳から二十余りまで奸人共の中で育ったため、近頃は相談するようになったが、ややもすれば奸人に欺《あざむ》かれるので、このたびのようなことが生じ、心を痛めています。（ここでは、慶篤に触れているが、全てを話しているわけではない）公辺より御糺云々《ただしうんぬん》については、御尤《もっとも》ですが、前回（一二年前の弘化元年）、謹慎処分を受けたとき、奸人共に厳しい処分がなかったから、これ迄のような次第になってしまった。また、奸人共は賄賂やいろいろの策をつかうので、幕府は、奸の方だけを宜《よろ》しいと思っている等々」と長々と認《したた》めたうえ、「幕府に糾明を頼むと、幕府も、高松の肩を持つものと、此の方（斉昭）の肩を持つものと二つに分かれて、大変なことになってしまう」と、幕府による究明には、あまり乗り気でない様子が窺《うかが》えるが、「御周旋のこと、何分よろしく」と結び、「詳しいことは、書面には認め難《にく》いので、安島帯刀《あじまたてわき》（斉昭の信頼する側用人）に訊いて欲しい」としている。

その2　阿部正弘が、三月十三日付で書いた、慶永宛の書簡では、「水戸藩のこと、いろいろお教えいただき、次第に飲み込んできたので、中納言（慶篤）殿へも、遠慮なく申し上げるようにしたい。老公（斉昭）もさぞご心配の事と思う。及ばずながら、この上とも心得ておくので、ご安心ください」といっている。

これに対し慶永は、翌日付で、先の三月十三日付の斉昭の書簡を添付して、「この上ご配慮くださるよし、実に安心しました。申すまでもなく、その筋でご糾明を願うことが良いと思うが、他家の事ゆえ見極めることも難しく、なにとぞ公正に弁別されますように」と返書している。

その３　七月二十日に届いた、島津斉彬の七月五日付、慶永宛書簡では、「高松藩主のことを辰（阿部正弘）に訊いたところ、『格別に細工《さいく》といったものはなく、第一に、当公（慶篤）が、いろいろと心変わりするのが良くない。この節、分別がつくようになったので、高松藩主に悪事をぬりつけたように思える』との口ぶりであった。実は、これには経緯《いきさつ》もあろうが、高松藩主には、よほど上手く申し含めて、この話にしたのではないかと思われる。よく考えられたものだと思う」とある。

これらのやりとりから透けて見えてくるのは、阿部正弘は、斉昭と慶篤が、口裏を合わせて、「高松藩主が、水戸徳川家を乗っ取ることを企んでいる」という話を作りあげたことを、薄々《うすうす》感じ取っていたのではないかと思われることである。

後述するが、阿部正弘は、後日、斉昭に頼まれて、高松に潜伏していた谷田部兄弟を、高松から出すように手を貸してもいる。おかげで、斉昭は谷田部兄弟を捕縛することができた。

阿部正弘は、こうして斉昭の面倒をみた後、翌安政四年（一八五七）六月逝去する。享年三十九歳。

彼は、斉昭を処罰（弘化元年の謹慎処分）したが、海防では斉昭を頼りにし、七男の七郎麿を一橋家へ入れ、斉昭を海防参与に就任させ、藩内抗争では常に斉昭の肩をもった。しかし、そのうち、斉昭の取り扱いに、ほとほと手を焼くようになり、安政三年正月から登城に及ばずとはしたものの、最後まで斉昭を支《ささ》え続けたのである。

斉昭に、結城の企てを打ち明けた後の慶篤

結城の企てを知っていた倅《せがれ》慶篤のことを考えれば考えるほど、斉昭の不安は高まった。このまま手をこまねいていれば、慶篤は、結城派に与する者という烙印《らくいん》を押されるのである。とにかく、ことは急を要する。こんな気持ちもあってか、安政三年四月二十五日、長倉にお預け中の結城寅寿は死罪に処された。（本章四項で後述）

一方、慶篤の心は、斉昭に、結城の企てを打ち明けたときから、反結城派で固まったといえる。もちろん、斉昭の強い教導と叱責があったと思われる。慶篤は、この年の三月二日付で、奥向き（藩の家政に関する人達）に、当面の重大な藩情に対する心掛けを説いている。

現在、藩内には、正論と奸物と申すものがあるが、その訳は家中でも奥向でも十分に知っていなければならぬ。正論というのは、世間で天狗というもので、前様（斉昭）退隠以来

その無実を訴え、我が身を考えず、一心に忠良を尽くす者のことである。奸物とは、奥向まで上手く入りこみ、婦人にはよき人と思わせた上で、流言を触れ廻し、われ等父子の離間策をすすめるなど、国家の政事に莫大の害をなしているものであるから、女にても、奸物不忠の名を取らぬよう心掛けよ。（大意）（『水戸市史 中巻四』）

更に、結城処刑後の四月二十九日に、慶篤は、江戸・水戸の執政衆へ、「今後は、結城派のものは、側近や役方へは採用しないように」との達《たっし》を出している（『水戸市史 中巻四「探奸雑書」』）。これらの達は、もちろん、斉昭の指示によると考えられる。

三　谷田部藤七郎兄弟の処刑

谷田部兄弟、高松を出立す

ともあれ、谷田部兄弟が高松に潜《ひそ》んで居ることは分かった。斉昭としては、直接高松藩に対し、手を打たねばならないところだが、慶篤が内々で高松藩主に、二人のことを頼んだのではないかとも言われているので、安易に手を打つことはできなかった。そこで、阿部正弘の力を借りることにした。

次の記事は、兄弟二人が高松藩を頼ったこと、また、二人が高松を出立したことについて書いている。

高松藩主松平頼胤は、かつて斉昭が失脚した際、水戸徳川家の分家であることから慶篤の後見人を務めた。高松藩主はもともと斉昭とは不和で、常に結城派寄りであった。

その後、斉昭が藩政復帰し、高松藩主に替わって慶篤の後見人となった。このような経緯のもと、谷田部藤七郎は、高松藩主には、ひそかに水戸徳川家の後見をしたいという下心があるのを見抜いていた。そこで、藤七郎は、その下心をこれ幸いと利用して、高松藩主が再び水戸徳川家の政務に立ち入ることができるよう、高松藩主から幕府に工作してもらうつもりでいた。

高松藩主が水戸徳川家の政務に立ち入るようになれば、結城寅寿の復帰は可能となり、結城派は息を吹き返すことができる。

しかし、阿部正弘から、『谷田部藤七郎を匿《かくま》うことは、高松藩のためにならない』と聞かされた高松藩は、大いに恐れ、兄弟二人に四百両を与えて領内から出立させた。

また、兄弟二人も幕府の態度を知り、『今はこれ迄なり、この上は幕府に直訴して、幕府の裁決を仰《あお》ごう』と決心し、江戸を目指すことにした。（『水戸藩党争始末』）

谷田部兄弟の捕縛《ほばく》

谷田部藤七郎兄弟は、安政三年（一八五六）暮れに捕縛された。

翌年正月頃に書かれたと思《おぼ》しき斉昭の寅直宛書簡には、谷田部藤七郎兄弟について、

高松より莫大の金子を受取り、あちこち潜行し、大坂などへも行ったようだ。終《つい》に大井川にて、去年の冬十七日に召捕りとなり、この正月二日水戸牢へ両人共入れたのでご安心ください。なお、召し捕った時も百両所持していたとのこと。（『義公・烈公書翰集』）

とある。

右の文中には、高松で莫大な金子を受取ったあと、「あちこち潜行し」とあり、何処にいたのかはっきりしないが、捕縛時の経緯は次のとおりである。

谷田部兄弟は、安政三年十二月の初旬に高松を出て東海道で江戸を目指した。一方、小石川の上屋敷では、二人が高松を去って江戸に下ることを察知したので、徒目付《かち》二人を上方へ派遣した。徒目付二人は、秘密の御用につき、役人と見破られぬよう、わざと荷物へ水戸御勝手御用と荷札を押し立て、道を急ぎ、十二月十六日には駿河の府中駅に至った。

そこで、前方より頭巾を目深《まぶか》にかぶった二人が、こちらやってくる。よく見れば、谷田部兄弟に似ていると思い、後をつけたが見失ってしまった。

そこで、その土地の目明しに探偵を頼み、徒目付は、その夜は府中泊まりとしたところ、早くもその夜のうちに目明しが来て告げるには、『二人は蒲原駅を過ぎ、渡船場で船に乗ろうとしたが、何か思案ありげに囁《ささや》きあって、船に乗らず蒲原へ引き返し、そこの旅籠に身を投じ、明日は早朝に甲州身延山へ参詣《さんけい》すると言っている』とのことだった。

徒目付が、早速蒲原へ押し掛け召し捕らねばと逸《はや》るところ、目明しがそれを押しとどめて、『身延山参詣は偽りで、明日は後へ引き返すと考えられるので、急がない方が良い』と言う。

翌日、兄弟二人は、目明しが言ったとおり、西を指して鞠子《まりこ》宿に泊まった。二人は谷田部兄弟に間違いなく、一旦は関東へ下ろうとしたが、水戸御用の荷札を見て大いに危疑《きぎ》し、関東行きを見合わせ、鞠子泊まりとしたようだ。十七日、役人らは嶋田駅に泊まり、谷田部兄弟が剛力人に勝れ、武術に長じているので、地方の代官の助勢を乞い、翌十八日に大井川の河原で逮捕すべく手配を定めた。その日、兄弟は鞠子《まりこ》駅を発ち、やがて大井河原に来た時、取り手は八方より、突く棒、さす股、袖搦《そでがら》み等の道具で押し詰める、あるいは砂石を顔へ投げつける等攻め立てれば、いかに武勇に勝れた二人とはいえ多勢に無勢、ついに捕縛となった。（『天保明治 水戸見聞實記』、『水戸藩党争始末』）

兄弟二人が高松に向かったことは、慶篤の話で分かっていた。しかし、その所在が高松であることを突き止めて、阿部正弘の助勢を乞い、さらに、二人が東海道を江戸へ向かったことを、藩の江戸上屋敷が察知したとのことであるが、大井川のあたりで二人を捕縛したことを考えると、おそらく高松藩の中に情報提供者が居たのであろう。

谷田部兄弟の処刑

藤七郎が捕らわれたとき、同人の雨掛け（雨の時、着物の上にかけておおうもの）の中には、藩士との往復書簡が入っていた。運八（著者注　藤七郎の別の名）は、捕縛されながら目を瞋《いから》し、捕り手に向かって「拙者を何故に召し取るのか、拙者は中納言（著者注　藩主慶篤）殿御直筆の書を頂いて高松へ行って来た者で、殿の御直書も雨掛けの中にある」と言うと、雨掛けはそのまま固く封印し、兄弟は、その月廿六日（著者注　安政三年十二月）に江戸へ送られた。ある人は云う。その雨掛けは、直ちに老公（著者注　斉昭）の手元に取り寄せられ、封印されたまま庭で焼き捨てられたと。（『水戸藩党争始末』）

谷田部は厳しい拷問にかけられたのち、安政四年（一八五七）八月、水戸の牢屋敷で斬刑《ざんけい》に処せられた。享年四十四歳。このとき谷田部と行動を共にした弟の大嶺庄蔵と共に、二人の兄で、結城派のなかで重きをなした大嶺庄左衛門も谷田部らと積年謀計を企てたとして処刑された。

四　結城寅寿の処刑

谷田部藤七郎の話と前後するが、安政三年（一八五六）四月二十五日、結城寅寿は預け先の座敷牢で打首となった。打首とは言っても、無実を叫ぶ結城寅寿を、無理やり押さえつけての斬殺であったと言う。

このとき検使役を命ぜられた、当時目付の久木《ひさき》直次郎の話である。

前日、幽閉先の松平家へ明日出張する旨と併《あわ》せて、結城を諭《さと》して自殺させるのが良いと申し送ったが、松平家によると、本人は『自殺するほどの罪を犯した覚えはない』と言い張り、頑《がん》として聞き入れなかったというので、我々が、本人に死罪を直接申し渡すことにした。

寅寿の部屋（座敷牢）は、玄関より奥のほうに廊下続きになっている八畳間で、廊下に面した東側と南側には四寸位の杉丸太が三寸置きほどに一面はめ込まれており、北側は床の間と棚、西側は羽目《はめ》になっていた。

結城は格子へ両手をかけて、顔を丸太の中より半分出していたが、眼は血走って顔色は青く、殆《ほとん》ど発狂人で両手を柱へかけ肩を上げたり下げたり、息遣いはいかにも忙しく、これは尋常《じんじょう》の手段では難しいと思った。

太刀取りは東の入口に襷《たすき》をかけ刀を提げて立って居た。そこで己《おのれ》が言うには、『その方は、重き御役柄も致した身分でありながら、上使に対して禮儀もわきまえないのは如何な次第だ。只今上より仰渡《おおせわた》しがあるのだ』と言うとキョロキョロして居たが、両手を膝頭《ひざ》へのせた。『それでは相なるまい、手を突きて頭を下げろ』と言うと、両手を下へついて少し跡へ下がった様子、この時太刀取りは刀をスラリと抜き、右の手に下げて座敷の内へ入った。

『只今申し渡すから謹んで承《うけたまわ》るように』と言い聞かせて『その方儀』と読むと、結城は首を少し下げたが肩を上げて首をグッと縮めた。それより文句を一句ずつ読んでは彼の方を見、また読んでは見ると、その度にだんだん跡へ下がって行くから、もうよかろうと思って、『ソレッ』と合図をすると、太刀取りがバタリと切った。しかし、首を縮めて居るから肩へかけて少し切れたばかりで、二の太刀もよく切れない。『手元を下げろ』と声をかけたので三太刀目で七分通り落ちて前へのめったが、早くに死んでいたようだ。（『故老實

歴 水戸史談』）

以上が検使役久木の話である。ところが、この『水戸史談』に載っている話は事実と違うという説がある。結城は、黙って斬られたわけではないという。『覚書 幕末の水戸藩』の著者山川菊栄が、昭和十二年に、斉昭時代の小姓宮寺忠衛門の三男で、増田家へ養子に出た増田斤から聞いた話は次のとおりである。

「久木さんはあの通りの豪傑ではあり、年もとっておられて『物を書くなんてめんどうくさいことおれにはできない、お前そこで書け』といわれて、あの『水戸史談』の中の久木さんの話は学生時代の私が筆記したんです。ところが久木さんも亡くなられたあとで、私ひとりでブラブラ散歩がてら出かけて長倉に行ったことがありますが、そこできいたのは久木さんの話とは少しちがう。私が昔の陣屋のあとの荒れ屋敷を見てまわっていると古い番人小屋があってヨボヨボの爺さんが出てきた。きいてみると結城さんが押し込めになっている時代からそこにいるのだそうで、久木さんたちが斬りにきた日のことも覚えていましたよ。」

「その日は天気のいいおだやかな日だったが、いきなり立派なサムライが三、四人、人夫に棺桶をつくらせて入ってきたのでハッとしました。おサムライのための寝棺ではない、粗末な居棺です。それからサムライが私ともう一人の牢番を呼んで、その方たち、今日ここで見たこと聞いたことをいっさい人に話してはならぬぞ。もし話したら命はないと思えってすごい目でにらまれて私たちはちぢみあがりました。それから久木さん達はみな中に入ってしばらく静かでしたが、そのあとなにかゴチャゴチャいいあっているかと思うと、結城さんのものすごい大きな声がして『ただ一度のご糾明《きゅうめい》もなく』『執政まで仰せつかった拙者をただ一度のご糾明もなく』とハッキリくり返して叫んだかと思うと、ドタバタ、ドタバタ人のかけまわるような音がして後は急にひっそりした。やがて久木さんはじめサムライたちが出てきて、私たちに一人五両ずつ渡され、『いいか、今日のことを人に話したら命はないぞ』とまたきびしくいわれました。

明治になっても、結城さんの仲間は皆殺しになったせいか、誰も来ず、あの粗末な棺桶にいれて葬ったままで、あそこの隅にあるお墓にも誰もおまいりにもきません。近所の人もタタリがあるとかいって こわがってここにはよりつかず、相棒は疾《やまい》に死んで私ひとり。実は久木さんから厳しく言われたのがこわくて、今日まで、あの日のことは誰にもしゃべったことがなかったのです」

と、番人は久木が疾《やまい》になくなったことも知らず、初対面の増田氏に気味わるそうに話したが、話してサッパリしたような顔つきであったという。（『覚書 幕末の水戸藩』）

『水戸史談』では、結城は、検使役の威圧のもとで無言で切られているが、『覚書 幕末の水戸藩』の証言者は、「そうではなく、結城の『ただ一度の御糾明もなく』『執政まで仰せつかった拙者を、ただ一度の御糾明もなく』と繰り返し叫ぶ声が聞こえたあと静かになった」という。前者は、検使役の立場からの報告であり、後者は、第三者の耳に入った叫び声である。どちらが事実に近いかは、言うまでもない。

いずれにしろ、明確な処刑理由も、行われるべき罪状調べもなかったのである。こうした点について、藩内のやり取りを見てみよう。

死罪宣告書と結城寅寿の自殺説

結城寅寿の死罪宣告書にある死罪理由を見てみよう。

その方は、先年隠居・慎みを仰せ付け置かれたところ、上をも畏《おそ》れぬ所行があったのみならず、厚く御恩沢を蒙《こうむ》り、重職をも勤めた身分にて、前後表裏を構え、君臣の大義に背き、容易ならぬ御国難を醸成《じょうせい》した罪は軽くなかった。厳重な仰せ付けがあるところであったが、その砌《みぎり》寛大の御仁恵をもって、その身一代御預け、倅《せがれ》一萬丸へ御扶持方を下し置かれたところ、先非《せんぴ》を悔いる気持ちなく、御預け中、警固の者を欺《あざむ》き、金子《きんす》等を与えて、密《ひそ》かに同意の者へ連絡を取ったことは、悖逆《はいぎゃく》不道の心底が今もって改められず、この段重々不届き至極に付き、捨て置き難く死罪を申し付けるものなり。（『天保明治 水戸見聞實記』）

要するに、前回の他家預けになったときの処分に、「警固の者を欺き、金子などを与え、密かに仲間の者と連絡を取った」という理由が加わっただけで、それ以上のことは書いてない。いかにも死罪理由が薄弱で、死罪宣告書としては、不備をまぬかれないように思われる。

しかし、本章二項で前述したとおり、藩主慶篤が、結城の企《たくら》みを聞かされており、一歩間違えば、慶篤も結城に加担した者と見なされる危険があったことを考えると、これ以上のことは書けなかったのであろう。

なお、結城寅寿は、このとき自殺したという話もある。

それは、寅寿死亡の翌四月二十六日付で、水戸在勤の執政三人（白井織部《おりべ》・大場彌右衛門《やえもん》・山《やま》野辺兵庫《のべひょうご》）が連名で、江戸の執政（岡田徳至《のりよし》）宛に出した報告で、そこには、

目付久木久敬（直次郎）と伊藤忠能（孫兵衛）両人へ、執政から結城処刑の命を伝えた。

二人は二十五日明け方四時頃、小十人目付四人をつれ、水戸を出発、長倉の松平屋敷へ向った。松平家の方では準備もあり、前もって結城へ申し含める必要があるというので、一日早く処刑の件を伝えて置いた。松平家の役人が結城に短刀を出して自決をすすめたが、申し渡しを受けた上でと言い張って聞き入れない。やむなく到着した目付らを結城のいる囲いの中へ入れた。目付が罪状を読み上げている間に、先非《せんぴ》を悔いたのか、すでに自殺していた。（出典は後文にあり）

とある。

また、この報告に対する江戸の執政二名の返事は、次のようになっている。

結城処刑の報告に、「両君様」（斉昭と慶篤）も安堵《あんど》されたこと。結城が自殺し、その屍《かばね》は松平に委《まか》せ、すべては障《さわ》り無く済んで安心である、ということが第一に記されている。

しかし何といっても今回のことは、二百年以来の大刑（恐らく光圀の藤井紋太夫手討一件を念頭に置いているのであろう）であるからとして、上下戒慎《かいしん》し、主君の徳になびかせるような藩政を願っている点が注目される。（『水戸市史 中巻四「探奸雑書」』）

自殺であれば、先非を悔いての自殺か、あるいは、吟味もなく、前途を絶望しての自殺か不明であるが、斉昭側にとってみれば、自分達が下した死罪という判断に誤りはなかったと言える。しかし、斉昭や藩の要人が、後日になって「寅寿は自殺した」と言っている場面は、何処にも見られない。

結城の処刑が、後《のち》に与えた影響

結城の処刑は、取り調べもない、正当性の乏しい処刑であったと言われる。

総じて幕府時代に有司（著者注　役人）たる者、勤務向きの過失に就《つい》ての免職、削封《さくほう》（著者注　領地をけずられる）、隠居、蟄居《ちっきょ》等は、その罪科を具体的に述べず、単に不正の取計い又は不行届等、漠然《ばくぜん》とした名のもとに処分したが、その刑法をもって処分される者は、必ず南北町奉行、寺社方評定所、又は吹上直吟味等、そもそも吟味で詰めたうえ、罪を認めるのを待って処分することが、徳川初代以来のやり方であった。罪を認めて恐れ入りましたと言わない嫌疑中のものを、押し付けて刑法に処した、結城の処刑のようなものは、未だかって無かったことである。吟味なし処刑ということが、これより一つの例となって、将来濫《みだ》りに無辜《むこ》の士民を刑戮《けいりく》するといった、悪い前例を作ってしまうのではないかと、当時心ある者はひそかに眉を顰《ひそ》めたが、果たして元治・慶応の際に至っては、突然士民を途《みち》に捕え、一言の糾弾もすることなく、思召《おぼしめし》これあり死罪を申し付けると言い渡して、直ちにこれを断頭場へ送ることとなった。(『水戸藩党争始末』)

結城の処刑が、正当性に乏しいことは、検使役の久木直次郎も言っている。

そこで己《おのれ》(著者注　久木直次郎)が、執政に向かって言うには、寅寿へ死罪のお申し渡しになって、もし承服しない時はいかがいたしたものかと訊いたところ、二人(著者注　執政の白井織部と大場彌右衛門)は顔を見合わせて些《いささ》か困ったような顔になった。二人は思った通りの様子であった。寅寿が承服しないこともあるのだ。何んとしたものであろうかと白井が言うと、大場も何んとしたものであろうかと一向に考えが出て来ない。己が言うには、申し渡しをしてお受けしない時は、その場で尋問を始め、吟味詰めにして首を切っても良ろしいかどうかと訊いたら、それでよろしいとなった。(『故老實歴 水戸史談』)

執政達も処刑の正当性を、必ずしも納得していなかったのである。執政に尋ねた久木も、後に、「結城は、どうしても生かして置いてはいけない、という根元が既《すで》に決まっていて、死罪の原因となった行為は、後から造られたようだ」（『水戸市史 中巻四』）と言っている。

また、結城寅寿の処刑と同じ日、藩主に仕《つか》える御側医《おそばい》の十河祐元《そごうゆうげん》も、藩主慶篤を毒殺する計画があったとして、斬刑になった。これも、一度の糾問《きゅうもん》もなく、大声で「ご究明を！」と叫び続けているところを押さえつけての斬殺であったと言う。（『水戸藩党争始末』）

結城寅寿らの死罪理由を整理すると

安政二年十月の安政江戸地震で、斉昭は、両腕と言われた藤田東湖と戸田忠敞を失った。二人の死に勢いづいた結城派は、藩政奪還を目指して活動を活発化させた。

このとき、あろうことか、藩主慶篤は、本書で、縷々《るる》述べてきた通り、結城派寄りの動きをする。その動きは、結城派に都合の良い上書を出させる、結城派の企《くわだ》てを聞かされる（慶篤は、その場では、その企てに同意するような態度を取ったと思われる）、高松へ潜《もぐ》る手筈《てはず》になっている谷田部兄弟を小石川藩邸から出立させるなど、明らかに結城派の活動に加担するものであった。

こうした話を慶篤から打ち明けられた斉昭は、驚愕し、慶篤の行動が問題視される前に、一日も早く結城寅寿・谷田部兄弟の口を封じねばならない立場に追い込まれてしまった。

斉昭にとっては、倅《せがれ》慶篤の落ち度を、何としてもカバーせねばならなかったのである。

そのためには、処刑が理にかなっていようが、かなっていまいが、後世、己《おのれ》が糾弾《きゅうだん》を受けようが、受けまいが、斉昭としては、そんなことまで考えるゆとりは無かったであろう。くどくなるが、一日も早く口を封じること、これが結城寅寿らの真の死罪理由であったと思われる。

藩内抗争は、ここで一旦《いったん》は終えたが

最終的に、結城派の死罪は、合わせて五人（結城寅寿、十河祐元、谷田部三兄弟）だが、この他にも、『水戸市史 中巻四』では、寅寿が長倉の松平家へお預けになった嘉永六年十月から、寅寿、谷田部兄弟が処刑までの間に、連座して罪を問われた藩士十八名の名前を拾うことができる。

中でも目を引くのは、谷田部兄弟三人が処刑された安政三年八月十日、永牢（終身禁固）になったものが七名もおり、彼らは重罰なのに、例のごとく取り調べはなかったと言う。

この七名の中には、本書で紹介した結城寅寿の跡継ぎ一万丸（同名は拝領名につき、取り上げられて種徳《たねのり》を名乗った）（77・93頁参照）、ならびに慶篤の教育係だった友部八五郎（58・86頁参照）が含まれている。種徳は安政五年三月、自ら食を断って牢死した。（『幕末の魁、維新の殿―徳川斉昭の攘夷』）

以上が、文政十二年（一八二九）十月、斉昭が藩主に就任してから、安政四年（一八五七）八月、谷田部藤七郎兄弟が処刑されるまでの約二十六年間の藩内抗争である。

　これにより、斉昭は、結城派を掃討し、藩主慶篤との不和も失《う》せ、藩内は一応の落ち着きを見せた。

　しかし、安政三年（一八五六）七月のハリス着任に始まる、日米通商条約をめぐる混乱など、国政はますます混乱を深め、藩内の落ち着きも、僅か二年ほどしか続かなかった。

第四章　斉昭を栄光の舞台へ引き出した異国船

一　ペリーの浦賀沖来航とプチャーチンの長崎来航

ペリー来航時の斉昭

『阿蘭陀別段風説書《オランダべつだんふうせつがき》』の予告どおり、嘉永六年（一八五三）六月三日、浦賀にペリーの黒船四隻が来航した。人々は仰天し、幕府は、黒船への対応をめぐって大混乱に陥《おちい》った。

「大統領から将軍への国書を浦賀で手交する」と主張するペリーと、「国法で浦賀では受領できない」とする幕府の間で押し問答が繰り返された挙句《あげく》、幕府は、ペリーの「これが容れられなければ、武力をもって上陸する」という強硬な姿勢に向き合わねばならなかった。（山口宗之著『ペリー来航前後 幕末開国史』）

これより少し遡って、ペリーが来航する前の水戸藩だが、嘉永五年には、藩の体制も、ようやく、斉昭が思い通りに動かせるようになっていた。また、将軍慶家《よしいえ》との関係も、完全に修復しており、弘化三年（一八四六）八月、大奥の上臈姉小路の手を経由して、斉昭の海防論を具申し、好意的な返事をもらった。さらに、弘化四年（一八四七）九月の慶喜《よしのぶ》の一橋家入り、嘉永二年（一八四九）九月の将軍の小石川藩邸訪問があり、嘉永五年（一八五二）十一月には、江戸城登城を命ぜられて、将軍のもてなしを受けている。すべて阿部正弘あってのことと思われるが、特にこの時のもてなしは、「万一、ペリーが来るようなことがあったら、その時は頼んだぞ」といった意味合いもあったと思われる。こうした斉昭にとって、ペリーの来航は、まさに、衆人の期待を担《にな》って国政に登場する格好の舞台となった。

衆評《しゅうひょう》（多くの人の意見）をもって御決断を

ここでは、まず、阿部正弘と斉昭のやり取りを、斉昭の『新伊勢物語』から拾ってみたい。

六月五日の夜、大至急とのことで、阿部伊勢守から、現地の報告書と共に次の書状が届いた。

一昨日の三日未の上刻（午後一時頃）、浦賀へ異国船が来た。（中略）かねがね尊所（斉昭）様には、異船について御心配少なからず、いろいろご意見の申し立てもありましたので、今回の事件、必ずや良いお考えもお有りのことと思う。国のため、小生より御相談申し上げたく存じます。何事も、御上《おかみ》の御英断によりますが、集議の趣は漏れなく申し上げたうえで、御果断《ごかだん》願います。何分にも急ぎますので、明朝登城の頃までにはお考えのところを仰せいただきたく存じます。別紙を添えてこの段申し上げます。

斉昭は、次のような返書を認め、深夜二時頃にもかかわらず、阿部伊勢守へ出仕前に届くよう小姓頭取へ申し付けた。

かねて、異船については、拙老（著者注　斉昭）少なからず心を痛め、次第々々御意見申し上げてきました。ついては、良い考えもあれば、早々申し上げるようにとの仰せ越されであることは、すべて承知しておりますが、拙老が心を痛めて建白したことなどについては、御取り用いにならず、今更どうすることもできず、ただただ当惑するばかりで恐れ入っています。しかしながら、それはそれ、今更言ってもせん無きことゆえ、今は今で何とかなされる外はありません。

拙老としては、今となっては、打ち払いを良きとばかりは申し上げかねます。打ち払えば、（著者注　敵は）幸いとばかりに戦争になります。例え勝利して浦賀を引き払わせても、伊豆の島々、八丈等は勝手にとられると申すべきで、そのうえ、日本の廻りの島々を勝手に奪うことは、鏡を見るように明らかです。

そうかといって、彼の書簡を御受取になれば、十が十、難題ばかりで、解決するのに宜《よろ》しきことは一つも書かれていません。この書簡は喧嘩の種を認《したた》めているか、日本を手に入れるための「はしご」例えば通信（著者注　誼《よしみ》を通じること、交易、土地を借りるの類《たぐい》）を認めさせようとしていると思われます。通信、交易、不毛の土地たりとも、一時逃れの安易な気持ちから御認《みと》めになると、打ち払いよりもかえって大きな後憂《こうゆう》となるでしょう。

また、異船騒ぎが長くなると、自然に内地よりも事が起こり、浦賀に三～四か月も居れば、それればかりで、かねて申したごとく江戸中騒ぎ立ち、いずれにしても大変な事態に至り、恐れ入る次第です。とにかく、衆評の上御決断される外はありません。

翌日（六月六日）、斉昭は、阿部正弘に、

昨夜遅くご返事を書きましたので、きっと今朝御覧になったかと思いますが、利害得失はなかなか書面にては書き尽《つ》くし難《がた》く、実にこの上なく御大切につき、登城のうえ、貴兄より衆評も承《うけたまわ》りたく、また、及ばずながら愚存（著者注　私の考える所）も有るのでお話したいと思います。最初の策がまずいと、やり直しは難《むずか》しいと思われます。大切なことゆえ御指示があり次第、今日でも明日でも登城したいと思いますが、この段お尋ねまで。

と書いたが、阿部正弘からきた返事には、「今日（六月七日）、御城を退出後、私のほうから御館《やかた》に伺《うかが》います」とあった。

こうしたやり取りがあって、六月七日六ツ半（夜七時頃）、阿部伊勢守が斉昭を訪ねて来た。斉昭は、この時の様子を、土屋寅直宛に、六月八日付書簡で、次のとおり報じている。

この度のことは、いずれにしても難《むずか》しい模様で、恐れ入ったことです。一昨日（著者注　六月六日）は柴（芝）村（著者注　現在の八景島のあたりか）までも乗り入れたそうだ。昨七日夜、俄《にわ》かに阿部伊勢守が隠宅へ参り（七時頃か）、異船のことなどを相談した。

実に閣老のように心を用いる人ほど心配と思われる。勢州（著者注　阿部伊勢守）が帰ったのは九ツ（午前零時）過ぎでもあったろうか。俄《にわ》かのことで何もしてやれず気の毒なことをした。（『水戸義公・烈公書翰集』）

六月六日、米艦一隻と測量船が、江戸湾内海侵入を強行するに及び、阿部正弘が訪ねて来た時には、幕府は翌々日の九日に国書を受け取ることをすでに決めていた。この時の、斉昭と阿部正弘のやり取りは、後日、斉昭が福井藩主の松平慶永に宛てた書簡に、愚老（著者注　斉昭）にも密策と言ったものは無いが、いよいよ戦争になると見抜いたときは、船も乗組員も大砲も分捕《ぶんど》ってはどうかと申したが、幕府内の評議は、一時のがれだが、そのまま帰したいとのことで、拙老（斉昭）の言を用いる様子はなかった。（『昨夢紀事第一』）

と書いている。

ペリーが来た時の、この一連のやり取りの中で気になる点がある。

斉昭が六月五日の夜に認めた返書の中には、「とかく衆評をもって御決断のほかはないと思われます」と、冷静な状況を判断している。ところが、斉昭は、翌六月六日付の正弘宛書簡の中で、「及ばずながら愚存もお話ししたい」として、如何にも策があるように思わせて、登城のうえ面会したいと申し入れるが、阿部正弘の方から訪ねてきた。そこで、正弘が斉昭から聞かされた策は、船と乗組員と大砲を奪うという策であった。木造とは言え鉄張りの大鑑をどうやって奪うつもりだったのか。また、正弘は、これを聞いて、どのように感じたのか。気になるところである。

海防参与を拝命

ペリー来航時の斉昭と正弘のやり取りは続く。『新伊勢物語』には、斉昭が、将軍家慶が異船を恐れることと、海防に関する指揮権を、将軍自ら自分に移譲して欲しい旨を、次の通り手記にして、これを、阿部正弘に書き送ったことが記載されている。

ただ、手記は、一部暗号で書いた部分も含め、相手に送るには都合の悪い部分もあると思われるので、そうした部分は、当然のことながら削除して送ったと思われる。

大将愚（家慶を指している。愚かな大将の意）何《なん》でも、異艦のことになると、聞くのも嫌だといった様子なので、なるべくはお伝えしない、とのこと。今回の来航情報も、六日は、奥で能が行われていたが、お伝え申し上げたところ、大いに驚かれ、御ふるえ遊ばされ、熱が出て、今もって御病気とのこと。平時であればどんなに懇請されても受けぬが、御病気であれば、御名代を、代々定府《じょうふ》（参勤交代がなく江戸詰め）が決まりの当家が相勤めるのが、尾張・紀州と違うところである。この度のようなときに、お役に立てないのであれば、せん無いことだ。また、幕府御手薄の折から自藩の大筒を献上したいと、申し遣《つか》わしたところ、早速、返事が来た。（『新伊勢物語』および手記に書かれている暗号を解読された三谷博著『ペリー来航』による）

六月九日付、阿部正弘の返書。

大筒の件は、後々の御備えにもなりますので、取りあえずお受け申し上げます。将軍のご了解のもとに、あなた様に防御筋を委任する件については、同列とも相談の上ということになります。（『新伊勢物語』）

六月二十二日、かつて斉昭を罰し、その後、斉昭の海防知識を頼りにした将軍家慶が亡くなる。家慶は、病が重くなったある日、阿部正弘を召して、「国家深憂《しんゆう》の大事にあたり、ともに議すべき者は唯《ただ》水戸前中納言（著者注　斉昭）あるのみ。心を一つにして国難を救うべし」と告げたという。（『徳川慶喜公伝1』）

嘉永六年七月三日、斉昭は、幕府の海防参与を拝命した。隔日登城して、老中に意見具申することになった。幕府内には、幕府が一度処罰したものを、海防参与として迎えることに、根強い反対もあったが、最終的には、阿部正弘が決断してのことだった。そこには、斉昭の海防知識を頼りにせねばならず、また、尊王思想に目を向ける大名を、幕府から離反させないためにも、斉昭を幕府内に取り込まねばならないという事情があった。

海防参与就任に合わせて、藤田東湖・戸田忠敞の両名も海岸防禦御用掛を命ぜられた。

内戦外和《ないせんがいわ》の論

六月十二日、ペリーは「来年、返事を聞きに来る」と言い残して去った。

幕府にとって、大きな課題は、来年実際に来航したとき、どう対応するかであった。

斉昭は、七月に十カ条、八月に十三カ条から成る外交意見を申し立てた。

その主張するところは、まず、外国から侮《あなど》られないように毅然とした姿勢を取り、国法を侵《おか》す外国とは断固戦えという大号令をかけて、武士から庶民に至るまで人心を一つにすることが為政者《いせいしゃ》として一番大切であるとする主戦論と、そのために必要な軍備の充実策から成っていた。

しかし、この強硬姿勢には、表には出てこない裏があった。裏とは、戦力の相違から和（戦争をせずに話を穏《おだ》やかにおさめること）もやむを得ないとするが、初めから和を持ち出すと、戦争になった時、まず勝ち目はない。だから、和という文字には目をつぶって決戦の大号令を掛け、緊張感を高めておかねばならないという考えである。

そのため、この意見書には、海防係向けに次の付箋が付けられていた。

自分の案が用いられるときは、和の一字は封じて、海防掛《がかり》だけの預かりに致したい。そのため、本文にも和の字は認《したた》めていない。

これが、斉昭の内戦外和《ないせんがいわ》の論である。

くどくなるが、分かりやすく言い換えると、「夷狄《いてき》に対しては、まず、強い攘夷主義の態度を取らねばならない。そのためには、日頃から備えを十分にしておかねばならない。今は、備えがなく、相手との戦力差が大きいので、肚《はら》の中に『和の字』をしまっておく。そして、まずは、攘夷の強い態度を取れるように、つまり、こちらから仕掛けることはしないが、戦《いくさ》になることも眼中に入れて、全国民の士気を高めておかねばならない」ということである。

しかし、幕府は、斉昭が言う「断固戦え」を謳《うた》うことは、あまりにも危険が大きいと反対した。そのため嘉永六年十月に発布された大号令には、「こちらは、平穏に取り計らうが、万一、相手が戦を仕掛けてきたときは、一同奮発いささかも御国体を汚さぬよう、上下を挙げて……」といった趣旨に置き換えられた。

プチャーチンの来航

ペリーが退去して一か月後の七月十八日、ロシアの遣日《けんにち》全権使節プチャーチン率《ひき》いる艦隊四隻（旗艦パルラダ号）が、両国間の国境の画定と通商を求めて、長崎にやってきた。急報を受けて、大目付格筒井政憲《まさのり》と勘定奉行川路聖謨《としあきら》が、交渉全権使節として長崎に向かった。しかし、露土戦争（ロシアとオスマントルコ）が勃発《ぼっぱつ》しており、英仏がオスマントルコ側に立って参戦すると、ロシアは、英仏から追われる立場になる。それを恐れるプチャーチンは、その情報収集と、物資補給のため、日本側使節が長崎に到着する前に、「再び来航する」と言い残して、十月二十三日に、上海に向けて帆をあげて去っていった。

【書簡番号五】の寅直宛斉昭書簡は、その間のもので、「二十年前から夷船《いせん》への備えを意見具申しているのに何もせず、今、鼻の先に夷船がきてから、私に用があると言われても、手の打ちようがない。アメリカ・ロシア・イギリス・フランスを敵にするこの度は、日本安危《あんき》の分かれ目であり、御役目も私などの任ではないので、一日も早く御免蒙《こうむ》りたい」とある。

プチャーチンが、十二月五日に再び来航した。このときは、日本側全権使節の筒井・川路と六回にわたって、国境・和親通商について協議したが整わず、プチャーチンは嘉永七年(一八五四＝安政元年。本書では以後同年を安政元年と表記する)正月十日長崎を去った。

日米和親条約

まるで入れ替わるように、安政元年正月(一八五四)十六日、ペリー艦隊が神奈川沖に再来した。

斉昭は、正月二十八日、江戸城溜間《たまりのま》詰めの諸侯と西湖間《さいこのま》で、とるべき対応策について議論した。そこで、斉昭は、断然打払いすべきとの議を決すべしと主張したが、井伊直弼を中心とする非戦・交易論がその場を支配し、孤立した斉昭は憤然と席を立った。

溜間については、103頁の斉昭の書簡の中で若干触れたが、この詰所は、譜代大名のトップである彦根・会津・高松・桑名・忍《おし》・姫路・伊予松山の各藩主と、以前老中を務めた佐倉藩主掘田正睦《まさよし》が詰めていた。将軍出座の間《ま》に最も近く、直接将軍に言上《ごんじょう》することが許されているうえ、重要事については、将軍・老中の諮問《しもん》に応じる慣習もあり、阿部正弘ら老中にとって最も扱いにくい勢力であった。

三月三日、日米和親条約が調印され、日本は、下田・函館港を開き、十八か月後には、米国官吏《かんり》が下田に駐在できると約束した。斉昭は、調印を不満として、三月十八日に海防参与辞任を申し出た。

斉昭の不満

斉昭は、備えが整わないうちは、打払いを実行できないことは、十分に承知していた。しかし、それにしても、幕府はあまりにも不甲斐ないということなのであろう。

先に、斉昭の「内戦外和の論」を紹介した。ペリーを相手にしたとき、海防係に「和」の文字を預けたが、それは、初めから「和」を結ぶことを意味したものではなかったはずだ。初めは強く出て、やむを得ないときは「和」に持っていこうとするものであった。ところが、幕府は初めから和を目指してしまった。斉昭が気に入らなかったのは、そこであろう。初めから「和」

を目指したら対等な交渉はできない、それが斉昭の主張である。
しかし、西湖間で、仮に斉昭の主張通りに、打払いに決まったとする。そして、強硬姿勢に出たとき、相手が多少なりとも身を引いてくれれば良いが、戦力で格段に上回っている以上、相手が引くことは無いと考えた方が良い。戦って負ける道しかないのである。ここに「内戦外和の論」の限界がある。（内戦外和の論については第六章で改めて後述）
海防参与辞任を申し出た斉昭に対し、幕府は安政元年（一八五四）四月晦日で参与を免じた。しかし、何はともあれ、阿部正弘としては、日米和親条約に反対し、幕府を軽侮する気配を見せる大名らを幕府に繋《つな》ぎとめて置くためには、まず、斉昭を繋ぎとめて置かねばならなかった。
斉昭に対する阿部正弘の熱心な働きかけが続いた。左記の寅直宛書簡は、ちょうど五月頃のもので、

しきりに出てくれと言うので登城したが、物事は殆《ほとん》ど決められた後で、自分は、それを聞かされるだけの「かかし」に過ぎない。林大学頭復斎《はやしだいがくのかみふくさい》（米国使節応接係で、日米和親条約調印全権の一人）が、「十八か月経てば、互いに書面を取り交わし、永世和親のことも、品取りかえのことも決まると漢文に認《したた》めて遣《つか》わしたとのこと。調印したのは三月三日のこと

だが、十八か月は一瞬のうちにやってくる（ここで、品というのは、薪水食糧・石炭等を指す。また、十八か月後には、下田に米国の官吏を置くことが出来るという条項も含まれている）。どう対処するつもりなのか。しかも、自分一人で結んだのではなく、勅諭《ちょくゆ》で結んだと言っている。調印は、天下の大後患《だいこうかん》で恐れ入るが、林大学頭に切腹の沙汰もない。（『義公・烈公書翰集』）

と不満をあらわにしている。

露土《ろと》（ロシアとトルコ）戦争と日本

日本が、ペリーへの対応で混乱に陥っていた安政元年（一八五四）二月、英仏はロシアに宣戦布告し、その前年に始まった露土《ろと》（ロシアとオスマントルコ）戦争は、世界規模の大戦（クリミア戦争）となった。戦火は日本の近海にも及び、この年の閏七月八日には、英仏艦隊がカムチャツカ半島先端近くの要衝《ようしょう》ペトロパブロフスクを攻撃したが、一週間ほどの戦闘で敗退し、二か月後に再度攻撃を仕掛けたときは、ロシアは既《すで》に撤退した後だった。

【書簡番号六】の斉昭による寅直宛は、安政元年閏《うるう》七月四日付と思われるが、意味深長に、「ロシアとトルコの戦争は、日本の為には喜ばしく思えるのだが、実は争うべきか。満州族が興《おこ》した清国が崩壊《ほうかい》したのを何よりの鑑《かがみ》として」とある。

この文意は、いま一つ判然としないのだが、次のように解釈したい。

「ロシアとトルコの戦争は、日本の為には喜ばしく思えるのだが、本当は、この機会に、ロシアと戦った方が良いのだろうか。会澤正志斎《せいしさい》（改革派の学者）が、文政八年（一八二五）に著《あらわ》した、全国尊攘志士の教典とも言える『新論』で、今一番危険なのは、ロシアであるが、トルコが相《あい》応《おう》じてロシアに当たるのであれば、その力でロシアの東方進出を食い止めることができるであろうと言っている。そのうえ、トルコ側には、アヘン戦争で、清の最強軍団満州八旗軍を打ち破ったイギリスもついている」。

『新論』は、尊王攘夷論の源流で、斉昭にとっては、血となり肉となっていたであろう。また、蝦夷《えぞ》地の領地化を執拗《しつよう》に、幕府に請願した理由の一つは、ロシアから日本を守るためでもあった。こうした思いが、斉昭の頭をよぎったとしても不思議でない。

この書簡は、日本の運命を背負った斉昭の意識の一端であると理解できる。

こうした斉昭の意識に関し、参考までに次の点を補足しておきたい。

嘉永六年（一八五三）六月にペリーが来て、斉昭は、翌七月に海防参与を拝命した。その七月十八日にロシアのプチャーチンが長崎に来て、まだ滞在中の八月五日、斉昭が登城したとき、幕議はロシアとの和親に傾き、ロシアと同盟して他の国の船を拒んではどうかという提議があった。要は、来年再びペリーが来たとき、大国ロシアに追い払ってもらうという案である。

聞けば、阿部正弘はじめ江川英龍《ひでたつ》、プチャーチンと交渉のため長崎へ向かった筒井政憲・川路聖謨ら屈指のメンバーがこの案を支持しているとのことであったが、斉昭一人が頑として反対したため、この案は流れた。

斉昭の反対理由は、「アメリカとロシアが、仲が悪ければともかく、先日アメリカが帰ったのが六月十二日で、そのあと直ぐ七月十八日にロシアが長崎に来た。両国は示し合わせているかもしれない」ということであった。（『水戸藩史料 上編乾』）斉昭が、以前からロシアに対して抱いている不信感は根強いもので、ロシアに気を許す気持ちは全くなかったと思われる。

日英和親条約

斉昭は阿部正弘の要請で安政元年（一八五四）七月五日、幕府軍制参与に就《つ》いた。そして同年閏七月十五日、ロシア艦隊を捜して長崎にやってきたイギリス艦隊（四隻）の司令官スターリングとの間で、八月二十三日に日英和親条約が結ばれ、イギリスに長崎と箱館が開港された。

クリミア戦争中のイギリスにとって、箱館の開港は極めて好都合であった。安政二年（一八五五）三月の開港から、戦争終結の翌年二月までの間に、英艦十三隻・仏艦三隻が、延べ四十一回箱館に入港を繰り返した。未条約国である仏艦の入港は、英軍の仲介によるもので、箱館港は一時、英仏の軍事基地の様であった。（清水憲朔著「日米協約と長崎・箱館の交易会所開港

―三段階の開港を経る日本の開国」『市立函館博物館研究紀要』、『函館市史 通説編2』）

プチャーチン大坂湾に突如姿を現す

安政元年（一八五四）九月十七日、この正月に長崎を退帆したプチャーチンが、新造の帆走《はんそう》艦ディアナ号一隻で、大坂湾天保山《てんぽうざん》沖に突如姿を現した。ディアナ号の出現は、京大坂の人々を不安に陥れた。天皇を彦根に移し、御所を焼き払うといった噂《うわさ》も流れ、とくに宮中が受けた衝撃は大きく、異民族に対する幕府の御所警護は頼りないという不信感が高まった。

一方、大坂防衛の責任を負う寅直は、陣頭指揮の下、迅速に大坂湾沿岸を固めると共に、夷船はロシア艦で、長崎で中断した国境・開港交渉の再開を求めて来航したことを知ると、城代公用人藤田勇を急ぎ江戸へ差し向け、阿部正弘の指図に従って、ディアナ号を下田へ向かわせることに成功した。この時の寅直の手際よい対応は、誰もが称賛するところであり、寅直の名を高めることになった。

安政元年十月十五日、下田に到着したプチャーチンと、ロシア応接係の筒井政憲・川路聖謨との間で、長崎で物別れとなっていた交渉が、十一月三日に再開された。その再開翌日の十一月四日、安政東海地震と大津波が下田を襲い、町はほとんど壊滅した。

ディアナ号も竜骨《りゅうこつ》と副竜骨が引き千切《ちぎ》られるなど、浮いているのが精一杯の状態になった。

そこで、伊豆半島西の戸田村《へだ》で修理することになったが、曳航《えいこう》途中で強風を受けて沈没した。

ディアナ号沈没直前の安政元年十一月八日付と思われる**【書簡番号七】**の寅直宛では、

私も、これまでに開港した、箱館・下田・長崎の三港以外の港に来航する夷船は、打払うことを度々建議したが、とにかく、幕府には、腹の中に一戦を交《まじ》える覚悟が無い。相手より先に腰が引けている。

ロシア船（ディアナ号）が、（津波で）一度までも転覆しそうになったのに、これを堪《こら》えて無事だったことは、千載《せんざい》の大遺憾とするところだ。

と、斉昭は幕府に覚悟のないことを嘆き、ロシア船が沈まなかったことを悔《くや》しがっている。

斉昭のディアナ号乗組員皆殺し案

戸田村への曳航途中で沈んだディアナ号の乗組員約五百人は、戸田村に長期滞在することになる。斉昭は、この乗組員について、「一か所に集めて皆殺しにしてはどうか」と、阿部正弘に二回にわたって提案している。（渡邊修二郎著『阿部正弘事蹟 日本開国起原史』）

また、同書には、これに対する正弘の答書と、さらに、答書に対する斉昭の復書が載っている。いずれも、安政元年末となっている。

正弘の答書

ロシア船乗組員を一カ所に集めて、皆殺しにしてはどうかと、二度にわたって提案頂いたが、そんなことをしたら、ロシアは、国をあげて復讐の兵を差し向けてくる。このことを深く秘せば、ロシアに知られずに済むとあるが、五百人も一度に殺したら、内外に知れ渡ることは間違いない。

斉昭の復書

年甲斐もなく危険な意見を述べてご心配かけました。本意は、現今の様に、表向きは憐《れん》恤《じゅつ》（同情して物を施す）信義といいながら、内実は臆病《おくびょう》の為に禍《わざわい》が日々深まっていくと、後日もっと大変なことになると心配しているだけです。

何故、斉昭が、このような過激で一見不用意なことを言ったのか、判断に苦しむところだが、天保十年（一八三九）六月、将軍家慶に差し上げた意見書『水府公献策』に、次のように似たような話を載せて、毅然とした対応が必要であると言っているので、意見書を書いた時と同じような気持ちで正弘に提案したものと思われる。

「島原一揆は、邪宗門《じゃしゅうもん》（キリシタン）の根も葉も全てを断ち切る又とない機会ともなった。このとき邪宗の罪で死刑になった者は、都合二十八万人とのよし。そのみぎり、国主の名代あるいは国主の親族として渡来していたものも含まれており、夷船はすべて焼き払われた。この御威光が、海外諸国へも響いたと見え、以後百余年、神国の海上へは帆影さえ見せなかった」とある。

この意見書の記述を、『新長崎市史 第二巻近世編』に照らし合わせてみると、同市史は、おおよそ次のように記している。

島原の乱（寛永十四年（一六三七）十月～翌十五年二月）では、蜂起《ほうき》したもの全員（農民も女性も子供も）が惨殺され、その数は三万七千人であったが、この前後、キリスト教徒弾圧で処刑されたものは、都合二十万～三十万人に及ぶと言われている。また、島原の乱から二年数か月後の、寛永十七年（一六四〇）五月に、通商再開を求めて来航したポルトガルの使節一行について、幕府は、マカオに帰還させる要員として船員十三名を選び、使節四人ら残りの六十一名を処刑して、船を焼き沈めた。この時幕府は、使節処刑により、ポルトガルとの関係が戦争状態に入ったことを認識し、西日本の大名に警戒態勢を指示していた。（『新長崎市史 第二巻近世編』）

斉昭は、今の日本には、こうした毅然とした態度が必要だと考えていたと思われるが、先の阿部正弘の斉昭への回答書から読み取るに、斉昭は、五百人を密《ひそ》かに皆殺しすることを考えていた様子につき、この密かにという斉昭の考え方は、やはり気になるところである。

日露和親条約

安政東海地震から約一か月半後、安政元年（一八五四）十二月二十一日に日露和親条約が締結された。

戸田村に滞在したディアナ号乗組員五百名のうち、海兵百五十余名は安政二年（一八五五）二月にアメリカ商船で帰国した。このとき、海兵を乗せるため、商船に乗っていた船長の妻と子供二人、操舵手と船客の妻二人が、下船して下田に二か月ばかり逗留《とうりゅう》した。

以下は、川路聖謨の『下田日記』（藤井甚太郎編『川路聖謨文書 六』）の抜粋《ばっすい》である。

○四月二日　晴、今日、アメリカ人の美女を見た。髪は、黒い絹で編んだ頭巾をかぶり、瓔珞《ようらく》（著者注　仏像などの頭・首などの装身具）のようなものをぶら下げていた。腰の細いこと蜂のようで、日本女性の半分もない。肌の白さをほこって、紗《しゃ》（薄絹）のようなものを着て、肌をみせることもあるそうだ。

○四月六日　くもり、在宿アメリカ人は、女房と子供とを並べ、ながめて楽しみ、そのうえ女房の口を吸うので、番人の日本人が大いに驚いていた。○船大将のアメリカ人、アメリカ人の美人の上着を持ってやって、その女の首を抱えながら白昼に下田の町を遊歩している。これも国風《こくふう》と見える。

安政二年五月二十七日付の寅直宛斉昭書簡**【書簡番号八】**では、

婦人上陸は国法に触れることを咎《とが》めれば、『今にもアメリカが、官吏を置きに来ることは目に見えており、官吏は、婦人を連れてきて、婦人も上陸するだろう。そのとき、官吏と婦人の上陸を拒《こば》むと、戦争になる』と言い張られてしまった。

と、忌々《いまいま》しげに書いている。

なお、プチャーチン以下四十八名は、幕府が協力のもと、自分たちで作ったヘダ号で同年三月に、残る二百八十余名は同年六月にドイツ商船で、それぞれ帰国の途に就いた。しかし、両船とも、イギリス艦に追跡され、ヘダ号は目的地外の港に逃げ込むことができたが、ドイツ商船は拿捕《だほ》されて、乗組員がロンドンで解放されたのは、クリミア戦争終了後の翌安政三年

（一八五六）の春であった。（宮地正人著『幕末維新変革史 上』）

二　毀鐘鋳砲《きしょうちゅうほう》

ペリーが、「来年また来る」と言い残して帰った直後の嘉永六年（一八五三）六月十三日から十五日にかけて、斉昭が、幕府に献上（140頁参照）した三十数挺の大砲が、水戸街道を江戸へ運ばれた。また、あとの四十挺は船で運ばれた。斉昭が寺の梵鐘を潰して造り、大寺院や大奥をはじめ多くの人に嫌われ、斉昭失脚の一因ともなった曰《いわ》くつきの大砲である。いかつい大砲とその備品の行列に人々は目を丸くし、さすが水戸様と、さぞや信望も高まったと思われる。

左記は、斉昭の大砲を「ごろり二分」と呼んだという記事である。

見かけは堂々としていたが、何分大きくて重たいので、運ぶ荷車も特別に作らねばならず、大勢の手間を要し、ごろりと一回転させるのに、金二分はかかるというので、そう呼んだという。ペリー来航の時は、江戸まで運んだものの、実戦がなくてボロを出さずにすんだのが、もうけものだったと故老は語った。元治元年（一八六四）三月に、藤田小四郎らが旗揚げした天狗党が、那珂湊沖の幕府軍艦と対峙したとき、敵の砲弾が目にも見えず飛んできて、いたるところで修羅場が繰り広げられるのに、こちらの弾丸は、砲身を離れることは離れても、赤い色をして人目に分かるほどゆるゆる回ったかと思うと、目の前の海へボチャン、ジャブンと飛び込んでしまう。何発撃っても同じことだった。（『覚書 幕末の水戸藩』）

斉昭がこの記事を見たら、さぞや怖い形相で「そんなはずはない」と怒るであろう。彼は、水戸で行った毀鐘鋳砲《きしょうちゅうほう》（95頁参照）を、幕府に建議して朝廷に奏請《そうせい》し、天皇の裁可を受けた太政官符として発布させた。幕府はこれを、安政二年（一八五五）三月に全国に布告した。斉昭は、この布告にそって、寅直へ、何回かにわたって、京都近国の鐘で大坂の備えを固めるように説いている。

【書簡番号九】の寅直宛は、その一つで、安政二年（一八五五）四月二日付と思われるが、「とにかく、大艦を防ぐには大砲しかない。このたび、梵鐘《ぼんしょう》を大砲に鋳直《いなお》すようにという布告（幕府の指示）が出たからには、大坂も畿内・近国の梵鐘をもって手当（大砲に鋳なおす）すれば、防備も手厚くできる」と言っている。

しかし、寅直は、この件に限っては、斉昭の思い通りには動かなかった。しびれを切らした斉昭は、ハリスが着任した安政三年七月後と思しき寅直宛書簡で、梵鐘之義は天皇のお気持ちにそったもので、いかに出家共が反対しても、このままでは、日本のことを深く考えないことになり、天皇のお気持ちを軽く扱うことになる。国元の土浦の梵鐘も早く大砲にするように。このような時世に出家の御機嫌を取ることも無いであろう。（『義公・烈公書翰集』）

と、寅直が、いつまでも実行しない様子に苛立《いらだ》ちを見せている。

【書簡番号十】は、布告から二年後の、安政四年（一八五七）六月と思しき寅直宛で、

（幕府は）梵鐘のことなども、仰せ出されるだけで、これでは、大中小の御筒（大砲から小銃まで）も造れず、僧侶の機嫌をとる仲居になり下がっている。そうかといって、大小名には財政窮迫ゆえ、他に造る力もなく、今に一事《いちじ》起こると、直ぐに（国を）奪われてしまう。それというのも、（幕府の）御威光も落ちているゆえ、何事も成り行き任せという姿になっており、大息のみついている。

と、自分の意見が、誰にも相手にされない寂しさを筆にしている。

幕府は、安政二年（一八五五）三月に全国に、梵鐘を大砲に鋳なおすことを布告したが、当

然に全国寺院の強い反発を招き、十月には安政江戸地震もあり、この話は立ち消えとなった。阿部正弘も、斉昭の顔を立てて、朝廷に奏請《そうせい》したものの、初めから本格的に取り組むつもりはなかったのが真相と思われる。

三　幕閣から遠ざけられる斉昭

これは、斉昭が軍制参与になった後の話だが、登城しても、正弘の他はこれといった理解者もいない。重要なことに関しては、閣議で決まった後に結論を知らされるだけといった孤立感の漂う寂しい立場であった。

155頁で紹介した、安政二年（一八五五）五月二十七日付と思われる【書簡番号八】は、寅直宛に、

去る（五月）十六日と二十三日、登城したとき、全閣老と御側御用取次へ、もはや徳川の天下も危うくなったとまで直言《ちょくげん》した。福山（阿部正弘）と関宿（久世広周《ひろちか》）は、もっともと思ったのか、いかにも困りきった様子であった。拙老が登城して居るときは、（拙老に）何か良き了見《りょうけん》も有るかと、策を献じる人も（黙って）控えてしまうので、それは止めて欲しいと、これまでも度々申してきたが、十六日と二十三日は、厳しく申したにもかかわら

ず、これを取り上げる（発言する）様子はなく、只々《ただただ》心配するばかりであった。

とも記している。

安政二年（一八五五）八月四日、阿部正弘は、俄《にわ》かに内閣の改革を断行し、積極的開国派の老中松平忠固《ただかた》・松平乗全《のりやす》の二人を罷免した。これは、斉昭が、阿部正弘に「内閣を一致・安定させねば、確固たる対外政策も、軍備増強も、その大本になる諸政の改革も遂行できない」と強く具申《ぐしん》したことによる。このように、内閣の構成に斉昭の意向が反映し、これまで疎《おろそ》かになっていた諸政改革の機運が到来したようにも見え、八月十四日には、斉昭に幕政改正参与の台命が下った。斉昭は、これまで月三度の登城であったが、以後隔日登城となる。

【書簡番号十二】の、同年九月十日付と思われる寅直宛には、

先般隔日登城を仰せつかった。これまでの月三度の登城さえ御免蒙りたく固辞したのだが、相勤めることにした。しかし、実際には、少しも御役に立てないので心苦しく思っている。

と書き、自分としては、働きたくとも働きようがないのだと言っている。

八月十四日に幕政改正参与に就任した斉昭だったが、十月二日に発生した安政江戸地震から、わずか七日後の十月九日、阿部正弘は突然に堀田正睦《まさよし》を老中とし、老中首座の座を彼に譲った。堀田正睦は、斉昭が嫌う積極的開国派である。斉昭が、先に、阿部正弘に渡した内閣の改革を促《うなが》した書には、同人について、「過日御内話の櫻（水戸藩史料の注　堀田正睦）は、愚眼にては大任担当の人とは存ぜられず、総じてふさわしくない」（『水戸藩史料 上編乾』）と言っている。

この人事は、阿部正弘の思い付きによるとも思えず、二か月前に、開国派の老中松平忠固・松平乗全の二人を罷免したときには、既に、堀田正睦の起用を考えていたと思わざるをえない。しかも発表されたのが、地震で藤田東湖と戸田忠敞の両人を失った直後であり、斉昭にとって衝撃は大きく、深い落胆ぶりが察せられる。

いずれにしても、この時期になると、阿部正弘にとっても、斉昭はお荷物になっていたようで、斉昭の考えを実行することは危険であるとする幕府は、斉昭に対し、月日は定かでないが、肩書は残したまま、「追って沙汰あるまでは登城に及ばず」とし、翌安政三年（一八五六）正月以降斉昭は登城しなくなった。そのため、斉昭は、幕府内の情報に疎《うと》くなるが、その反面、幕府から一歩離れたこともあってか、この後、将軍家・幕府・大奥について、思うままに愚痴《ぐち》めいた批判を長々と寅直宛書簡に書くようになった。

四　斉昭の京都手入れ

「（孝明天皇へ）攘夷之策も御届に致したく候《そうろう》」

識者階級の人々は、有力の宮・公卿を通じて、その意見を天聴に達し、皇室の御稜威を借りて、時局の有利な展開を図ることに力を尽した。世にこれを京都手入れという。（中略）而《しか》も、この注意すべき京都手入れの端緒《たんちょ》を開いたものは、水戸の徳川斉昭であり、重大なる影響を社会に及ぼしたのも、また実に斉昭であった。（井野邊茂雄著「徳川斉昭の京都手入れ」『國學院大學紀要』）

【書簡番号十二】は、安政三年（一八五六）正月十一日付と思われる寅直宛の年始の挨拶状だが、文中で目を引くのは、安政元年（一八五四）三月に炎上し、再建なった新内裏への御遷幸を喜ぶと共に、「（孝明天皇へ）攘夷之策も御届に致し度候」と記していることである。

ここでは天皇との繋がりをひけらかし、この正月から自分を登城停止にした幕閣らと違って、自分は、天皇と攘夷思考を共有しているという幸福感に浸《ひた》っているようにも感じられる。

斉昭は、京に配した石河徳五郎から前年暮に、斉昭自作の剣二振《つるぎふたふり》を献上するようにという次の書簡を受け取っていた。

御作二振遣わされれば、関白様にて、然《しか》るべく御取り計らい、御進献に遊ばされる。関白様のお考えはこのたびの御進献は、なされてしかるべきと申す深い意味がある。当節諸大名の中で、前中納言殿（著者注　斉昭）ほど勝れたる御方はおらず、そのうえかねて御精忠を尽くされるので、満足に思われ、前中納言殿の御精神の乗り移った御剣を御側に指置かれ、玉体の守護にしたいとの叡慮である。（『水戸藩史料 上編乾』）

こうした書簡を受け取った喜びが、「攘夷之策も御届に致し度候」という文言になったと思われる。

斉昭は、自《みずか》ら二口の刀剣を作り、翌年九月献上している。

関白鷹司政通《たかつかさまさみち》の政所《まんどころ》（正妻）の清子は、斉昭の四つ上の姉である。斉昭は、その姉の用人として安政二年（一八五五）五月から新たに石河徳五郎を京に配していた。

この用人の交替について、

はじめ斉昭が、京都手入れの策を講じる際、鷹司政通との間に、取次の役を務めたのは、政所附用人望月四郎大夫《たゆう》であった。（中略）然《しか》るに望月は凡庸《ぼんよう》の器《うつわ》で、殆ど用をわきまえない。重要の事件は、京都留守居役の鵜飼吉左衛門が、斉昭の命を受けて斡旋《あっせん》している。そこで、腹心を派遣する事の必要を感じ、特に石河が選抜された。（中略）それ以来、斉昭のために、京都遊説の任に当たると共に、手入れの事が、俄《にわか》に活気を呈するようになった。（「徳川斉昭の京都手入れ」『國學院大學紀要』）

斉昭は、幕府が攘夷を実行しないため、やむを得ず天皇・朝廷が、幕府に攘夷実行を迫るように事を運びたかったのである。

それと、もう一つ斉昭には、凡庸な人では務まらない大きな目的があった。慶喜を将軍継嗣にすることだが、これについては後述したい。いずれにしても、石河徳五郎は、口外できない重責を担《にな》っていたのである。

水戸徳川家に限らず、摂家（公家で、摂政《せっしょう》・関白になりうる最上級の家格）と縁戚関係にある他大名（薩摩の島津家、土佐の山内家など）も宮中へ諸情報を入れていたが、朝廷への接近という意味では、斉昭は、他の誰よりも群を抜いていた。情報を直接に鷹司政通へ送る場合もあれば、石河徳五郎に書簡を送り、彼の口を通して、鷹司政通や武家伝奏（幕府との窓口）三条実万《さねつむ》に届けられることもあった。これらの秘密情報は、多くの場合、孝明天皇の耳に入れられており、天皇の攘夷思考に少なからず影響を与えた。

若い帝が践祚早々に発した勅書

孝明《こうめい》天皇は、仁孝《にんこう》天皇の後を受けて、弘化三年（一八四六）二月、弱冠十六歳で践祚《せんそ》した。それから半年もたたない八月二十九日、朝廷は政治に口を出せないにもかかわらず、幕府に対し、「最近は、異国船の来航が多いと聞く、神州に疵《きず》がつかないようにして欲しい」という趣旨の勅書を下し、報告を求めた。朝廷は、これは、文化三～四年（一八〇六～七）にロシアが樺太《からふと》・択捉《えとろふ》島の日本拠点を襲撃した際に、幕府が、朝廷を安心させるために、それまで例のなかった、対外情勢報告を朝廷に行ったことに倣《なら》ったものであるとした。

しかし、関白鷹司政通は、若い天皇の依頼を受けて、幕府に異例の要望を行ったものの、これが幕府側を刺激し、朝廷に不利益をもたらすのではないかと極度に恐れていた。（家近良樹著『幕末の朝廷―若き孝明帝と鷹司関白』）

この即位して間もない若き天皇の勅書に関して、次のような記述もある。

（弘化に入って）外国船の来日頻度が高まり、対外的危機が迫っていることは、誰の目にも明らかになっており、斉昭から関白鷹司家へ、かなりの質量でこうした情報が伝えられていたので、おそらくは、その（斉昭からの）働きかけもあって、幕府に対して、突如として勅書をくだしたのであろう。（藤田覚著『幕末の天皇』）

文化四年（一八〇七）いわゆるフヴォストフ事件（著者注　ロシアによる樺太《からふと》・択捉島《えとろふ》等の襲撃事件）の先例に基づくものとされたが、こうした朝廷の動きの背後に、関白鷹司《たかつかさ》家や二条家と近い姻戚である斉昭の影響があったことは否定できないであろう。（永井博著『徳川斉昭──不確実な時代に生きて』）

もともと、斉昭は、これまで、数多くの献上品や鷹司政通とのやり取りを通して、朝廷との関係を築いてきた。践祚直後の弘化三年三月、新天皇には、特に大切なことがらを正しく身に付けるよう導いて欲しいと、鷹司政通宛に、

文学はもっとも大切に、国学は勿論、漢学などその外下々の書画類迄も御広く御覧になり、家職の艱難など下情にも通じられれば、御詠歌等までも役立つと存じます。（中略）都も昔の習慣が衰えることが多く、第一に皇国の根元である神道も次第に廃《すた》れ、正しくない空虚な教え（仏教を指す）が宮中まで食い込んでいるので、追々御改正仕《つかまつ》りたく存じます。

（『水戸藩史料 別記下』）

といった内容のことを書いている。また、会澤正志斎の『迪彝篇《てきいへん》』を贈って、この若い天皇の思想教育に、高い関心を持っていた。『迪彝篇』は、書き出しが「神州は、日神《ひのかみ》（天照大神《あまてらすおおみかみ》）の御国《おくに》にして、太陽の光の発するところなれば、上古より神聖の君、民を教え給《たま》える道も自から正大光明にして、天日《てんぴ》が四方を照らすがごとく」から始まる天皇中心の国体を示している。

いずれにしても、孝明天皇の攘夷思考は、践祚間もないころから、斉昭の情報に身近に接したことで、斉昭を近しい存在にも感じ、先々その影響を強く受けたと思われるのであるが、そうした痕跡《こんせき》が、次のように認められるという。

その１　左記は、孝明天皇の攘夷思考は水戸学の影響を強く受けているという記事である。

「もともと天皇は外国の事情等一向に御存じない。外国人、あれは禽獣（畜生）だと考えている。このような心境のところへ斉昭がしきりに吹聴したことは何か、それは藤田幽谷、会澤正志斎から受け継がれてきた信念、つまり外国人は通商しながら我が国の隙《すき》を狙い、折を見て襲いかかり、やがて我が国を併呑《へいどん》してしまうという不信感であった。（中略）安政五年（一八五八）六月、天皇が譲位の意志を表明した時も、「墨夷（アメリカ）使節着船応接和親通商を乞い、表には親睦の情を述べ、実は後年併呑の志顕《あらわ》れぬ」と述べているのなどはほんの一例である。（鍋谷博著『孝明天皇の攘夷』）

その2　また、「天皇は、夙《つと》に、彼我強弱《ひがきょうじゃく》の勢いを審《つまび》らかにし給《たま》い、力《つと》めて無謀の攘夷説を抑《おさ》えて、偏《ひとえ》に聖慮を軍備の充実に傾注し給うた。則ちしばしば勅して、諸臣の節約を励まし給い、或は幕府の内部改革を促《うなが》し給い、或は沿岸の防備を命じ、軍艦の整備を命じ、梵鐘を毀《こぼ》して大砲を鋳よと令し給える如き、すべて堅実なる攘夷の道を示し給うものに外ならなかった」とあり、たしかに斉昭の考えが反映しているように見受けられる。（遠藤友四郎著『孝明天皇聖徳記』）

斉昭による朝廷への情報提供例

斉昭による、朝廷への情報提供例をいくつか紹介したい。これらは、前述の【書簡番号十二】に記されている「（孝明天皇へ）攘夷之策も御届に致し度候」という気持ちによると思われるが、こうした行為が、幕府への背信行為であることには変わりない。

その1　ペリー来航の前年嘉永五年（一八五二）六月、アメリカから軍艦が来るという情報が、『阿蘭陀別段風説書《オランダべつだんふうせつがき》』によって日本にもたらされた。そのことが、幕府から朝廷に伝えられることはなかったが、斉昭から関白鷹司政通に伝えられていた。

宮内庁書陵部《しょりょうぶ》所蔵鷹司《たかつかさ》家本《けほん》によれば、この情報は、「黒船来航につき鷹司家へ密報書」という史料名が付けられ、差出者、あて名、年月日も記されていないが、疑いなく斉昭の自筆書状であるとされ、そこには、「『阿蘭陀別段風説書』の通り、いずれペリー艦隊は来航する見込みであるが、幕府にその対策は見えず、まして大奥には『大禁物《だいきんもつ》』の話題であるので、閣老らはこれを甚《はなはだ》心配しているという。自分としては早く対策を立てる必要があると考えるが、将軍家は全く気に留めず、誰もが黙すばかりである。ペリー艦隊が来航した段階で対応すれば良いとのことであろうが、自分達有志の者は日夜薄氷《はくひょう》を踏む思いで居る」とある。（沼倉延幸著「関白鷹司政通とペリー来航予告情報」『青山史学』）

その2　嘉永六年（一八五三）に、ペリーが初めて浦賀に来たとき斉昭は、鷹司政通宛に「浦賀渡来のアメリカ人の所行は無礼で、皇国を軽侮している。大抵の事は堪忍《かんにん》すべきであるが、相手が乱暴に及べば一戦を辞すべきでない。宮中におかせられても神宮に御祈誓《きせい》なさるよう希《ねが》う」という意味の書簡を送った。（『幕末の魁、維新の殿―徳川斉昭の攘夷』）

その3　ペリーが再来日したときのことであるが、アメリカ側の態度に反発した幕府関係者から、あることないことが、ペリー一行の打払いを主張した斉昭の耳に届くことになった。

例えば、安政元年二月二十三日には、江戸町奉行で米国使節応接係の井戸覚弘《さとひろ》らが、斉昭と会って、浦賀での応接の詳細を語った。その際、ペリー一行の副将であった「アーダムス」が、「女を出して見せて欲しい」と言ったとか、ペリーの病気見舞いとして遣わした大根などは、折って土の付いたまま食べたといった類の話が出たのである。井戸は、そのうえで、アメリカ人を「いずれも禽獣《きんじゅう》同様」で、「アーダムスと云う者も我が国のガエン（著者注　江戸の火消し人足。転じてならず者の意にも使う）位の様子だ」と評したのである。

そして、このような情報が、例によって斉昭から姉婿の関白鷹司政通に伝えられた。（『幕末の朝廷─若き孝明帝と鷹司関白』）

その4　安政二年（一八五五）二月の鷹司政通宛の書簡には、「ひたすらに戦争を忌《い》み恐れれば後年に至り大乱世になると言える。今のうちに決断すれば、たとえ小さな戦はあってもそれで済み、又中興の勢もあるだろう。しかしこのことは、将軍がその気にならねばどうにもならないこと。拙老などいかように分かっていても、手を束《こま》ねいているだけで、日々寝食を安んじることもできず、どうぞ私の気持ちをお察し下さい」（「徳川斉昭の京都手入れ」『國學院大學紀要』）とある。この書簡は、この時勢下では、将軍は聡明でなければならず、それには慶喜が適任であると、暗に仄《ほの》めかしていると理解できる。

将軍の跡継ぎに関する京都手入れ

十三代将軍家定は、病弱で子がなかった。容易ならぬ時代だけに、世継ぎを誰にするか、幕府内も諸大名も意見が二つに分かれて激しく対立していた。斉昭の実子で一橋家に入っている慶喜を推す福井藩主松平慶永らの一橋派と、御三家の一つ紀州家の十二歳の当主徳川慶福《よしとみ》を推す井伊直弼らの南紀派である。

血縁的には、将軍家定の従弟《いとこ》にあたる慶福が将軍の座に近かった。斉昭にとってみれば、何としても慶喜を将軍にしたい。そのためには、朝廷のバックアップを得て、目指すところは、勅《みことのり》（天皇の言葉）を貰うことであった。

その朝廷工作に、石河徳五郎は、うってつけであった。

石河徳五郎は文字通り斉昭の代弁者として、安政三年（一八五六）三月、鷹司政通・武家伝奏（幕府からの願いごとを取次ぐ）三条実万《さねつむ》に対し、「容易ならざる時局に、病身の将軍では政局の安定は望めない」（大意）（『水戸市史』中巻四）と熱心に吹き込み、さらに同年九月には斉昭自身が、石河宛の書状に、将軍家定について、

「御庭の鵞鳥《がちょう》、家鴨《あひる》など追いかける、又は御側にて、豆などを煎《い》る、又は菓子を製しては下されるのが御慰で、異国船などのことは一切御分りもない」と、わざわざその暗愚ぶりを記して、西城（著者注　江戸城西の丸。前将軍の隠居所、次の将軍の居所）に世子（著者注　将軍の跡継ぎ）を入れることの急務を論じ、石河はこの書状を、三条実万に示しているのである。斉昭も石河も、慶喜の名をあげることはしなかったけれども、入説の目的がどこにあったかは言わずとして明瞭である。（『水戸市史　中巻四』）

要するに、斉昭自身が、このような時局にあっては、将軍は聡明であらねばならず、慶喜こそ継嗣になるべきだと考え、それを朝廷から幕府に言わせたかったのである。斉昭は、寅直宛書簡でも、継嗣問題を具体的に取りあげることはなかった。しかし、後で紹介するように、危機意識がなく不甲斐ない将軍家や大奥をしばしば筆にしており、そのときは何時《いっ》もこうした思いで頭の中は一杯だったと思われる。

第五章　追い詰められる斉昭

一　ハリスの来日

幕府は、斉昭が京に事情を報じているのではないかと疑う

　安政三年（一八五六）七月二十一日、ハリスがアメリカ軍艦で下田に来航し、駐日総領事として下田の柿崎《かきさき》村の玉泉寺を領事館として滞在することになった。また、七月八日長崎に、九月朔日《ついたち》下田に、それぞれ入港したオランダ汽船から、イギリス海軍総督ボーリングが、開港と交易場の開設を求めて近く来日するという情報がもたらされると、暫く穏やかだった外交問題は俄然《がぜん》慌《あわ》ただしくなった。

　九月十七日、幕府勘定奉行川路聖謨・水野忠徳・目付岩瀬忠震《ただなり》が外国事情を告げ、意見を求めに斉昭を訪ねて来た。藩の奥右筆頭取茅根《ちのね》伊予之介のそのときの記録には、「当月朔日阿蘭《オラン》陀《ダ》蒸気船一艘が下田へ渡来して申し立てたのは、イギリスより十八艘の軍艦をもって、近々長崎へ渡来し願い立ての筋がある。その節、日本にて否と申すと、即日本にて兵端を開くことゆ

え、直ちに戦争に及んでしまう」ということであった。（『水戸藩史料 上編乾』）

【書簡番号十三】は、安政三年（一八五六）九月十八日付と思われる寅直宛だが、

最初アメリカが来たとき、手強に接しなかったので、今のように大病になってしまった。そのため、今、劇剤を用いる（戦端を開く）と命を失うことになる。

一時の計略で時間を稼いでいる内に武備を整えねばならない。（アメリカが）官吏《かんり》を置くようになっても人々が平穏に暮らし、大小砲をつくることも怠ることは、決して許されることではない。

とある。

斉昭は、ハリスが来日したこと、また、前述の九月十七日に幕府が、イギリス艦十八艘が来日すると伝えて来たことから、この先の天皇の身に対する不安を抑えきれず、九月十九日付で、幕府に、

萬々一にも玉体（著者注 天皇の身）にかゝわるようなことがあると、恐れながら征夷の御役目を果たせないことになる。それゆえ、諺《ことわざ》にも申す、ころばぬ先の杖《つえ》であるから、只《ただ》

　今《いま》のうちに、関白などへこの度の次第がらよくよく御申し聞かせの上、御相談にて、御取り定め置きされるのが公辺の御為には、これなきことと考え付きましたので、このこと内密に申し上げます。（『水戸藩史料 上編乾』）

という意見書を書いた。

　幕府は、この意見書から、斉昭は京に事情を報じているのではないか疑うことになった。藩の側用人安島帯刀《たてわき》（安政江戸地震で死んだ戸田忠敞の弟）が京の石河徳五郎に宛てた九月二十四日付書簡には、

　昨日の次第、左衛門尉（著者注　川路聖謨《としあきら》）をもって、京師（著者注　京）へお話されるようなことが有っては、決して宜しくないので、申し上げておくようにとの趣を聞かされた。公辺にて内々にしていることを御親縁だからといって、御話されることはあってはならないことでご心配いただくことではない。（『水戸藩史料 上編乾』）

とある。
　斉昭は、幕府に意見書を書いた九月十九日、石河徳五郎にも次のように書いている。

各国が申し合わせて日本を奪いに来るようだ。下田へ来たオランダ人の話によれば、イギリスがやって来て、願いが叶わねば直ぐに戦端を開くという。昔なら我等出奔《しゅっぽん》したいが、そうもいかない。意見を言っても聞き入れられず、出奔もできず、何かあれば将軍家一同切腹するより外なしと諦《あきら》めている。将軍家のことは、慎徳公（家慶公）と当将軍のお考えでこのような姿になったのだから、いかようとも御不覚のうえのことなので、滅んでも仕方ないが、京地に対しては、日本を奪われるようでは、征夷の御申し訳は立たないので、一二荒山にてはいか程か苦々しく思われる時とは申しながら、やむを得ないことである。万一イギリスが大坂へ乗り込んで来たら、ことは難《むずか》しくなる。天皇を何《いず》れへ遷《うつ》されるつもりか、ことの御序《ついで》に前殿下に伺って置いて欲しい。（『水戸藩史料 上編乾』）

とある。なお鷹司政通は、この年の安政三年九月に関白を罷免され、十二月から太閤と称している。関白の後任は九条尚忠《ひさただ》である。

交易を伴う開国を目指して

ちょうどこの頃、阿部正弘が行った、評定所一座（寺社・町・勘定の三奉行）ほか外国関係全有司（大目付・目付海防掛、長崎・浦賀・下田・箱館奉行）への「互市《ごし》交易の利益をもって富国強兵の基本としたい」という諮問が、将軍の容れるところとなった。また、安政三年（一八五六）十月十七日には堀田正睦が外国御用取扱を命ぜられ、彼の下に貿易取調掛が発足するなど、交易を伴う開国に向けて着々と体制が整えられていった。

一方、下田のハリスは、同年九月二十七日、幕閣《ばっかく》宛に「国書を直接お渡ししたいので、江戸へ出府《しゅっぷ》したい」との要請書を提出した。これに対し、幕府は、下田奉行を通して出府《しゅっぷ》を断わり、国書は下田奉行が受け取ると伝えたが、ハリスの了解は得られず、この後も出府要請書の提出が繰り返えされるに及び幕府は苦境に陥っていった。

【書簡番号十四】は、安政三年十月末頃と思われる寅直宛だが、

いずれにしても、大変な世の中になってきた。幕府は、交易の事も言い出し、堀田が一人で抱《かか》えているようだ。これは、溜間《たまりのま》の者たち一同が、（この問題から）逃げるために、皆で押し付けたようだ。

さて、交易することにしても、（貴兄には）京の朝廷を御警衛することについて、これまで以上にお世話願うことになる。何事を捨てても皆で武備に力を入れれば、戦争までにはお備えができるかもしれない。しかし、交易できるようになると、内地の人々は、それに安《やす》んじて、（戦の）手当てはますますしなくなる。

夷人《いじん》は、内地の地理・人情を知った上で事を運ぶので、目的を果たすことは明らかと思う。さて、このように陰症（マイナスの気）に陥《おちい》っているからには、どのような劇剤（戦）を用いたところで、直ぐに命を亡くす。これも仕方ないところだ。

とある。

また、158頁で紹介した、安政四年（一八五七）六月後半の頃に書かれたと思《おぼ》しき【書簡番号十】では、六月十七日の阿部正弘の逝去を報じ、この後、

地震は陰の盛なり。陰の象《しるし》は臣なり、後宮《こうきゅう》なり。四夷なり。三者過盛なるべからず。過盛なれば、則《すなわ》陰変じて動となる。

と上宋の官僚孫甫《そんほ》の文を例に引いている。

福井市立郷土歴史博物館は、斉昭筆の同文の書幅を所蔵しているが、同館は、「この作品は、大地震に託して、頑迷固陋《がんめいころう》な幕府閣老、陰湿な勢力を振るう江戸城大奥、外夷（米・英・仏・露）の圧力といった三つの危険を警告し、賦した詩である」と解説している。（『春嶽公記念文庫 名品図録』）

同書簡は、さらに

（ハリスから）「オランダの商人でさえ登城しているのに、それよりも重職にある自分を登城させない理由はないはずだ。登城させないということは、通信（誼《よしみ》を通じること）と言うのは表向きだけで、兵端を開く（戦争を仕掛ける）ことを考えているのではないか」と言われてしまう。それゆえ、登城させないということを、あちらこちらに吹聴《ふいちょう》されてしまうので、いずれは恐縮して登城してもらうことになる。

と書いている。

阿部正弘が逝去した翌七月十六日、朝廷とのつなぎ役、京の石河徳五郎を病気で失う。石河は鷹司政通の屋敷で倒れたという。（鈴木大編・著『賜勅始末《しちょくしまつ》』）享年六十二歳。後には、京都留守居役の鵜飼吉左衛門が務めることとなったが、慶喜を将軍にするという大望を持ち、朝廷の裁可《さいか》を取り付けたかった斉昭にとっては何とも大きな痛手であった。

二　日米修好通商条約の締結へ向けて

御所と外様大名の結びつきを警戒する斉昭

ハリスの下田上陸から一年を経た安政四年（一八五七）七月二十日、米艦ポーツマス号が下田に入港するや、ハリスが同艦で江戸へ直航することを恐れた幕府は、ハリスの出府・登城を認めることにした。こうなると、幕府にとって、既に登城していないとは言え、斉昭は邪魔な存在であり、七月二十三日、斉昭は、名前だけ残っていた軍制改革参与、幕政改正参与を免ぜられた。その翌日二十四日に、ハリスの江戸出府・登城が斉昭らの御三家へ内達された。

ハリスの待ちに待った出府・登城が実現し、十月十四日に江戸に着いたハリスは、十月二十一日に将軍家定に謁見した。登城して間もない頃と思われる寅直宛書簡には、

大坂の警衛が不十分だと、外様大名が、京の警衛に付くかも知れない。今の有り様では、大名達も追々国元へ引くかもしれず、そうなると、将軍は征夷大将軍の御名目を失くし（夷人と誼《よしみ》を通じては、征夷にならない）、今に大名達は背《そむ》くだろう。

今、アメリカ人が、城中に居るというのに、本寿院《ほんじゅいん》（現将軍家定の生母）も御台所《みだいどころ》（家定の正室篤姫）も、お構いなくあちらこちらお出かけになる。また、毎日団扇太鼓《うちわだいこ》で天下泰

平のお題目稽古と聞く。お二人とも大法華信心のよし。法華さえ信じていれば、誰が城中に居ようと気遣い無用とばかり、一向に夷狄《いてき》の事などお構いなしという。また、時々芝居躍《おど》り等で、美々《びび》しい衣裳で着飾ったり、役者を呼んだり、とても賑々《にぎにぎ》しいとのこと。徳川の天下は、この姿ではとても難しい。今に大名達は、京の警衛を名目に将軍家を見限るのではないか。有志の外様大名は、一度離れたら、引き戻すことは難しい。（『義公・烈公書翰集』）

とあり、大奥の外国人への無関心ぶりに触れると共に、京の警衛不備に乗じて外様大名と御所が結ぶことを警戒している。

このように、御所が外様大名、あるいは諸大名と直結することを警戒する話は、この後も出てくる。

日米通商条約に関する斉昭の意見書

かつて、松平慶永は、『逸事史補』の中で、

ペリーが渡来したころは、世の人は外国人を憎むことがはなはだしかった。老公（斉昭公）は、さすがに賢明な君主で、もはや外国人と交際しなければならないということは、すで

に着目しておられた。なぜならば斉昭公が私（春嶽）に送られた書中にこうある。「外国人と交際の道は最良の方策ではない。しかし、今の時勢をどうすることもできない。貴公（慶永をいう）は、まだお若いからこれからのご参考にしていただきたい。とても攘夷など行うことはできない。ぜひ交易和親の道を開きなさい。その時はご尽力なされよ。斉昭は老年だから、攘夷の大親分になってこれまで通り世を渡ってゆくから、私（斉昭）は、死ぬまでこの主張を変えることはない。貴公（春嶽）にはこのことを伝えておきます」との手紙であった。（『逸事史補』）

慶永は、これと同じ内容のことを『閑窓秉筆《かんそうへいひつ》』にも書いている。ただ、そこでは、拝顔の場で聞いたとあり、その拝顔の年月日は、わざと記さず、とある。慶永が、手紙と拝顔の場と都合二度聞かされたのか、あるいは、どちらか一度だけだったのかは分からない。

十一月朔日《ついたち》、幕府は、三家以下諸大名に、ハリス持参の国書とハリスの口上書の写しを、十一月十一日には、ハリスが堀田邸で、貿易の利点について長広舌《ちょうこうぜつ》を振るった、その演述書を示して、意見を徴した。

これに対し提出された諸大名の意見書は、翌安政五年（一八五八）二月十八日までに五十六通ほどであったが、その大部分は、ハリスの要求は受け入れざるを得ないだろうといったものであった。（『水戸市史 中巻四』）

慶永が、ペリー来航時に、幕府に提出した意見書では、攘夷論を展開したが、今回は、

昨今の形勢から、鎖国が不可なることは明らかである。我が方より諸国へ交易に出ることを望むおり、道理をもって渡来するものを拒《こば》むことはできない。

と開国論を多岐にわたって堂々と述べている。（『昨夢紀事 第二』）

一方、斉昭と慶篤は、十一月十三日、家老の名前で、

この節格別に上申すべき事柄はないけれども、もし征夷の名目に反するようなことがあれば、朝廷及び諸大名に対し責任（著者注　夷人と誼《よしみ》を通じることは、征夷大将軍の名に反するの意）を負わねばならぬ。（大意）（『水戸市史 中巻四』）

と建言した。

しかし、斉昭はどう思い直したのか、十一月十五日、家臣にも諮《はか》らず、改めて建言書を提出

した。これは頗《すこぶ》る長文にわたるが、その要旨は次のようである。

「ハリスの要求を許可することは、容易ならざる国難を惹起《じやつき》する基であるから、内地での貿易は拒絶し、斉昭自ら浪人や百姓・町人の二～三男を三～四百万人（三～四百人の誤か）を引き連れて米国に渡り、出貿易をいたしたく、（中略）また、百万両の貸与を願い、大艦・大筒を製して御用に立てたい。」なお、この文中「拙老儀、去る甲辰（弘化元年）に、公辺より退隠仰せ付けられたが、御所よりの位記口宣《いきくぜん》は、そのままになっており、公辺向は隠居だが、御所向は退隠とは言えず、」大坂で大艦・大砲を製造中、非常の節は御所の警護にあたろうとも言っている。（『水戸市史 中巻四』）

その意見は大胆奇抜であるが、それだけに問題となることが少なくなかった。家老安島信立（帯刀）らは、閣老衆がこの建言書に不快の感情を抱いていることを知って大いに恐れ、密《ひそ》かに請うて、これを取り戻したものの、後々まで幕府の嫌疑を受けたという。（『水戸市史 中巻四』）

確かに、この建言書の表現は、安政三年（一八五六）正月以降、自分（斉昭）の登城を差し止め、自分を遠ざけた幕閣に対する意趣返しとも取れる。

しかし、ここで重要なことは、本来であれば、攘夷の大親分として、言わねばならないこと（夷人と誼《よしみ》を通じることとは、征夷大将軍の名を汚すといった類の話）は、家老に言わせて、自分（斉昭）は、表現こそ違え、慶永同様に出貿易を行うと言い、もはや鎖国の時ではないと言っているように取れることである。斉昭としては、これまでの主張と異なる開国を表立って唱《とな》えることもできず、こうした拗《す》ねた言い方しかできなかったのであろうか。

通商条約の談判はじまる

通商条約の談判は、十二月十一日九段の蕃書調所《ばんしょしらべしょ》（洋学研究機関兼外交文書翻訳局）で、ハリスと日本側全権の下田奉行井上清直《きよなお》・目付岩瀬忠震《ただなり》との間で開始された。

一方、幕府は十二月九日に、外交事情を朝廷に説明するため儒官林復斎と目付津田半三郎に上京を命じ、両名は十二月十五日に京へと出立した。

安政四年（一八五七）十二月十二日付と思われる寅直宛書簡には、

　風聞によれば、ハリスは、京・大坂・江戸・肥前《びぜん》平戸・長崎へ商館を立てるとのこと。これについて、林復斎と目付津田半三郎が急ぎ京へ上ることになったという。

　京や大坂に夷狄が入り込み、外様共が京の御警衛に人数を差し出すようになると幕府は危《あや》ういことになる。将軍家はハリスが下田へ帰ったのか、江戸に居るのか、こうしたこともご存知ないと聞く。

将軍が御台所に御泊りになるときは、シガといふ御目かけが御寝所に入って御手伝いし、御台所から多額の報酬をもらうという。天子から庶民に至る迄男女交合の手伝をするなど聞いたことが無い。このように寛大な御気持ちなので、京は勿論、大坂へなりとも夷狄の商館が建つことなど御構いないことと見えるが、そうなれば日本は夷狄に奪われたのと同じである。（『義公・烈公書翰集』）

と書いている。

斉昭の激怒

十二月二十八、二十九日の両日、条約交渉の大筋について、在府大名へ説明が行われたが、これが大論議を巻き起こしたことは言うまでもない。

斉昭のもとには、二十九日に川路聖謨《かわじとしあきら》と永井尚志《なおのぶ》の両勘定奉行が説明にきたが、そのとき斉昭は激怒して、

もともと備中守（著者注　堀田正睦）は不埒《ふらち》千萬だ。意見があれば述べよ、というから述

べたのに、分かりもしないうえに、備中守も伊賀（著者注　老中松平伊賀守忠固《ただかた》のことで、前々年の安政二年八月に老中を罷免されたが、この年の九月老中に復帰）もグズグズ言うのはもっての外だ。二人には腹を切らせ、ハリスは首を刎《は》ねてしまえ。（『昨夢紀事 第二』）

と言い放ったという。

ただ、この話には続きがある。

老巧な川路は、何とかその場を取り繕《つくろ》い、「これからの処置は、将軍家の考えを聞きつつ堀田などの老中が取り計らうことになるが、それについて、思《おぼ》し召しないか」と聞いた。そして斉昭が「それは自分の知らぬこと、勝手にせい」と言い放ったのを聞いて、「はっ、それでは、その旨を堀田に申し伝えまする」とお辞儀をして次の間にひきとった。そして側用人の安島帯刀に、「今日の老公のご機嫌は、以ての外に悪かったが、今後のご処置においては、思し召しはあらせられぬ、と仰《おおせ》があったから備中守（著者注　堀田正睦）には、『このことについて老公には思し召しあらせられず』とばかり伝える」といって退《しりぞ》いた。安島帯刀も「委細あい心得ました」と答えた。二人は、斉昭が癇癪《かんしゃく》を爆発させたいだけで、通商条約粉砕のために実地行動を起こす気のないことを知っていたのである。（『幕末の魁、

公武間（朝廷と幕府）の対立を避けねばならない斉昭

儒官林復斎と目付津田半三郎の両人が十二月十五日に京へと出立したこと、斉昭のもとに、同月二十九日に川路・永井の両勘定奉行が、通商条約交渉の大筋を説明にきたことなどから、斉昭は、幕府が通商条約の勅許を得ようとしていることを悟《さと》った。

これまで、朝廷に、将軍家と幕府の不甲斐なさと、攘夷を吹き込んできた斉昭にとって、とても気になるのは、天皇の攘夷志向と、幕府の開国路線が対立することであった。対立を避けるためには、朝廷にも折り合いをつけてもらわねばならない。

斉昭は、側用人安島帯刀《たてわき》に指示して、安島から京の鵜飼吉左衛門宛に、安政五年正月六日付で、

叡慮（著者注　天皇の御意向）がもっともであれば、公辺（著者注　幕府）にても御用《おもち》いられますように、又公辺に御拠《よんどころ》無き御事柄は、恐れながら少々叡慮も御曲《おま》げいただいて、とにかく御双方が、御和談のうえに立たねば、夷狄《いてき》のことは先ず差し置いて、国内の治まり方も始終いかがかと、此の程のところを別けても老公が気遣っておられる。実は、太閤殿下（著者注　鷹司政通）へ直に申し上げたいと思うが、叡慮のことでもあり、いきなり申

し上げるのも適当な頃合いかどうかの御遠慮もあり、御内々御沙汰の趣（著者注　斉昭は幕府から、京と通じるなと言われている）もあるので、こうした御意味柄がなんとか太閤殿下のお耳に達し、お含み戴けるように扱いました。しかし勿論御内々のことにつき、そのことは御含み下さいますようにお願いいいたします。（「徳川斉昭の京都手入れ」『國學院大學紀要』）

と書かせている。

また、正月十五日付と思われる寅直宛書簡には、

堀田正睦らが廿一日に京へ出立する。何用か分からないが夷狄のことと思う。京・大坂・江戸・肥前平戸・長崎などに、商館と天主教の寺を立てたいとの夷狄の願いについて、主上の許可を得ようというのだろうか。大小名達は幕府に従うが、諸宗は邪教の寺を立てることに反対すると聞いている。地獄極楽等の虚言で人を欺《あざむ》き金銀を貪《むさぼ》り取る八宗（ここでは仏教すべての宗派の意）は、困窮の人達に金銀を施《ほどこ》す切支丹には勝てないので、御所が承知しても八宗は承知しないだろう。堀田が天皇のお気持ちを伺い、それをもって諸大名を抑《おさ》えるといった風説も有る。それで決まれば良いが、万一、御所から諸大名へ直々お話するようなことにならないか心配だ。（『義公・烈公書翰集』）

とある。

斉昭の心配事は、御所と幕府が対立することなく、幕府の方針で収まって欲しいということ、そして、御所が直接諸大名に対して、御所が攘夷に固執していることを伝える、あるいは、御所の警備を要請するといったことは、して欲しくないということであった。

堀田正睦が通商条約の勅許を得るために上京する

約一か月に及んだ条約交渉で、正月十二日最終的に合意した開港は、下田、箱館の外、神奈川（ただし、神奈川開港六か月後、下田は閉じる）、長崎、新潟、兵庫で、居留地に礼拝堂を置くことも認められた。開市は江戸、大坂の両都市となり、京は、議論の末ハリスが折れて除外された。

幕府は、通商条約に反対する大名達を抑えるため、勅許を得ることが不可欠となっていることから、堀田正睦が、随員（川路聖謨・岩瀬忠震）らと共に正月二十一日江戸を発って京へ上《のぼ》った。

斉昭は、やはり、朝廷と幕府が、対立することが気になったのであろう、その日（正月二十一日付で）鷹司太閤宛に自《みずか》ら筆をとり、

　夷狄のことについて、先年、打払うのがこの上ない上策と存じてまいりましたゆえ、追々打払い論を私が書いて、全国的に知られるところとなりました。しかし、ただ今では登城

を申し付けられ、懇《ねんご》ろかつ親切にされるので、謂《い》われなく打払うわけにはいかなくなりました。このような次第につき、何分ただ今より、国内の備えを手厚く整え、彼より兵端を開いたときは、大和魂を振起させ、防御に聊《いささ》かも差し支えぬようにしたいと私は考えています。

天皇の御意向のほどは勿論測《はか》り難く、殿下をはじめとする尊意も如何かと存じますが、私の存意はかようにつき、すべて御内々に以上申し上げます。（『水戸藩史料 上編坤』）

と書いた。

また、寅直にも、正月二十六日付で、

世上の噂《うわさ》では、今上天皇は御発明で、殊に今は御血気もお有りと聞くので、申し上げた條々に何か天皇の御意向に叶わぬことがあったので、不行届となり、この度大勢で上ることになったのではないかと心配している。もし又、天皇の御意向が御尤《もっと》もであれば、公辺も御用いになるべく、堀田・川路等も如才ないことと思うが、公辺にとってよんどころないときは、少々は天皇の御意向もお曲げいただかねば、公武の間が割《わ》れ割れになって双方のためにならないと心配している。

もし、堀田・川路等が大坂巡見にでも行ったら、警衛の向き等ご相談と共に、この旨御話下さるよう宜しくお願いします。（『水戸藩史料 上編坤』）

と書いており、その心中には、自分の胸中を朝廷にも届けて欲しい、という気持ちが籠《こも》っていた。

一言補足しておきたい。この鷹司太閤宛と、寅直宛の両通は、松平慶永が、一橋慶喜を将軍家定の跡継ぎとすることについて、「慶喜の父斉昭は、幕府にも逆《さか》らうお方で、慶喜が跡継ぎになったら、父斉昭は、何を言い出すか分からない」と難色を示している大奥に、慶喜擁立を受け入れさせるために、斉昭に書き送らせた書簡である。（『昨夢紀事 第四』）

慶永は、この書簡の写しを大奥へ差出し、堀田らが京で条約の勅許取り付けに苦戦しているのは、斉昭の所為《せい》ではないことを明らかにしたかったのである。

もちろん、斉昭にとっても、公武間の対立を避けるために書かねばならなかった書簡である。

斉昭の気持ちは天皇に届いたか

前述の、斉昭の正月二十一日付書簡には、「幕府にとって、よんどころない時、少々は天皇のお考えを御曲げいただかねば」といった肝心な部分が書かれていない。

そこで問題は、この斉昭の正月二十一日付書簡と、側用人安島帯刀が正月六日付書簡で、京の鵜飼吉左衛門に託した言付《ことづ》けが一組になって、この肝心な部分が、鷹司太閤から天皇の耳に、さらには廷臣らの耳に届いたのか、ということになる。

なお、鷹司太閤自身は開国派であり、堀田が上京すれば、その要求を受け入れるつもりであった。公武の間が、むずかしくなるとは、当初は、想像していなかったと思われる。

まず、一組となるうちの一つ、斉昭の正月二十一日付書簡であるが、

斉昭の書簡が、鷹司太閤の許《もと》に達したのは、正月二十八日である。鷹司政通は、これを、天覧に供し、議奏・伝奏・左大臣近衛忠熙・内大臣三條實萬らにも内覧させている。（「徳川斉昭の京都手入れ」『國學院大學紀要』）

とあるので、天皇と廷臣らが見ているのは間違いない。

もう一つの、京の鵜飼吉左衛門に託した言付けだが、鵜飼の職務上、鷹司太閤の耳には入れたと思われるが、鷹司太閤から天皇の耳に達したかどうか、あるいは、鷹司太閤が他の廷臣達の耳に入れたかどうかは不明である。ただ、天皇は以前とは異なり、すでに鷹司太閤の手の外にあり、自説を通すようになっていた。

堀田を迎える天皇の動き

天皇は、堀田の上洛（実際には二月五日京都着）に備え、ちょうどこの頃、通商条約締結反対に向けて、朝廷内の意見を、次のように集約している最中であった。

正月二十二・三日までに三公（左・右・内大臣）・権大納言・議奏・伝奏ら廷臣十二名に、意見書を提出するように求めた。十二名の意見は、条約は許容できないとする二人を除いて、外国人の畿内参入は不可といったような条件を付したものが五人いたものの、総じて幕府の申し出を許容するものであった。（刑部芳則著『公家たちの幕末維新 ペリー来航から華族誕生へ』）

この三公ら十二名の意見は、総じて幕府の申し出を許容するものであったが、斉昭の正月二十一日付書簡が、鷹司太閤の許《もと》に到達したのが、同月二十八日であるから、斉昭の書簡が三公ら十二名の意見に影響を与えてはいない。

三公らの意見に物足りなさを感じた天皇は、今度は、同月二十五日と二十七日に、参議以上（大納言・中納言・参議ら）と頭中将《とうのちゅうじょう》・頭弁《とうのべん》の合計二十三名に意見書を出すように求めた。このときは、前回三公らに諮問した時とは異なり、『幕府に対して、朝廷から強く意見を示すようにしたいので』、『条約勅許に不承知の旨、一人でも多くいたほうがよいため、よく考えて意見を出すように』という天皇の考えが示されていた。二十三人の回答が出そろった時、このうち十八人が、開港には反対であった。（『公家たちの幕末維新 ペリー来航から華族誕生へ』）

二十三人の回答のうち、十八人もが開港には反対であったということは、仮に、二十三人が、先の斉昭の書簡を見ていたとしても、その書簡の影響は受けていないということになる。

要するに、先の斉昭の書簡は、朝廷の動きに何ら影響を与えなかったのである。

堀田正睦の抵抗

上洛した堀田らの説得工作が精力的に行われたにもかかわらず、二月二十三日に出された朝廷の回答は、「通商条約の締結は、国家にとって人心の折り合いが大切なため、御三家や諸大名に意見を聞くべきこととされ、その結果を天皇に見せて欲しい」というものであった。

これに対し、堀田は、承服できないと反発した。彼は、江戸へ書簡を送り、朝廷への奉答書を取り寄せた。そこには、人心の折り合いについては、将軍が、天下の人心が一つにまとまるように努力すると書かれていた。関白の九条尚忠《ひさただ》は、朝廷の意向をゴリ押しすることにためらいが出たのか、条約締結については、幕府に一任する旨の勅許案を作成した。

しかし、公家らの反対運動が強くなり、最終的には、堀田は勅許を得ることができず、幕府は再考を求められることになる。

水戸内奏説と水府（水戸）陰謀説

天皇には、攘夷志向を共有する心強い味方がいた。仁孝天皇の養子で、天皇にとっては七歳上の義兄にあたる青蓮院宮尊融法親王《しょうれんいんのみやそんゆうほっしんのう》である。青蓮院宮は、身分上、何時でも天皇と会うこともできたので、天皇にとって心強い参謀《さんぼう》であった。この青蓮院宮と水戸藩の関わり、および水府陰謀説なるものの一因について触れておきたい。

安政四年（一八五七）六月、豊田小太郎（床机《しょうぎ》廻り、洋学世話役）は、藩命で『大日本史』志類（天文・音楽）の史料調べを命ぜられて上京する。斉昭はこのとき、深く嫌疑を患《うれ》えて教え諭したが、小太郎は社会の悪に公憤《こうふん》を覚えて書き上げた、三千数百文字にも及ぶ慨《がい》然《ぜん》書を、ひそかに青蓮院宮の侍講（儒者）池内大学を通して、青蓮院宮へ差し上げた。

小太郎は、そのことを秘していたが、その後、話が漏れて藩の知るところとなり、この年の十月、謹慎を命ぜられた。以後、この上書は『水戸の内奏（密かに天皇に取り入って頼む）』と称されて世上に伝わり、安政五年の春に及んでますます流布した。（『水戸藩史料 上編坤』）

『水戸藩史料』に載るこの書について、一部を紹介したい。宛先・差出人・日付はない。

嘉永六年（一八五三）と安政元年（一八五四）の米国来航は、秀吉くらいの者が居れば、一挙に解決した。我藩は以前から夷狄を憂い、朝廷を尊奉《そんぽう》しており、この度の件（開国）については甚だ心配で、もはや内々国中（打払い）の用意もできているといった趣にあり、他にも大いに不服の大名もいる。

誠に危急存亡の秋とはいえ、皇国復興の時と思われる。仰ぎ願わくは、この機会に乗じ、速やかにご決断され、右様の議（国を開いたこと）はあいならぬことを関東（幕府）へ仰《おお》せ遣《つか》わされたい。（『水戸藩史料 上編坤』）

井伊直弼の謀臣長野義言《よしとき》は、京の公家に顔が利くことから、通商条約が勅許を得られるよう朝廷工作にあたっていた。その彼が安政五年（一八五八）二月、写しと思われる豊田小太郎の慨然書を見出した。

長野はこれを、徳川斉昭が朝廷に攘夷論を吹込もうと書き送った文書と解し、勅許難航の元凶とみた。そして、同時に盛り上がった一橋待望論とこの文書が密接に関係している、つまり徳川斉昭が朝廷を息子の将軍継嗣擁立に利用しようと図り、朝廷の攘夷論に迎合して、勅許を妨害したと見なしたのである。（井伊家史料五、一八七号）長野が江戸の直弼側近に当てて書き送った「悪しく申さば陰謀の体《てい》」という理解は、瞬《また》く間に井伊家や将軍側近を始め、紀州慶福の擁立に熱心だった人々の間に流布《るふ》していった。（三谷博著『維新史再考 公議・王政から集権・脱身分化へ』）

これを勅許に関する斉昭の内奏書と解したのは、長野の事実誤認であった。確かに斉昭は一橋擁立を狙っていた。しかし、今回に限っては、打払いの時ではないと鷹司太閤に告げている。また、幕府有司も、『水戸の内奏書』なるものは、言葉遣いからすると斉昭のものでありえないと判断し、世上のうわさを否定していたのである。しかし、長野義言と井伊直弼にとっては、九条関白を幕府につなぎ留めておく（ひいては、幕府の意向どおりに朝廷を動かすことができる）には、この陰謀説は有効に機能した。（『維新史再考 公議・王政から集権・脱身分化へ』）

井伊が大老になる前日（安政五年四月二十二日）の午後、訪ねてきた徒頭《かちがしら》薬師寺元真と密談した。その内容を、井伊が側役の宇津木六之丞に語ったところによると、「水府老公には隠謀があり、当将軍を押し込め、自分の子の一橋慶喜を立て、自分が権威を振るおうとしている」というものであった。（『新装 水戸の斉昭』）

斉昭を快《こころよ》く思わない人は誰もが、慶喜が先々将軍になったら、斉昭は好き放題にふるまうだろうと想像するので、直弼も、陰謀という言葉を使わないまでも、こうした点は以前から意識していたと思われる。直弼にとっては、ここまで来たからには、『水戸の内奏書』が斉昭の自筆であろうがなかろうが、とにかく前へ進むしかなかったのだ。

水戸内奏書の真相

水戸内奏書なるものが、斉昭の朝廷への密かな意見具申であると世上に広く伝わり、斉昭は、幕府の嫌疑を深くこうむってしまった。しかし、本当に斉昭の知らないところで、豊田小太郎が取った行動だったのだろうか。

斉昭の京にいる姉（鷹司太閤の正室）の用人として配置した石河徳五郎（安政四年七月逝去）だが、小太郎が青蓮院宮に慨然書を届けた前年の安政三年十一月、青蓮院宮の起居を探《さぐ》って、こ

れを斉昭に内報している。そこには、

（青蓮院宮について）これまで聞いたところでは、アメリカ人が大坂へ来るとなれば、僧体であっても、うかうかしている時ではないと言い、兵書を読み、戦の仕方を心得ねばといって、儒者を呼んで兵書の講釈を聞かれている。また、天砲（著者注 天皇のことか）も、漢学を修めねばならないとの仰《おお》せで、経書の講釈を聞かれたが、儒者のように一字一句の穿鑿《せんさく》は必要でなく、大意さえ呑《の》み込めば良いという。

近頃は、また和学をせねばならないと、天砲へ御相談され、和学者を招いて講釈を聞かれたよし。こうしたことから、よほど豪傑《ごうけつ》なお方に思える。（『維新史料綱要データベース』）

等が書かれている。

これは、察するに、天皇に近い青蓮院宮のことを耳にした斉昭が、徳五郎に命じて、青蓮院宮の行状を調べさせたものと解せられる。目的は、もちろん朝廷内に、斉昭の陰の後援者を増やすことである。そう考えていくと、小太郎が青蓮院宮に渡した慨然書なるものは、当然に斉昭の息のかかったものであり、小太郎の上京にはじまる行動そのものが、斉昭の指図によるものと推認できるのではないだろうか。何故親王に慨然書を差し上げたかも胸にストンと落ちる。

さらに、そのように考えを進めていくと、小太郎が青蓮院宮に届けた慨然書の中には、将軍継嗣の話も、陰謀らしき話も見当たらないが、長野義言《よしとき》の「斉昭が、朝廷の攘夷論に迎合して、朝廷を息子の将軍継嗣擁立に利用しようと図っている」という見方は、斉昭の「京都手入れ」（162頁以下）を大局的に鋭く突くものであった。

将軍はご承知なのだろうか

堀田正睦が上京中、高熱を発し、下田で療養していたハリスが、三月五日、江戸へ戻った。その頃書かれたと思われる【書簡番号十五】の寅直宛は、

（幕府は）表向き、一時逃れとして、平穏であるように見せるため、夷狄の言うとおりにするのだろうが、結果として数港を開き、邪教を広め、日本人同志を戦わせることになる。夷狄は、手を懐《ふところ》に入れたまま我が国を奪ってしまう。

この度、墨夷コンシェル（ハリス）は二度目の出府だが、下田奉行（井上清直）の妻女に会いたいと言うので、病気を理由に断った。また、土岐丹波守頼旨《よりむね》（大目付、ハリスの江戸出府用掛）宅を訪ねたいと言うので、大風後の修復が未だできていないと断っている。

いずれもその場逃れの口上で、もう一度、行きたいと言われたら、断るわけにいかず、

ついには妻にも娘にも会わせることになろう。そうなると、娘に縁組を迫られることは疑いもなく、それを拒むと、懇意というのは表向きだけで、内実は、そうではないのではないか、それでは兵端になると言われてしまう。

これが段々と前例となって、畜生同様の者と御旗本、それからは、公家・大名、ついには公辺姫君、さらには、その上との縁組も望まれてしまうかも知れない。

取り返しのつかないときになって、彼らを打滅ぼさんとしたときには、彼らに与《くみ》する日本人も多くなっており、どうにもならない状態になるのではないかと心配だ。

そうであれば、出来ないものは出来ないと厳しく断り、それで戦いになれば、やむをえず防戦にあたる。

今のうちなら、彼の側に付く者もいないので勝てると思うが、登城・お目通りを許して、幾久しく御懇切云々《うんぬん》と言っているのでは、何かあったときは、却《かえ》って悪い結果を招くのではないか。

(自分には)直々の上意さえなく、登城もしていないので分からないが、これまでのことを、将軍はご承知ないのではないか。それは、役人の手落ちに依るものかもしれないが、それで事が済んでしまうのだから恐れ入ってしまう。

大きな変革があるようにも聞いているが、(その変革が)夷狄を防ぐためのものか、彼らの願いを入れて、夷狄の勝手にさせるためなのか、さてさて心配なことだ。

と嘆いている。

この頃、斉昭は、心の底では、ここまで来たからには、通商条約は避けられないものと理解しつつも、何かにつけて心配でたまらない気持ちが、書簡に表れている。

天皇の勅許得られず、勅許申請のやり直しに向かって

堀田正睦の奮闘にも拘《かか》わらず、安政五年（一八五八）三月二十日「通商条約は国威が立たないので、御三家以下諸大名へも台命を下し、もう一度衆議を尽くせ」という勅答が下った。通商条約への勅許取り付けに失敗した堀田正睦が、空しく江戸へ戻ったのが四月二十日、その三日後には彦根の井伊直弼が大老となり、堀田等の上に立つこととなった。

幕府は、四月二十五日、御三家はじめ諸大名を登城させ、通商条約への取り組みについて、これまでの経緯を説明し、今後の対応は、勅答に従って御三家以下（水戸藩は藩主と斉昭）諸大名に個々に意見書を出させると伝えた。

安政五年（一八五八）四月二十五日付と思われる寅直宛書簡には、

今日、二十五日は総登城になった。登城に先立って、尾張藩主へ、条約案は動かしがたいので、反対しないように、もし反対したら厳重な仰せ付けがある、と堀田から聞かされたとのこと。他の大名へは留守居を呼び寄せて、条約案のとおりにならなければ、国家の大患《たいかん》になると聞かされたとのこと。

このような次第につき、（意見書を書くときは、）貴兄が持前の御意見（攘夷を指す）を述べても、格別のお咎《とが》めは無かろうが、何にせよ工夫して書かれた方が良い。

（老中）松平忠固が、勅答等を所持する者は召し捕えて、その出所を吟味するよう町奉行へ達《たっし》したと聞くので、御家来など気を付けられるように。（斉昭は、とくに大久保要のことが心配だったと思われる）

（通商条約の締結に対し）三家・三卿・御家門・御譜代は、将軍家の御連《つ》れであるから承服するが、外様などの中には、反対する者もいるのではないかと心配している。（『義公・烈公書翰集』）


とある。

斉昭は、寅直に、反対意見は書くなと言い、また、大久保要が捕えられたりすることの無いように気をつけろと言っているが、ここで、もっとも大事なことは、三家である自分は、将軍家の連れであるから、幕府の意向に逆《さか》らうことはない、と表明していることである。

なお、右の書簡の後、間を置かずに、次の【書簡番号十六・十七】を寅直宛に書いている。恐らく、総登城となった城の様子、寅直の採るべき対応など、早急に知らせたかったのであろう。

【書簡番号十六】も、右の書簡と同じ日のものと思われるが、

安政五年（一八五八）四月二十五日、登城した面々（幕府が、これまでの経緯を説明するために総登城させた大名達）へ、席々で懸《かか》りの役人から、噺《はなし》の書き付けが配られた。溜詰《たまり》めへは土岐丹波守、大廊下の面々へは川路左衛門尉、大広間席へは井上信濃守、ご譜代外様衆へは岩瀬肥後守が担当した。

昨二十四日、（堀田）備中守宅へ使節（ハリス）を呼び寄せて順を追って交渉に及んだ。条約（締結）を今直ぐに取り計らうことはできず、かねて申し聞かせていたとおり、人心の折り合いがつかない等があり、京では天皇も深くお悩みになられていること等を堀田が詳しく話して説得した。

（ハリスは）そのようなことは、世界中のどの国を見ても、歴史書にも何処《どこ》にもない。双方が交渉して決めたものを、国内の人心の折り合い等の理由で差し止めることなど、萬国では決してない話だ。江戸の政府が調印できないなら、権限のある所へ行って交渉する。

このようなことが、西洋の他の国に知れ渡ったら、この後、条約を結ぶときは、必ず、江戸ではなく、直々《じきじき》に京都へ行くが、それでは、江戸政府も困るだろうと、見抜いている。

と書いている。

【書簡番号十七】は、その翌日四月二十六日付のものと思われるが、

ハスが、たとえおどしにしても、大坂へ乗り込み、京へ来るなど言ったら、御打払い又は打殺しにせねばならない。その時はアメリカに勝てても、当節のことなので、将軍家からどんな仰せがあるか分からない。

官吏を置く件、直易《ちょくえき》（幕府が嚙まない民間同士の取引）の件、キリシタン寺を立てる件だけでも食い止めたいのは山々《やまやま》で、これらが決まってしまうと、（夷狄は）直ぐに内地の人々を手なずけ、終《つい》には日本を奪うこと眼前になろう。

そこで、目を覚まして止めようとすると戦になる。戦の下知《げち》が行き届いても、内地の人を数多く殺すことになる。こうしたことを登城して直に申し上げたいが、上（将軍）がご承知のとおり故、登城しても申し上げるあてもなく、堀田などに申しても、腹が拙者などとは表裏なので、かえって暴論などと言われ、ただ厳重に仰せ付けられるだけであろう。

ただ今では仕方ないことだが、貴兄が持ち前の意見を言っても、用いられることは無くとも、厳重な咎めを受けるようなことはあるまいが、天下のご正論などは決して言わない方が良い。

勅答が回ってきたら、早速に（意見を）書いてお出しになる方が良いと思う。ともかく、この度はこれで決まるだろうと察している。

万々一、御所が外様の大国の大名などへ、御所から云々《うんぬん》等と言っていかねば良いが、と大いに心配している。

今のうちに、（アメリカを）打払えば、大名も、もろもろの人も、征夷大将軍の下知であれば、日本が一つになって、防御に当たるだろう。たとえ島々くらいは取られても、元の木さえ枯れなければ、島々は追って取り返すこともできる。却《かえ》って内地の治《おさ》まりは良くなるが、今それを言うと、戦争好きの暴論と言うことになる。何でもアメリカの言う通りにせねば、日本のためにならないとなるので、貴兄など上書するときは、お考えになるままに、公辺（幕府）へ当たることのないよう、しかるべく工夫して書かれた方が良い。

斉昭が、四月二十五〜二十六日に続けて書いたと思われる203頁の書状および【書簡番号十六・十七】では、通商条約締結問題について、「朝廷と外様が手を組むのではないかと気になるが、自分（斉昭）は御三家の立場上、幕府の意向に反対もできない。貴方（寅直）も睨《にら》まれないように、幕府の意向に添《そ》って早々に回答した方が良い」と助言している。このように、斉昭が幕府の意向を容認するようになったのも、慶喜を将軍継嗣にしたいという魂胆《こんたん》があってのことと受け取れる。

斉昭が朝廷に、「幕府にとってよんどころなきときは、少々は天皇のお考えをお曲げいただかねばならない」との意向を示したのも、今回の寅直への助言も、幕府の通商へ向かう態勢を、今となっては覆《くつがえ》し難《がた》く、こうした状況下で慶喜を将軍継嗣にするには、現在の幕府体制を維持する中で、松平慶永に支援活動を継続してもらうことが、一番の早道と考えたと思われる。

井伊大老の登場と、斉昭の大老への不安

前述の四月二十五〜二十六日に書いた三通は、寅直に城内での事を伝えるのに一生懸命だったのか、四月二十三日に就任した井伊大老については触れていない。

斉昭は四月二十六日の松平慶永宛書簡で堀田と井伊について、

　堀田は井伊を大老にして、仮条約を定めた上は、海防の方は井伊へゆずり、自分は御勝手を持つといった話も聞いている。ただし、虚実のほどは分からないが。いずれにしても

右の通り（著者注　京への条約の勅許を貰いに行って騒がせたこと。さらにこの書簡前半では、堀田が尾張藩を初め、個々に条約に反対するなと説得しているが、これが京地に聞こえたら、ますます公辺のためにならないと書いているので、これらを含めての話と思われる）御所を騒がせただけでも、そのまま職に居ることは如何なものかという世評もある。（中略）

井伊は大法華で法華の外は何宗もきらいとのこと、型にはまるのだろうか。尤《もっと》も公益は好むそうだ。当井伊は一度法華坊になり、家に戻ったよし。いずれも、ついで任せて申し上げました。（『昨夢紀事 第三』）

と書いている。

井伊は、仏教に傾倒していたが、関わったのも禅宗と真宗のみで、出家もしていない。井伊大老誕生当初は、井伊への関心が薄かったのだろうか。しかし、次の翌五月五日の寅直宛書簡では、井伊については一転して、警戒心を募《つの》らせ、

堀田が京へ行っている留守中に調《ととの》ったとみえ、江戸へ戻って間もなく大老（井伊直弼）ができた。これが大変な交易好みで、全く愚物との評判で困ったものだ。

林復斎は、面倒なので、京の勅許など取らずに条約を調印したらよいと言っている。こ

れには、堀田や岩瀬が、『大義を失うことになる』と反対している。万々一、堀田や岩瀬が免ぜられ、大老井伊直弼や老中松平忠固らの勝手にされたら、朝廷は踏みつけられてしまうだろう。

幕府は、御所の尻を押すものに、間者《かんじゃ》を入れて色々探索している様子につき、とても心配だ。

万一、御所が幕府による警護に見切りをつけて、他の大大名へ仰せ付けたりしないか心配だ。そうなれば、祖先が苦労して築いた徳川の天下も一戦も交えることなく亡びるだろう。林復斎などは、諸浪人を厳しく取り締まるが良いと常々言っているので、有志のいるお家では、御忠節の者を出歩かせない方が良い。堀田や岩瀬はそんなことはさせないと思うが、万一、堀田らが打落とされたら、その後どうなるか甚だ心配だ。（『義公・烈公書簡集』）

とある。

この書簡が、寅直宛に出した書簡の最後と思われる。

このあと、斉昭が懸念していた通り、堀田と岩瀬が政権から外され、政治は井伊大老の思うままに行われていく。

朝廷が幕府に求めた再評議に対する斉昭の意見書

ところで、朝廷から、幕府に、纏《まと》めるよう求められた御三家以下諸大名の条約締結に関する意見書であるが、斉昭の意見書について触れておきたい。

斉昭は、五月三日に提出したが、そこには『全国の武備を速《すみ》やかに修めねばならない』等と書いて、肝心の交易の是非については触れていなかった。そのため修正を求められたので、六月九日に「廟算伺書《びょうさんうかがいしょ》（これは何千文字にも及ぶ、十四条からなる膨大な質問状）」なるものを再提出した。そこには、「幕府の趣旨と違うのであれば謝すが、皇国のため、徳川家のため大いに憂えることあり、これを別記十四条にまとめた。これについて、すでに解決の目途《めど》が立っているのであれば、私（斉昭）の意見は、卿ら（閣老）に書いていただいても良い」とあった。これを見た幕老らは、目を合わせて黙然とし、答えることを知らず。井伊大老は、「水戸の隠居、また多言せり」と言って、この書に答えることはなかった。

（『賜勅始末』、『水戸藩史料 上編坤』）

そうこうしているうちに、十日後の六月十九日の違勅調印を迎える。（次項に記述）

なぜ、斉昭が、寅直には、幕府の要請に速《すみ》やかに応えることを勧めながら、自分は分かりにくい文書を書いて、要請にまともに応えなかったのだろうか。簡単である。斉昭は、御三家という立場上から条約に反対もできず、そうかといって、即座に条約締結に賛意を示すことも面白くない。ましてや、相手は将軍継嗣問題で優位な立場にあり、以前から大嫌いな井伊直弼である。さぞや不快であったろう。

三　日米修好通商条約の違勅調印

安政五年（一八五八）五月六日、幕府は、京から戻った堀田とハリスの間で合意した「調印の期限（七月二十七日）が来たら如何なる事情があろうとも調印する」旨の誓約書をハリスに与え、ハリスは下田へ戻った。これで、調印は時間の問題となった。幕府は、それまでに、勅答にそって、意見を集め、天皇の勅許を得るつもりであった。

六月一日、三家・三卿及び溜間詰の諸侯に、自分の継嗣は、紀伊侯慶福《よしとみ》とする旨の将軍家定の内命が伝えられた。慶喜を推す一橋派は敗北した。（将軍のこの意向は、五月朔日には大老と老中一同にすでに伝えられていた）

一方、下田で、七月二十七日の調印期限を待っていたハリスにとって、六月十三日にアメリカ汽船ミシシッピー号が下田に入港したことは、まさに「渡りに船」となって、状況を一変させた。

ミシシッピー号は、「清国を制圧したイギリスとフランスの大艦隊が、日本に向かっている」との情報をハリスにもたらしたのである。ハリスは、この情報を最大限に活かそうと考え、その翌日、日本に危険が迫っているとの情報を堀田に知らせ、折から来航した軍艦ポーハタン号に乗って、小柴沖に至り、堀田に幕府高官の来艦を求めた。

幕府は、この情報に接し、通商条約日本側全権の井上清直・岩瀬忠震の二人をポーハタン号に差し向けた。ハリスは、「日本は、アメリカとの間で、英仏より先に公正な条約を結び、英仏など諸大国は、これに倣《なら》わせた方が良い。自分が諸大国との間に入って調停にあたる」との書簡を二人に託した。急ぎ戻った二人が加わった幕議で、井伊大老は、「朝廷の手前、回答を引き延ばすように」と、調印に難色を示したが、二人が、「どうしても止むを得ない場合は、どうするのか」と迫ると、「その場合は、是非に及ばぬ」と言ったという。

開国派の二人が、調印（六月十九日）を済ませたことは言うまでもないが、これが、先の天皇の勅答を無視した違勅調印となって、天皇の怒りを買うと共に、斉昭らにとっては、これを井伊の落ち度として追及すれば、継嗣問題を覆《くつがえ》すことができるかもしれないという恰好《かっこう》の攻撃材料になった。

斉昭の不時登城

条約調印から五日後の六月二十四日、斉昭は、尾張藩主徳川慶勝《よしかつ》、倅の慶篤とともに登城した。目的は、違勅調印をした井伊大老を責め、それを理由に、慶福の継嗣発表を延期させ、慶喜を継嗣にする道を開くことであった。

しかし、ことは思い通りに運ばなかった。

斉昭はこの日登城したのが午前九時ごろだったが、大老以下老中らは多忙を理由に姿を現さず、正午になっても食事を出さない。それは大老が不時登城だから、さぞ弁当の用意があるだろうから、それには及ばぬという指図によったものだという。ようやく大老らが斉昭の前に姿を現したのは、午後三時頃だったという。（中略）

その模様を伝える二・三の史料によると、この面談は天下分け目の議論になろうと、取りざたされたらしいが、一時間程度で終わってしまい、二人の対決は、期待はずれだったらしい。

斉昭は違勅の罪を責め、将軍跡継ぎの発表を延期すべき理由や、松平慶永を大老に任命すべきことを大声でどなるように述べたという。しかしそれらはすべて、条理整然と落ち着き払った大老の答えに終始圧倒されたらしい。（『新装 水戸の斉昭』）

翌六月二十五日、御三家以下諸大名の総登城が命ぜられ、将軍継嗣決定が発表された。
また、七月五日には、先の斉昭らの登城が不時登城（定められた日以外の登城）であったことが問題視されて、斉昭は駒込藩邸での急度慎み（自邸の一室に閉じこもる厳しい謹慎）が命ぜられ、書信のやり取りも禁じられた。慶勝には隠居・急度慎みが、慶篤には登城停止が、それぞれ言い渡された。また、当日、斉昭らを援護しようと登城していた松平慶永も隠居・急度慎みが命ぜられた。その翌日、将軍家定が没した。享年三十五歳。

大老は、斉昭と慶篤を処分したが、この後、斉昭が京都手入れ（朝廷に訴え、斉昭に有利な勅諚をださせること）を行うのではないかと怖れた。そのため、斉昭の行動や藩政を監視下に置くこととし、水戸藩政に通じている、同じ溜間《たまりのま》詰めの高松藩主松平頼胤《よりたね》と謀《はか》ることとなった。頼胤は、かつて門閥派（結城派）の肩を持ち、斉昭親子を悩ませた人物であることは、第一・三章で触れたとおりである。彼は、直弼が大老になる直前に、世つぎの頼聡《よりとし》に、大老の次女を娶《めと》らせて、より一層、大老との関係を強固にしていた。

七月十一日、幕府は、水戸にいた門閥派の家老鈴木石見守と太田丹波守を江戸で藩政にあたらせるようにした。これは、かつて、結城寅寿・谷田部兄弟の処刑と、その配下の主だったものが処分されて、藩政から完全に排除されていた門閥派が、幕府を後ろ盾に復活することを意味した。

また、七月二十八日には、斉昭の謹慎を監視するため、水戸徳川家の三支藩（高松藩・守山・常陸府中藩）、尾州藩、紀州藩の家来を駒込邸に詰めさせた他、幕府の大目付・目付にも時々邸内を巡回させた。

四　戊午《ぼご》の密勅《みっちょく》

斉昭に期待した朝廷

安政五年（一八五八）八月八日、水戸藩京都留守居役鵜飼吉左衛門は、武家伝奏の万里小路正房《までのこうじまさふさ》から私邸に召し出され、勅諚《ちょくじょう》（天皇の命令）を授《さず》けられた。

江戸時代、朝廷は政治に関わることはなく、また、幕府を通さずに諸藩とやり取りすることは禁じられていた。今回は、そのルールが無視された。そのうえ、九条関白が不参のまま朝議を決しており、正規の手続きを踏んでいないため、私邸で授けられたのである。これらの理由で、密勅（安政五年は戊午にあたるので戊午の密勅）と呼ばれる。左記はその大意である。

「先日の勅答（三月に堀田に与えられたもの）で、衆議せよ、と命じた甲斐もなく、幕府は重大な条約を調印してしまってから朝廷に言上した。これは勅答に背いた軽率な行いである。このようでは蛮夷のこともだが、差し向き国内の融和が心配だ。そして水戸、尾張両家は謹慎と聞く。彼らの罪状は知らないが、こんな風だと人心の一致も覚束ない。内憂外患あるこの時、大老、老中、三家、三卿、家門、列藩、外様、譜代とも一同評議して、誠忠の心を以《もっ》て、国内治平、公武合体に尽力し、長く徳川家を扶助し、中を整え外夷の侮《あなど》りを受けないよう、商議せよ」というものであった。（『幕末の魁、維新の殿―徳川斉昭の攘夷』）

また、水戸藩に下されたものと同文の勅諚が、二日遅れて十日に幕府に下されたが、水戸藩への密勅には、「同列（尾張と紀伊）の方々、三卿・家門の衆以上、隠居に至るまで、列藩一同にも、御趣意相心得るよう、向き向へ伝達あるべし」という添書《そえしょ》が付いていた。

文面には、「徳川家を扶助せよ」とあるが、これは、勅書を下した水戸藩と共に、諸藩が幕政に関与するように、と言った趣旨にも受け取れる。また、水戸藩から諸藩に伝達せよということは、水戸藩が先頭に立って、ということを意味する。大老井伊直弼にとっては、はらわたが煮えくり返る思いであったことが容易に想像できる。

もともと、この勅諚は、幕府が通商条約を天皇に無断で調印したため、ないがしろにされた天皇が、怒って譲位すると言い始めた。これを宥《なだ》めるため、天皇を取り巻く三公（左右内大臣）ら廷臣達の苦心の策であったのだが、その裏には、梅田雲浜《うんぴん》・梁川星巌《やながわせいがん》・頼三樹三郎《らいみきさぶろう》ら尊攘志士が、廷臣達に、こうした勅諚を下すよう働きかけて実現したものであった。

これら尊攘志士のなかには、日下部伊三治《くさかべいそうじ》という元水戸藩士が入っていた。

日下部は、父親が元薩摩藩士であったことから、三年前に薩摩藩江戸藩邸に召し抱えられるようになった。彼は、当初、旧知の公家を頼って、不時登城で受けた斉昭らの謹慎を解く勅命を出してもらうことを考えて上京したが、現実には難しかった。

その頃、京の尊攘志士の間には、「島津斉彬が、三千の精兵を連れて上京し、勅命を得て井伊大老に辞職を迫る」という話が流れていた。ところが、その島津斉彬が、七月十六日に、病で急死したため、志士たちは大きく落胆した。このとき、志士の中に、江戸の事情を問う者がおり、日下部が、『水戸藩の気勢高く、大事を成すことができる』と言ったことから、勅諚を水戸藩に下し、水戸藩の主導で幕政改革を断行するのが良いという話になった。これが発端となって、志士たちが手分けをして三公らに働きかけ、先の密勅となったのである。(『水戸市史』中巻四、『幕末の魁、維新の殿―徳川斉昭の攘夷』、『賜勅始末』)

斉昭の心「今は、打払いの時にあらず」

斉昭は、日米通商条約をめぐって、幕府と朝廷が諍《いさか》いを起こさないように、場合によっては、天皇のお気持ち（攘夷）を少々お譲りいただかねばならないことを、家臣から朝廷に伝えるように指示した。また、自ら鷹司太閤宛に正月二十一日付書簡で「今は打払いの時ではない」と書いた（190頁参照）。

こうした斉昭の心を、密勅に関わった尊攘志士達は知るよしもない。

また朝廷にとっても、「今は打払いの時ではない」と斉昭の働きかけを受けたものの、斉昭のこうした思いを読み取ることはなく、斉昭は、依然として攘夷の大親分であった。

密勅を授かった斉昭

密勅を授《さず》かった水戸藩内の動きに目を転じよう。

八月八日早朝、留守居役鵜飼吉左衛門に授けられた勅諚（密勅）は、即刻倅《せがれ》幸吉の手によって八月十六日深夜に小石川藩邸に届けられた。慶篤が駒込邸に謹慎中の斉昭の意向を確認したうえで受領したのが翌十七日である。

まさに、天から降ってきた天皇の言葉である。威儀を正して拝領したものの、藩では、斉昭・慶篤をはじめ、この年七月に家老を拝命した安島帯刀、奥右筆頭取の茅根《ちのね》伊予之介ら誰もが寝耳に水であり、この勅諚を前にして、誰もが困惑するばかりであった。

そうかといって、勅命をそのままにしておくわけにもいかず、十八日は、七月六日に亡くなった将軍家定葬送の日だったので、十九日に、これを尾州・紀州両家と田安、一橋の両卿に回達し、そのあと、幕府に勅諚を受領した旨を申し出た。幕府は、列藩への回達を禁じた。

天皇とその廷臣、鵜飼吉左衛門や幸吉、日下部伊三治、さらには、この勅諚降下に力を尽した志士達にとって、彼らが頼みとし、また、全国の同志を糾合《きゅうごう》してくれるはずの斉昭が、ただ困惑するだけでは、勝負は早くも負けたのである。

かつて斉昭は、安政のある年、年始に来た慶喜に、

これは公《おおやけ》に言い出すべきことではないが心得のために言って聞かせる。我らは三家三卿の一として幕府を輔翼《ほよく》すべきはもちろんであるが、もし一朝、事が起こって朝廷と幕府とが敵対するようなことがあれば、我らはたとえ幕府には叛《そむ》くとも朝廷に対して弓を引いてはならぬ。これは、義公（光圀）以来の家訓、ゆめゆめわすれる勿《なか》れ。（『幕末の魁、維新の殿—徳川斉昭の攘夷』）

と諭《さと》している。

このように、朝廷を畏《かしこ》み、全国の志士から尊王攘夷の総本山として崇《あが》められた。このような斉昭であったが、朝廷と幕府との対立が現実となろうとしている今、如何《いか》に天皇の命令であっても、幕府に対抗する気はなかった。ましてや斉昭自身、もはや開国はやむを得ないという認識でもあった。

「通商条約締結は再評議せよ」という勅答を、堀田が持ち帰って来たとき、斉昭は、「万々一、御所が外様の大国の大名などへ云々《うんぬん》など言っていかねば良いが、と大いに心配している」（**【書簡番号十七】**）と書いた。

今回、その御所は、外様大国ではなく、自分（斉昭）のところへ言ってきたのである。そのうえ密勅は、外様の大国など諸藩へ回すことと、水戸藩が率先して徳川家を扶助することを求めている。さぞや斉昭も呆然《ぼうぜん》としたであろう。

斉昭は動かない。志士達は、二階へ上がって、梯子《はしご》を外《はず》されたのと似たようなものである。彼らを待っていたのは、陰謀を企てたものとしての処罰であった。

勝海舟が、明治になって書いた『氷川清話』のなかで、斉昭を評して、「天下の安危《あんき》に関する仕事をやった人でなくては、そんなに後世に知られるものではない。ちょっと芝居をやったくらいでは天下に名はあがらないさ」と言っているが、その芝居とは、いつまでも尊王攘夷の総本山を装《よそお》ったことを指すのであろうか。

安政の大獄へ

井伊大老は、水府（水戸）陰謀説（196～197頁参照）に立って、密勅を唆《そそのか》した首謀者は、朝廷に事情を報じていた斉昭に違いないと断定した。

大老は、通商条約の締結や将軍継嗣を巡《めぐ》って沸き起こった反幕府運動を、強権をもって抑え込み、幕府の権威回復を目指した。これが安政の大獄である。

戊午の密勅が、鵜飼吉左衛門に手渡された八月八日から一か月後の九月七日、尊攘の志士梅田雲浜が逮捕された。安政の大獄の始まりである。

日下部伊三治も九月十八日に江戸で逮捕され、厳しい拷問を受けたという。責め手は、斉昭をこれら陰謀の主と白状させたかったのであろう。日下部は、後に判決を待たずに獄死した。

なお、同じ十八日、鵜飼吉左衛門と、密勅を江戸の藩邸へ届けた息子の幸吉が京の町奉行所に拘引《こういん》された。

第一次小金屯集

藩としては、勅諚をそのままにしておくわけにもいかず、勅諚にある通り、これを列藩に回達しようにも、幕府に禁じられた。幕府にしてみれば、勅諚は、天皇が、幕府の失政を責めているのである。回達させるわけにはいかない。そのため幕府は、藩執行部を、幕府の言いなりに動く体制にせねばならなかった。

安政五年（一八五八）八月三十日、幕府は、命令で、斉昭派の執政岡田信濃守徳至《のりよし》・大場弥右衛門・武田正生を隠居させ、安島帯刀・尾崎豊後《ぶんご》を表家老（軍事を扱うが、昨今では名誉的なもので実務はなかった）へ左遷させた。

また、幕府は、七月二十八日に命じた駒込邸の監視について、尾州藩・紀州藩の家来を監視役から外したが、三支藩の藩主には、しばしば駒込邸に出入りして監視にあたるよう命じた。

かねてから、こうした幕府の圧政を根に持っていた藩の士民は激昂《げきこう》し、勅諚遵奉《じゅんぽう》を唱え、直接幕府に訴えようと、九月五日ごろから、江戸を目指して南上するものが相次いだ。この気配を察した藩は、これら士民を小金駅（水戸街道の松戸と柏の中間付近）に抑留《よくりゅう》した。

幕府の関東取締出役の報告では、九月十三日段階で、小金付近に屯《たむろ》する士民は、およそ千名にものぼったという。

小宮山南梁《なんりょう》の記録（21～22頁で紹介した小宮山楓軒《ふうけん》の孫にあたる小宮山南梁の日記）『南梁年録』によれば、
三〇〇人程にも上った小金屯集者に日々賄《まかない》が下されていたこと（九月一八日条）、出府する者に対して衣服その他入り用品が供給されていたこと（九月二二日条）、また「在方之者前々出府之者と替合《かわりあい》壱ケ村五人ずつ程小金迄越されるようになったよし」と農民で滞留が長引いている者は交替し、一ケ村に五人ずつほど小金へ差し向けよとの達も出されていた（九月二十五日条）。（大庭邦彦著「安政の大獄をめぐる政局と水戸藩―戊午の密勅降下と小金屯集を中心に―」『聖徳大学言語文化研究所論叢《ろんそう》』）

これが、第一次小金屯集と呼ばれるものであるが、九月末には、慶篤や斉昭の諭書《さとしがき》に応じてこの時は収束した。

第二次小金屯集

安政の大獄で、安政六年（一八五九）四月二十四日に、家老安島帯刀・奥右筆頭取茅根伊代之介・勘定奉行鮎沢伊太夫らが評定所出頭を命ぜられると、これがきっかけとなって、五月には、国元で再び南上が勢いづき、二千人とも三千人とも言われる大集団が、小金に屯集するようになった。これが第二次小金屯集である。

今回の南上は、神官斎藤一徳ら六十余名によって口火が切られたが、その建議には、

『①家老の拘留は、水戸家一家に止まらず三家の「御瑕瑾《ごかきん》」であり、三家全体の「御威

光」に関わることであり認められない。②老中間部詮勝《まなべあきかつ》が東帰後もなお水戸家に挨拶もないのは「不審千万」で、このことは水戸家に下された勅諚の主旨を空文化するものである。③そのために「南上」して、安島帯刀の身柄の解放を求めるとともに、④今こそ「勅諚御廻達」（戊午の密勅の趣旨）を実現したい、と「南上」に至った止むに止まれぬ窮状が記されている。（「安政の大獄をめぐる政局と水戸藩―戊午の密勅降下と小金屯集を中心に―」『聖徳大学言語文化研究所論叢』）

とある。

五月二十日頃、小金駅に屯集していた人数は、農民・神官・僧侶ら二千百余名は確実であるが、これに町人を加えれば、五月末には二千五百から三千人に達していたと思われ、ほかに藩下屋敷の小梅邸に集まった藩士もいる。（『水戸市史 中巻四』）

かつて、斉昭が弘化元年に処分を受けた際、農民らによる雪冤《せつえん》運動が盛り上がり、この裏には、改革派による動員があったと思われる、と書いた。（75頁参照）

この度の第一次・二次小金屯集は、その延長線上にあって、勅諚の回達を主張する改革派の奥右筆頭取高橋多一郎や郡奉行金子孫二郎らが、幕府に対抗して、組織的に動員したものであることが、『南梁年録』からも読み取れる。左記は安政六年六月十一日条で、

江戸御書院番頭 興津所左衛門が、藩主の命で小金へ行き、「重き上意であるから、一同穏便に引き取るように」と伝達した。それを受けて、総勢引き取る支度をしていたところ、高橋多一郎と金子孫二郎がやって来て、「この節、大切な場合につき、暫《しばら》くそのままでいるように」と聞かされたので又々逗留することとなった。（「安政の大獄をめぐる政局と水戸藩―戊午の密勅降下と小金屯集を中心に―」『聖徳大学言語文化研所論叢』）

とある。

こうした高橋多一郎や金子孫二郎が、屯集を陰で操《あやつ》っていることに対して、藩内で批判が高まり、会澤正志斎《せいしさい》らは、屢々《しばしば》意見書を藩主に提出して、高橋多一郎や金子孫二郎の行動を非難し、これを処置しなければ、士民の騒動は収まらないことを陳述した。

斉昭も、以前、自身が失脚し、義民の雪冤運動が盛り上がったときは、義民らを宥《なだ》めつつも、一方では、彼らを好ましい存在と見ているように思われたが、今回の屯集に対しては、幕府の手前、藩を窮地に追い込む迷惑な存在としか映《うつ》らなかった。

尊攘派の役方の一部が、退散させるべき屯集者に大金を与えていることを知った斉昭は、「八月二日、金孫（金子孫二郎）を呼び寄せられて、御直にご譴責」を加えることがあった。

これに対し金子は「此方より存分申し上げ兼ねる仕懸《しかかり》なり。はなはだヒドキコトなりと御恨《うら》みするよし」（『水戸市史 中巻四』）

孫二郎にしてみれば、こうした屯集は、幕府に対する抵抗であり、我々は、斉昭の御心に沿って活動しているのに、という思いであったのだろう。

安政の大獄の判決

安政六年（一八五九）八月二十七日に判決が伝えられた。斉昭を国元において永蟄居、藩主慶篤を差控（自宅に籠《こも》って謹慎）、安島は切腹、茅根・鵜飼吉左衛門は死罪、鵜飼幸吉は獄門、そのほか遠島・押込・謹慎など十数名が罪に問われた。これは、もちろんのことであるが、他の藩に対する処断と較べても、もっとも過酷なものであった。

国元で永蟄居となった斉昭の判決理由は、

水戸前中納言殿が、国家のためになることを、いろいろ仰せ立てられることは当然のことであるが、御意見が用いられなかったと言って、ご家来の者をもって、望みの筋をいろいろ京都へ仰せ立てられ、これに加えて、御養君のことについては軽き者共が堂上方を取り繕う始末であった。関東は御暴政であると言い、人心を惑乱させ、讒奏《ざんそう》がましいことにより、ついに重き勅諚を軽輩の手に取り扱わせ、かつ綸旨を懇願等に及び、公武の御確執国家の大事を醸《かも》したことは、容易ならないことである。たとえ御家来の者が、御心を察し、私的に周旋したとはいっても、元はと言えば、御心得が良くないことからこのような次第に至り、公儀に対し後ろ暗い御処置である。

よって、きつく仰せ付けられるべきところ、この度、重き御法会も済ませたので、格別の思し召しをもって、水戸表へ永蟄居を仰せ出された。（『水戸藩史料 上編坤』）

というものであった。

斉昭は、判決に従い、水戸へ向けて九月朔日《ついたち》江戸を出立した。

第二次小金屯集の収束

幕府は、これまで再三にわたって、屯集の退去を命じてきたが、安政六年（一八五九）九月二十一日、幕府から藩に対し、三日間を期して下総国小金駅に残留する士民を退散させよ、さもなければ、直接手を下して逮捕する、もちろん今後とも江戸登りは厳禁する旨の達《たつし》があった。

しかし、この頃には、屯集は、首謀者である高橋多一郎・金子孫二郎らが藩内でも批判を浴び、藩がかぶっていた滞在費用の供給も先細りになったと思われ、すでに大部分が帰国していた。九月二十四日、藩は小金勢退散を幕府に報告した。（『水戸藩史料 上編坤』）

改革派の分裂、激派と鎮派へ

一年前の安政五年（一八五八）八月十六日の深夜、江戸藩邸に届いた密勅は、これまで見て来たように、安政の大獄を引き起こし、幕府は、水戸藩に対する圧力を強めた。これに対し、藩では、改革派の高橋多一郎・金子孫二郎らが農民らを屯集させて対抗するが、これがまた幕府の怒りを買うという状態で、藩内はますます混乱に陥っていった。

密勅の内容は、前述（216頁参照）したごとく、天皇が幕府の失政を責めているもので、幕府は一刻も早く回収せねばならない。一方、自分達は尊王攘夷の本家であると自覚している藩内の過激な尊攘志士にとっては、勅諚は、自分たちの行動を正当化する証《あかし》であり、簡単に手放すわけにはいかなかった。そのため、これから先、幕府と過激な藩士を抑《おさ》えきれない藩との間で、この勅諚をめぐって、「幕府へ渡せ」「渡さない」の厳しい鬩《せめ》ぎあいが行われることになるが、藩内では、勅諚を列藩へ回達する、しないで大揉《も》めに揉めた。

第二章の藩内抗争で見たように、斉昭が藩主就任以来、藩は、門閥派（結城派）と改革派の抗争が絶えなかったが、結城寅寿と谷田部兄弟の処刑で、門閥派は、ほとんど逼塞《ひっそく》状態となり、以後改革派が藩政を取り仕切っていた。

その改革派が、安政六年五月、勅諚を列藩へ回達する、しないを廻《めぐ》って二派に分裂したのである。

鎮《ちん》派と激《げき》派である。鎮派の代表格は、会澤正志斎で、彼は水戸学の経典とも言われる『新論』を著し、当時七十七歳という高齢であったが、藩士達に、時世にあった対外認識を求め、軽はずみな行動は、かえって幕府の弾圧を招くと説いた。

激派の代表格は、武田正生《まさなり》であるが、活動をリードしたのは、金子孫二郎・高橋多一郎らの行動家で、後の桜田門外の変の首謀者達である。彼らは、勅諚（密勅）を守り、その主旨である回達を主張し、小金や八幡に士民を動員して、藩に対する幕府の圧政に対抗したことは、すでに見てきた通りである。

斉昭は永蟄居を命ぜられて、安政六年九月に国元へ戻った後、藩の要路有司への諭達で、

「なんでも激論を申せばよしと心得、自分や慶篤・家老共の言い分を聞かず、奥右筆くらいの強硬論を良しとして、又々出府など絶対にするなと士民に釘を刺しておけ」と命ずることも忘れなかった。

斉昭は又九月のある日にも、小姓頭・小姓等列座の中へ出て、「君命よりも高橋・金子

の意見に従って行動するのは止めるように」と半時ばかり叱りつけたので「同人大いに色を失い、恐れ入ったよし」（『水戸市史 中巻四』）

斉昭は、幕府とせめぎ合う金子・高橋の過激な行動を嫌ったのである。

藩は、十月九日、藩士民を動揺させた罪を責め、金子孫二郎に逼塞《ひっそく》（門を閉ざし、白昼の出入りを許さない）、高橋多一郎に遠慮（自宅に籠《こも》る）を命じ、二人を国元へ帰した。

更に十一月十二日には、幕府の内命に基づき、金子孫二郎・高橋多一郎らが蟄居を命ぜられたほか、激派の多くが処罰された。

勅諚（密勅）の返納を迫る幕府

安政六年（一八五九）十二月十五日、慶篤が登城したとき、井伊直弼と水戸藩政取締に任じられていた安藤対馬守は、「前年八月の水戸藩へ下した勅諚（密勅）は、朝廷の間違いだったから戻すように」という朝廷の命令があったことを伝え、藩に対し、「三日以内の提出」を命じ、「これに違背《いはい》すれば、違勅の罪で処分されよう」と脅《おど》した。このとき勅諚は、斉昭の密命を受けた元家老の大場一真斎の手で、十月五日、密かに水戸城内の祖廟《そびょう》（先祖のみたまや）に納められていたので、幕府は目的を果たすことができなかった。

慶篤からの報告で、水戸では、十二月二十日、勅諚返却の是非について、斉昭を中心に大評議が開かれたが、この時、幕府の干渉で、激派の主だったものは既に退けられていたので、その場にいなかったこともあって、藩議は二十四日になって、勅諚を直接朝廷に返納することに決まった。

勅諚返納の噂が広がると、水戸の激派は、「朝命とはいえ、これは幕府の悪だくみから出たものであり、断じて返納反対」で沸き返った。吉成恒次郎《つねじろう》ら百余人は、長岡駅（水戸城から一〇キロ南の水戸街道の宿場）に屯《たむろ》して、返納を力ずくでも阻止せんとした。その勢力は、たちまち数百人に膨《ふく》れ上がった。昨年九月と今年五月の小金屯集に続く三度目の示威行動である。彼ら若者の後ろには、高橋多一郎・住谷寅之助など激派の中心人物がいた。そして、これから約二か月の間、彼らは通行の人馬・飛脚をいちいち検問して勅諚が江戸に入らぬよう検査した。

幕府は態度をより硬化させ、藩への風当たりは厳しさを増し、返納に消極的な斉昭も追い詰められていく。

万延元年（一八六〇）正月十五日、老中に昇進した安藤対馬守は、登城した慶篤に、「二十五日を期して勅諚を返納すべし。このようなことでは、水戸のお家もこれまでであろう」と迫った。

国元の藩庁は、藩情の混乱が江戸の予想をはるかに超えていることを理由に、二十五日の返納は不可能であることを申し出ても、江戸の藩庁は、幕府の督促がますます厳しくなっていると、水戸へ急報を繰り返した。

このように、水戸と江戸間のやり取りが、ぐずぐず行われたのも、一つは斉昭の返納に対する姿勢が消極的であったことにもよるが、原因は、幕府に厳しく督促される江戸の藩庁、朝廷への直納こそ筋道とする会澤ら鎮派、返納は朝廷の意思を確かめてからとする武田正生、そして返納絶対反対の激派、これらが入り乱れての混乱によった。

こうした中、いずれにしても、まずは、長岡勢を打払わねば、といった空気が次第に醸成されていった。

二月十四日、鎮派の側用人久木直次郎が、水戸城外で、槍で襲撃され重傷を負った。勅諚返納を主張する久木は、激派にとって、目の上のたんこぶであった。激派によるテロの始まりでもあった。

藩庁は、二月十八日に、長岡勢の主だった者を評定所に召喚《しょうかん》したところ、出頭した者もいたが、高橋多一郎・金子孫二郎・関鉄之介らは出奔《しゅっぽん》して応じなかった。

二月二十二日、斉昭の命により、寺社奉行若年寄代渡辺半介と側用人（前弘道館教授頭取）青山延光《のぶみつ》が、弘道館の学生達（諸生党《しょせいとう》）を率いて長岡に向かったが、長岡屯集勢は、今度は強い相手が来ると言う情報を事前に得て逃げ去った後であった。

二月二十三日、藩庁は勅諚を江戸へ送致することとし、二十五日に出発することとなった。

批判される斉昭

その出発予定の前日、二月二十四日、吟味役斎藤市衛門の弟留次郎が、城中で割腹した。その血で白壁に「尽忠報国《じんちゅうほうこく》」の四文字を大書きしたうえ、斉昭を諌《いさ》めた諌書《かんしょ》を懐中にしていた。左記はその要約。

皇上は深く叡慮を悩まされた挙句《あげく》、藩に勅諚を賜ったのですから、すぐさま諸藩に回達すべきでした。ところがまず公辺に伝達されたので、結局回達を止めさせました。前中納言（斉昭）様も慎みを解かれれば回達なさるお積りでしょうが、そもそも慎みは有司奸悪の者がしたことですから、余りに公辺を尊ばれるのは小義にかかずらって大義を失うものではないでしょうか。『過《あやま》てば改《あらた》むるに憚《はばか》る事勿《なか》れ』と申すように、今すぐ回達するのが東照宮様への孝、天朝への忠でございます。

またそんなことはないと思いますが、もし結局勅諚返納ということにでもなれば、幕府には、ますます奸人が跋扈《ばっこ》して、水戸藩は委縮の態に見え、碑文（弘道館記）や著述などにお著《あらわ》しになった意味合いと、実際になさった御所業とは大いに相違し、これまで御高論をお立てなされたのは畢竟《ひっきょう》単なる口先の虚文で、内実のところは、命にかけても正しい道を行おうとする気組はなかったのだ、などと天下後世の嘲《あざけ》りをお受けなさるようにもなりかねず、臣下たるものは涕泣《ていきゅう》悲嘆《ひたん》の至りであります。要するにここは断然勅諚回達を断行し、天朝のために一戦して果てても悔いはないと思います。（後略）

（『幕末の魁、維新の殿―徳川斉昭の攘夷』）

斉昭は、この諫書をどのような気持ちで読んだのであろうか。もしかしたら、眼を通していないのではないか。これまでも、斉昭のために命を落とし、牢につながれた人は数多《あまた》いた。いずれにしても、斉昭の鼓吹《こすい》した尊王攘夷は、斉昭信奉者を、頑《かたく》なで分別の無い尊王攘夷論者に仕立て上げていたのである。

斎藤留次郎の諫死《かんし》は、藩士たちに大きな衝撃を与えた。藩庁も動揺し、明日に予定されていた返納を、朝廷に直接返納できないかなど老中に掛け合うこととした。

こうして密勅の返納問題が、グズグズしているうち、同年三月三日に、水戸浪士十七名、薩摩藩士一名の計十八名による桜田門外の変が発生し、大老井伊直弼が首を取られた。幕府も勅諚の返納問題に関わっていられなくなった。

そして、桜田門外の変から五か月後の八月十五日、斉昭は水戸城中で亡くなった。享年六十一歳。

（井伊直弼が大老に任じられてから足掛け）三年間に及ぶ二人の激烈な争いのあと、井伊直弼も徳川斉昭も共に死んだ。その争いの中心課題であった「勅諚（密勅）」も斉昭と共に水戸の祖廟に静かに納《おさ》まった。（『幕末の魁、維新の殿―徳川斉昭の攘夷』）

文久三年（一八六二）十二月、幕府は勅諚を公表し、改めて慶篤にこれを奉承させている。（『茨城県幕末史年表』）

第六章　崩れ行く水戸藩

一　「英傑」去りてのち

ふたたび内戦外和の論

第四章一項で、斉昭の内戦外和論を紹介した（142頁参照）。この考え方は、天保九年（一八三八）八月に書き上げ、翌年六月に将軍家慶に差し上げた『水府公献策』にも、次のとおり見られることから、斉昭の持論であったことが窺われる。

弘安年中、蒙古国より使者が来た時、その死者の首を刎《は》ね、諸国へ総触れしたが、これがなければ、安心して退治にかかれなかった。今、異船が来たら打払うことは勿論だが、打払うだけで、後の覚悟が無ければ、必ず最後は大事に至ってしまう。また、内心に夷狄《いてき》を恐れる気持ちがあれば、打ち負かされる考えだけが先に立ち、当座が無事であれば良いと願うようになるので、これでは、（蒙古が攻めてきたときに吹いた）神風を頼むこともできない。とにかく、異船は一切寄せ付けず、普段から、異船のもたらす害を忘れずに、万一の時の備えに万全を期さねばならない。

問題の一つは、右の文中にある、「後の覚悟が無ければ、必ず最後は大事に至ってしまう」の部分である。蒙古が来たときは、神風が吹いたから最悪事態にならないで済んだが、いつも天運を授《さず》かるとは限らない。

もともと、こうした斉昭の考え方（内戦外和の論）を厳しく批判する人もいた。横井小楠《しょうなん》（熊本藩士、思想家、後に福井藩主松平慶永の政治顧問）である。

横井小楠は、もとは攘夷論者で、水戸学を支持し、斉昭の海防参与就任に大いに期待したが、やがて水戸学を批判し、開国論者となり、公武合体派の論客になった。

小楠は、安政二年（一八五五）十一月、立花壱岐《いき》（柳河藩家老。小楠に学ぶ）宛書簡で、

老公（斉昭）は、天下大柱石の御身にもかかわらず、正大明白のところに立脚することなく、却《かえ》って陰険の智術に走っている、実に笑止《しょうし》である。世の所謂《いわゆる》慷慨《こうがい》者（不義・不正を嘆くもの）は、ただ偏《ひとえ》に事を為《な》さんと欲し、無理有理をわきまえずに、ひたすら、その事を成し遂げようとするのは、不見識のみならず、その心は専ら功名にあって、義理正大の

筋を表に押し立てる輩《ともがら》にて、事こそ替わっているが、戦国山師の者どもと同じ輩で、今日においては恐るべきことである。（吉田俊純著『水戸学と明治維新』、山崎正董編『横井小楠遺稿』）

と書いている。つまり、小楠は、斉昭の内戦外和論は術策性に陥っており、それが一般の志士に適用されたら、彼らは、戦国山師と同じになってしまうのではないかと不安視したのである。

改革派から分裂した激派が、過激な行動に走るのを見るとき、この小楠の批評を思い出す。

こうした過激な行動に走らせた斉昭の「持論・やり方」に関する研究者の意見をいくつか紹介しておきたい。

その1　烈公は陰では「開国という言葉は幕府海防内で封印し、外には攘夷と称して武士の意気を高める」と言ったが、外向きの「攘夷」と言う言葉だけを聞いた若者たちは「烈公の意志は攘夷にある」と信じ込んだのである。（『幕末の魁、維新の殿―徳川斉昭の攘夷』）

その2　182頁で触れたが、松平慶永は、斉昭から「私（斉昭）も、とても攘夷など行うことはできないと思う。貴公はお若いから、交易和親の道を開きなさい。私は老年であり、これ迄どおり攘夷で世を渡っていく」と伝えられている。

慶永の述べるところが事実とすれば、時勢の推移から、「攘夷の巨魁」としての引っ込みがつかなくなったとて、なお虚勢を張るとはいかがなものであろうか。天下の尊攘の志士を欺《あざむ》くものといわねばなるまい。（吉田常吉『安政の大獄』）

その3　斉昭に対する意見ではないが、「『尊王』にせよ、『攘夷』にせよ、『公議（公共の問題を公開の場で論ずること）』にせよ、彼らの訴えたスローガンは多分に、隠された出世欲の間接的表現だったように思われる」（『維新史再考―公議・王政から集権・脱身分化へ』）

激派の論理

本郷隆盛氏の論文「幕末水戸藩における〝激派〟の成立過程とその論理―戊午の密勅をめぐる忠誠欲の相剋《そうこく》」（『宮崎教育大学紀要』）を紹介させていただく。少ない字数で誤りなく伝えるのは、難しいところであるが、大胆に要約すると以下のとおりである。

著者は、論文のテーマについて、

桜田門外の変を起こした〝激派〟の成立も、いわゆる「尊王」や「奉勅攘夷」という政治的なスローガンだけから捉えることは不充分であり、本稿は、そのような政治的スローガンの背後にあって彼らを突き動かした真の動機を明らかにすることによって、幕末の政治的激動の中で生死を賭けた武士の意識形態の一端をとらえようとするものである。

と述べたうえで内容に入るが、要約すると次のとおりである。

武士が幕府高官を、政治的動機で襲撃した初めてのケースが、主として水戸浪士による桜田門外の変であり、この襲撃者（激派）の思想的背景には、後期水戸学があるとする。

もともと、水戸藩には、水戸学によって培《つちか》われた一定の言い伝えがあり、それが藩士達の思考の枠組みを根底から規定していた。そして、その言い伝えは、まず、水戸藩は、天朝の御藩《はん》（守護者）・公辺の御羽翼《うよく》（助けとなる人）という藩認識（水戸藩の特異な自負）があり、これが藩の存在理由であるとする考え方で、藩祖の威公《いこう》（初代頼房《よりふさ》）、義公《ぎこう》（二代光圀）をはじめ、どの藩主もこれを精神的・道徳的な拠り所とし、それが水戸の藩風であり誇りとする意識であった。次に、『君に忠、親に孝』なる忠孝の道徳であり、尊王攘夷思想と共に水戸学の二つの柱をなすとするところの道徳意識である。

戊午の密勅が下されたとき、その勅書を幕府に返納しなければ、お家の存亡にも係わる、という幕府の脅かしに屈していく主君に対し、彼らは、『名義を立てる』ことの大切さと『天下後世の公評（批判や嘲《あざけ》り）』という名誉感情を強調して、その主君の行為を批判する。だが藩士達の行動は、主君を批判して事足れりとはしなかった。すなわち、幕府への勅諚返納によってお家の安泰をはかろうとする主君を眼前にして、彼らは、恥を千載《せんざい》に残すよりも藩や主君の『名義を立てる』ことに『臣子としての分』を見出していくのである。そして最後に、会澤正志斎は、長岡屯集の武士たちについて『臣を以《も》って君を制し奉り、君臣の分相立ち申さず』として武力を以って鎮圧すべきことを主張したが、会澤の師藤田幽谷《ゆうこく》は、忠の名において自己の意思を主君に強制して憚《はばか》らない人物であった。

江戸時代の武士は忠孝という封建道徳＝言い伝えの枠組の外に出ることはできなかったが、眼前の君主の意向に従えない場合には、あるいは眼前の君主をしてあるべき君主たらしめることが臣としての分＝役割であるとし、あるいは、『自分の主意』を忠の名において主君に強制することによって、自分の主体性を保持しようとしたのである。「だがそのことは同時にまた『悖逆《はいぎゃく》（謀叛《むほん》）の徒』となることでもあった。その意味で、『忠誠』と『反逆』とは同一行動の表と裏を現していたのである」と結んでいる。

要するに、その時その時の主君の意思に諾々と従うのも忠の一つの形態だが、彼らは、自分たちなりの形態を選んだ。だが、それは、反逆でもあった、としている。

二　天狗党始末

天狗党の旗揚げ

桜田門外の変のあと、文久元年（一八六一）五月、水戸浪士十四名による高輪東禅寺（イギリス公使滞在）襲撃事件、翌年正月の水戸浪士四名他一名による坂下門外の変（老中安藤信正負傷）が引き起こされた。そして、安政元年（一八五四）三月の日米和親条約締結からちょうど十年目の元治元年（一八六四）三月、藤田小四郎（東湖の子）らが、尊王攘夷の旗を掲げて、筑波山に挙兵した。天狗党の乱である。

安政六年（一八五九）、西洋諸国との貿易が始まると、生糸・茶などの輸出品を中心に、諸物価が軒並みに高騰した。

また一方で日本の金（小判）が大量に流出したため、幕府は小判を改鋳して金の含有量を減らした。その結果貨幣価値が下落、物価の騰貴に拍車がかかり、庶民の生活は一層苦しくなった。

金の流出理由だが、現在の一万円札に、紙と言う素材以上に交換価値があるのと同様に、ときの一分銀は、素材以上に信用部分を持っており、四枚で、ときの小判一枚（一両）と交換されていた。しかし欧米諸国は、その信用部分を認めず、条約で定めた同種同量に基づいて、洋銀一枚と一分銀三枚との交換を強要した。そのため、洋銀が四枚あれば一分銀十二枚に交換し、それを小判三枚と交換することができた。（井上正夫著「江戸時代末期における金銀比価について」『松山大学論集』）

こうした社会経済の変動は、人々の攘夷熱を高めていた。また、その頃、天皇が望む攘夷も、具体的には、まず幕府提案の横浜鎖港であった。

天狗党が何故に挙兵に及んだのか。左は、彼らが四月に日光で読み上げた檄文《げきぶん》（趣意書）の要約である。

尊王攘夷は、神州の大典であり、徳川家にとっても、これより重いものはない。しかるに昨今、夷狄《いてき》の害は日に日に甚《はなは》だしく、人心は平穏無事を求め、一方よこしまな為政者は、好き勝手に振舞っている。こいねがわくは、諸国忠憤《ちゅうふん》の士、早々に進退去就を決し、心を一つにして、上は天朝のもとに参じ、下は幕府を助け、神州の威力を万国に輝かせる、我らの素願全くこのことにあり。（関山豊正著『元治元年―筑波挙兵と禁門戦争―』）

檄文の中にある「幕府を助け」とは、具体的には、幕府が横浜鎖港を実行するにあたり、武力を用いねばならない時は、自分たちが先鋒《せんぽう》を務めるという意味である。

彼らは、筑波山を下りて日光に参詣し、その後、太平山《おおひらさん》（栃木県）に立て籠《こも》ったが、道中、白木で作った斉昭の位牌《いはい》を、白衣を着た十二人が担《かつ》ぎ、堂々と行列したという。（『覚書 幕末の水戸藩』）斉昭の唱《とな》えた尊王攘夷は、斉昭の遺志として、彼らに引き継がれていたのである。

旗揚げ時は約六十名であったが、太平山を下り、筑波山に帰った五月末頃には、日光の檄文を受けて、千名余に達した。

天狗党に見える長州の影

小四郎は、旗揚げ前年の文久三年（一八六三）の三月、将軍家定の上洛時、藩主慶篤に従って京に入っている。そこで長州の尊王攘夷派とも接触があったと言われている。若い小四郎（このとき満二十一歳）が、諸藩の攘夷家を風靡《ふうび》する父東湖の名声に酔い、生命をマトの英雄気分の中に、攘夷の旗揚げを夢見て戻って来たことが想われる。（『覚書 幕末の水戸藩』）

十二月に水戸に戻った小四郎を、翌元治元年（一八六四）正月に、長州の桂小五郎が烈公《なりあき》の墓参と称して訪ねてきた。二人の間に挙兵の打ち合わせができた様子で、軍資金一千両という約束のうち、五百両を渡された。（『覚書 幕末の水戸藩』）

元治元年（一八六四）七月十九日、天狗党の旗揚げを見届けたのであろう、西の京で、長州藩が、禁門の変を起こしたが、慶喜ら公武合体派に敗れて朝敵となった。

東西呼応しての攘夷の旗揚げは、小四郎と桂小五郎の間に、何らかの密約があったことを窺わせるが、今は知る術《すべ》もない。ただ、長州の掲げた攘夷は、反幕府であるのに対し、小四郎らのは、先に述べたように、あくまでも幕府を決起させ、横浜鎖港を武力で実行するにあたっては、その先駆けを担うのが目標で、初めから幕府に歯向かったものではなかった。

ただ、横浜鎖港について触れておくと、幕府は、前年末に鎖港交渉使節団をフランスに派遣したが、交渉に失敗し、使節団は、他の国には行かず、この年の七月二十二日に帰国した。使節団の団長を務めた外国奉行の池田長発《ちょうはつ》は、六百石を減ぜられて蟄居処分となった。（戸川殘花著『幕末小史 巻二』）（翌々年慶応二年には許されて軍艦奉行になっている）

今となっては、できもしない鎖港を交渉にフランスまで行かされたうえ、処分された池田こそいい迷惑であった。幕府が、朝廷と尊攘派の攘夷実行の督促をかわすために、鎖港を実行するようなふりをして、何時までも引っ張ったことから、若い小四郎たちをも惑わせ決起させてしまったのではないだろうか。

禁門の変を起こした長州に対して、追討の準備が進む九月上旬、老中阿部正外《まさと》は京に赴《おもむ》き、鎖港の不可能なることを朝廷に説き、朝廷の同意を獲得したと言われている。（『水戸市史 中巻五』）長州追討という名目での鎖港の放棄であった。

攘夷そっちのけで、幕府も敵に回し、藩内抗争に陥ってしまった天狗党

天狗党は、日々人数も増え、増えていく同志の養い扶持だけでも、多額の軍資金を必要とすることから、豪農・富商からの調達は藩内にとどまらず、粗暴・強引となって、思うように金が集まらないと放火するものまでが現われた。常陸《ひたち》・下野《しもつけ》は無法地帯化した。

幕府の中には、政治総裁職松平直克《なおかつ》（川越藩主。斉昭の八男八郎麿が養子に入って川越藩主松平直《なお》侯《よし》となったが文久三年に逝去、直克はその養子）のように、もしも幕府が武力で横浜を鎖《とざ》さねばならなくなる時は、天狗党は有力な実働部隊になるだろうと考える人もいたが、彼は天狗党旗揚げから約三か月後の六月に失脚する。（片山杜秀著『尊皇攘夷　水戸学の四百年』）

幕府の過半の老中は、天狗党を「はみ出し者」としか考えず、結局幕府は天狗党を、諸方を荒らしまわる浮浪の徒の武装集団として、水戸藩はもちろん、周辺諸藩に鎮圧を命じた。

六月十七日、幕府は、周辺諸藩とあわせて約四千名もの追討軍を筑波方面へ差し向けたが、このとき水戸藩も、執政となった市川三左衛門が、諸生党（弘道館に学んだ門閥派、同派に近い家の子弟たち）三百名を率《ひき》いて幕府軍に合流した。

かつて、門閥派は、小四郎の父東湖が主導した改革派を斉昭が重用《じゅうよう》したため、過去散々な思いをさせられ、門閥派の領袖《りょうしゅう》結城寅寿をはじめ多くの仲間が悲惨な目にあっている。門閥派の流れをくむ市川ら諸生党にとって、天狗党の掃討《そうとう》は、積年の恨みを晴らす機会でもあった。

幕府・市川軍は、七月七日、高道祖原《たかさいはら》（現下妻市）で天狗党と衝突して敗走させたが、八日の夜、藤田小四郎らは、高道祖原の民家を焼いて、下妻へ向かい、九日早朝に幕府の本営となっている下妻多宝院を急襲してこれを焼き、幕府軍を潰走《かいそう》させた。

しかし、天狗党は、幕府を助けて攘夷を行うつもりが、七日からの戦闘で、完全に幕府を敵に回してしまったのである。そのうえ、藩内の門閥派の流れをくむ、市川ら諸生党とも戦闘状態に入ってしまった。

この後、市川らが、水戸城を押さえ、水戸に潜伏していた激派の人達を逮捕・斬殺弾圧し始めたとの情報に接した小四郎らは、攘夷よりも先に藩内の奸人共を討つことにした。

そのため、他から攘夷の旗のもとに集まってきた者たちは、『我らの挙兵の目的は水戸の兄弟喧嘩《げんか》のためではない』と言って去っていった。こうした者たちは、あわせると六百余人も居たというが、頼みとする拠り所も、食料・軍資金もなく、逃げ延びる先々で諸藩兵・農兵に襲われ、哀れな末路をとどめたと言う。

天狗党の終局

七月三十日、諸生党と天狗党が争う藩内鎮撫《ちんぶ》のため、本来であれば江戸藩庁にいる藩主慶篤が即座に水戸へ帰国せねばならないが、幕府が、長州征伐の準備で忙しいとき、将軍を補佐する任のある慶篤に代って、支藩の宍戸《ししど》藩主松平頼徳《よりのり》が名代《みょうだい》として水戸に遣わされることになった。

左は、そのときの藩内への達《たっし》である。

「当面容易ならざる形勢に付ては、中納言様御取敢えず御帰国されるべきのところ、京師に於て長州人ども乱暴に及んだ始末が、容易ならざる次第となっている。」それゆえ、中納言慶篤は帰れない。「諸事大炊頭《おおいのかみ》様に御直に仰せ談ぜられ、御名代として今般御同所様が下向されることとなったので承知するように。申すまでもないことだが、子弟ら万一心得違い、或いは重役へ対して不敬の所業が無いように心懸けられよ」（『尊皇攘夷 水戸学の四百年』）

しかし、この達《たっし》にある「子弟ら万一心得違い、あるいは重役に対して云々《うんぬん》」の文言は、門閥派や同派に近い家の子弟からなる諸生党の側に向かってのみ「刀を納《おさ》めよ」と言っているように読み取れる。

八月四日、頼徳は自藩の家臣数十人の他、江戸に上っていた鎮派の執政ら藩士数百人を従えて水戸へ向かった。小金駅その他に屯集していた士民多数もこれに加わり、さらに、水戸藩の元執政武田正生《まさなり》（耕雲斎《こううんさい》。後に天狗党の総大将）の一行四百八十人余、あるいは、途中々々で改革派の農民も参じ、水戸に着いたときは三千余に達していたという。この大挙して水戸を進発した一団を大発勢と呼ぶ。

頼徳の一行が、八月六日、土浦に入ったとき、頼徳は土浦藩主前大阪城代土屋寅直《ともなお》（本書で何度も登場した斉昭書簡の宛先人）と会見している。そのとき、頼徳は、寅直から、「鎮撫の撫の字を重んじて平和的にことを進めようとするなら、わずかな供で藩主の命を伝えればよいのではないか。それなのに中途半端に武装して、一行の中には天狗党の仲間とおぼしい者も混じっている（確かに、今、頼徳に従っている水戸藩士達は、鎮派とはいえ、諸生党から見れば、激派と大差のない改革派である）。そのうえ、諸生党は勝手に水戸城を押さえ、江戸藩庁の言うことを聞かない反乱軍ともいえる存在である。（六月に諸生党が政府軍と合流して天狗党討伐に向かった時は、江戸藩庁は、門閥派が抑えていたが、今は、江戸藩庁は門閥派の執政達を追い出した鎮派が抑えている。そのため、諸生党は藩主のいる江戸藩庁の言うことを聞かない反乱軍ともいえる存在になった）いかに藩主の名代とはいえ、天狗党と諸生党、この両者を和解させることは難しい。鎮撫に来て、かえって戦いを拡大させるのではないか。一度、戻って藩主慶篤様と相談した方が良い」という意見を聞かされたようである。（『尊皇攘夷　水戸学の四百年』）

しかし、頼徳には双方を帰順させる自信があったのか、八月十日、まず市川と交渉すべく水戸城へ向かったが、市川に「頼徳様一人なら…」と言われ、入城を拒否された。この間、城から下りてきた城兵と、吉田山に居た頼徳の先衛隊が衝突した。頼徳は翌日も交渉したが、同じであった。頼徳は城下での戦いを避けて那珂湊を目指したが、行く先々に市川軍が配備されており、随所で戦闘となった。

この後、八月十六日には、頼徳の軍には天狗党が、八月二十四日には幕府追討軍の先発隊二千名が水戸弘道館に入り、市川軍の応援に入った。両軍の戦闘が各地で繰り返された。市川軍は、八月二十八日、敵対する武田正生・田丸稲之衛門ら幹部の家族を捕え、獄に投じた。

頼徳は、もとより幕府軍に敵対するつもりはなかった。九月二十六日、幕府軍営に赴《おもむ》き、幕府軍監とともに、江戸に上って幕府に事情を弁明することにしたが、これを知った市川三左衛門が、追討軍総括の田沼意尊《おきたか》をたきつけて工作が行われ、頼徳は水戸家一門の松平頼遵への預けとなり、十月五日に切腹が申し渡された。理由は、「水戸殿の名代として領内の鎮静にさし遣わされたのに、かえって賊徒に加わり、公義に敵対した」というものであった。

十月二十三日、頼徳に従っていた水戸藩のもの千百五十四人が幕府軍に投降した。このうち、後日、切腹・死罪を仰せ付けられたもの二十三名。

十月二十五日、藤田小太郎と武田正生たち約千名は、ここかしこで敵と遭遇しながら常陸の大子《だいご》村（現久慈郡大子町）に集結した。ここで、武田正生を総大将とし、京に居る一橋慶喜を頼って、京を目指すことにした。

十一月一日に大子村を発した彼らは、途中高崎藩の軍勢、あるいは高島藩・松本藩連合軍らと戦闘を交《まじ》えつつ四十日かけて、十二月十一日に越前の新保《しんぼ》村（現福井県敦賀市）に至り、葉原《はばら》村（現福井県敦賀市）に陣を構える加賀藩兵と対峙《たいじ》することになった。

一方、これに先立つ十一月三十日、天狗党が頼りにした禁裏守衛総督の一橋慶喜は、朝廷に、

この度、常野《じょうや》（著者注　常陸と下野）浮浪脱走の徒が大勢して中仙道を登り、万一都に切迫しては、禁裏守衛の職掌にとっても恐れ入るばかりか、右の人数の中に、私の実家の家来が混ざっている由、そのようなことがあっては申し訳ないので、近江まで出張して追討したい。そのためしばらくお暇を頂きたい。（『水戸市史 中巻五』）

と願い出て許されている。

十二月三日、慶喜は、加賀藩兵など二千数百人からなる追討軍を編成し、大津で本陣を構えるべく出発した。

十二月十八日、天狗党は加賀藩に投降し、武装解除が行われた。

天狗勢は、離反・脱落などもあり、投降時は八百人ほどであった。彼らは幕府の管理下にお

かれ、翌慶応元年二月、そのうちの約三百五十人が処刑された。

ほかに、概算で、流罪《るざい》百三十人、構いなし・追放百九十人、農民につき帰されたもの百三十人であった。（投降人数は『水戸市史 中巻五』による）

農民の犠牲

天狗党について、一言付け加えておきたい。

投降時の約八百人を身分別に見ると、水戸藩士三十五人、他藩士四人、ほか浪人・神官・修験など多様であったが、特に目を引いたのが農三百三十五人（うち他領六十二）である。もちろん農兵ばかりでなく、人夫も大勢いたであろう。ただ、他に小物・不明が三百三十一人おり、これらも大部分は農民と思われるので、天狗党には多くの農民が加わっていたことになる。（『水戸市史 中巻五』）

一方、市川軍も多くの農兵を動員したが、日頃から門閥派に近い農民ばかりでなく、天狗党の粗暴な資金集めに対する恨みから、市川軍に参じた農民も大勢いたという。

実数こそ掴《つか》めないが、藩内抗争は、農民を巻き込み、大きな犠牲を強いていたのである。

殺戮《さつりく》の嵐

天狗党が壊滅した後、藩では、勝利した門閥派の総帥市川三左衛門をはじめ朝比奈弥太郎・佐藤図書の執政は、手盛り八杯という通りの手前勝手の論功行賞を行い、各々二千石、三千石の御加増で栄華にふけったという。

その一方、筑波党（著者注　天狗党のこと）や大発勢（著者注　支藩の宍戸藩主松平頼徳が藩主慶篤に代わって、藩内鎮撫のため水戸に遣わされたとき、激派とみられる武田正生のほか大勢の鎮派らが加わって大きな集団となった。この一団を指す。250頁参照）に参加した者の家はとりつぶされ、住宅も禄も財産も没収されて家族は飢えにさらされた。親戚や知人が住居を提供し、衣食をわけ、女たちは賃ばたを織り、洗いはり、針仕事、その他の手内職で露命をつなぐのはまだいい方で、田丸（著者注　稲之衛門。天狗党首領）一家のように女子供まで永牢《えいろう》を仰《おお》せつけられ、獄につながれたのもあれば、武田（著者注　正生《まさなり》。京を目指した時の総帥）家のように、ほとんど家をあげて、三歳の幼児まで獄中で虐殺されたのもあった。（『覚書幕末の水戸藩』）

慶応四年（一八六八）正月、鳥羽伏見の戦いで幕府軍が薩長に敗《やぶ》れ、将軍慶喜は逃げるように江戸へ戻ってきた。

かつて、文久三年（一八六三）三月、将軍家茂《いえもち》の上洛に従った慶篤が、幕命で京の御守備隊として、本圀寺《ほんこくじ》（同寺は、光圀が生母の追善供養を行って以来、庇護を受け、従来の本国寺を、光圀の圀を取って本圀寺にした）に約百五十名を残留させた。当時、藩は武田正生らの激派が抑えていたので、光栄ある御守衛隊は激派が主体であった。

その本圀寺勢が、鳥羽伏見の戦いの翌二月に、朝廷から藩の門閥派追討の勅書をもらって帰国した。その勅書には、

> 先年以来藩政改革の沙汰を下した甲斐もなく、（著者注　天狗党の乱の翌々慶応二年、市川党の横暴な藩政を阻止するため、鎮派が工作して、朝廷と幕府から水戸藩政改革の命令が出されたが、市川党の横暴は止まなかった）汝《なんじ》、慶篤は贈大納言（烈公）の遺志を守らず、烈公に譴責《けんせき》された奸人共を採用した。これに加えて将軍慶喜の親戚の身として諫諍《かんそう》するべき（慶喜が鳥羽伏見の戦いを起こしたことを非難しているのである）だったのにそれも行き届かず今日に至ったのは遺憾なことである。今は速やかに鈴木石見守、市川三左衛門を初め姦人共に厳罰を加え、忠邪の別を明らかにし、徳川氏を正道に導くよう処置せよ。（『幕末の魁、維新の殿——徳川斉昭の攘夷』）

と書かれていた。

この勅書は事実誤認である上に勅書としての品格に欠けるものである。なぜなら鈴木石見守や市川三左衛門などが烈公から譴責されたことは一度もなかったし、朝廷の御沙汰書に鈴木、市川など陪臣の名前まで書きとめたのは失態であって、この勅書が本圀寺党の手で書かれ、朝廷が盲判《めくらばん》を押したことは否めないからである。（『幕末の魁、維新の殿─徳川斉昭の攘夷』）

いずれにしても、この勅書には「市川党に厳罰を」と書かれていた。

藩主慶篤は千人余を率《ひき》い、水戸を脱出した市川三左衛門勢約五百名を追討すべく水戸城に入るが、四月五日病没した。享年三十七歳。藩主を継いだのは、斉昭の十八男昭武《あきたけ》である。

同年五月、武田正生の孫で、天狗党に加わっていて加賀藩に投降し、流罪となったが、若年のため小浜藩に預けられていた武田金次郎が同志九十人と共に赦免となり水戸へ戻って来た。官軍として部下を連れ、百五十名ほどの一隊であった。

彼も戻るにあたっては、朝廷から「恩典の御沙汰（勅書）」なるものをもらっており、金次郎らによる、門閥派とその縁者への復讐・殺戮が徹底的に行われた。また、鎮派や中立的な人までが襲われた。

市川三左衛門勢は、長岡、会津で新政府軍と交戦した後、水戸へ戻り各地を転戦するが、追討軍に滅《ほろ》ぼされ、逃れた市川三左衛門は、明治二年（一八六九）東京で捕えられ、水戸へ送られて処刑された。

斉昭の藩主就任以後、およそ四十年に亘《わた》って、数千名とも言われる犠牲者を出した悲惨な藩内抗争も、明治という新しい時代に入って、ようやく終えることができた。

あとがき―見果てぬ夢を追って

暗い話ばかり書いていると気が滅入ってきます。時々気持ちを入れ替えようとするのですが、なかなか上手くいきません。本稿を仕上げるにあたり、斉昭の夢に視点を当てました。部屋住みの頃は、藩主になりたい、もし、なった時は、あれもしたい、これもしたいと考えていたと思われます。現実には、藩主に就任して、思い通りではなかったでしょうが、改革を行い、それなりの評価を得たことは、夢を一つ実現させたとして、彼の思いが届かなかった夢を考えてみました。

斉昭が、弘化二～三年（一八四五～六）頃に書いた『不慍録《ふおんろく》』に、国防・増封《ぞうほう》（領地の拡大）を目的として、幕府に対し、「蝦夷地拝領の請願を十年間にわたって数十回行い、今もって願うところである」とあります。

どこまで勝算があったか分かりませんが、幕府がＯＫすれば、「藩の二～三男、全国の浮浪寄生の徒を連れて行って、国防と産業開発をはかる。そのためには遊郭も置く、原住民との間で強い子供を作らせて子孫を増やす」と言い、「非常時に備えて、女性にもピストルを持たせる」とも言っています。（『覚書 幕末の水戸藩』）

アメリカの西部開拓史を思い起こさせます。これが実現していたら、一味違った北海道開拓史になっていたかも知れません。

安政四年（一八五七）十月二十一日、ハリスが登城して国書を呈し、通商条約の締結を迫られた幕府が、三家以下諸大名に意見を徴したとき、斉昭は、「ハリスの要求を容れることは、容易ならざる国難を惹起するから、内地での貿易は拒絶し、自分が、浪人や百姓・町人の二・三男を三～四百万人（三～四百人のことか）連れて米国に渡り、出貿易をしたい」と書き、さらに「百万両を貸与願い、私が、大坂で大艦・大砲の製造にあたりたい。そうすれば、その間、非常の節は、御所の警備にもあたることができるので、大坂城代ばかりを大坂に置くよりは、京地を敬《うやま》うことになる」と言っています。（『水戸藩史料 上編乾』）

斉昭は、かねてより御所の守護役を望んでおり、夷狄が襲来したら、大坂は京の生命線・大坂城はその要衝と考えていました。また、大坂は、家康が大坂の陣で、全国統一を成し遂げた地でもあり、斉昭にとって、憧れの地でもありました。

しかし、何といっても斉昭の最大の夢は、慶喜を将軍にすること、そして、自分は、将軍の父として、権勢を振るうことにあったと思われます。また、嘉永三年、当時一橋家当主の慶喜の結婚相手に皇女を求めましたが、適《かな》えられませんでした。（『幕末の朝廷』）こうした夢が皆崩れ去ってしまったとき、彼は何を考えていたのでしょうか。

安政の大獄で三度目の幕譴《ばっけん》を蒙《こおむ》って、安政六年（一八五九）九月一日、国元へ出立する日、

駒込は風雨蕭々《しょうしょう》として秋季荒涼《こうりょう》たるものがありました。斉昭は、

　はれゆきて　又めくりくる　秋もあらば
　　ふたたび愛《めで》ん　武蔵野の月

と詠じました。しかし、愛《め》でることは叶いませんでした。（『水戸市史 中巻四』）
慶喜が将軍になったのは六年後です。せめてその時まで、天が長生きさせてくれたら、また別の歴史が展開していたのではないかと、ついつい思ってしまいます。

二〇二二年　晩秋　　栗山　格彰

『徳川斉昭書簡集』釈文（口語・全文）

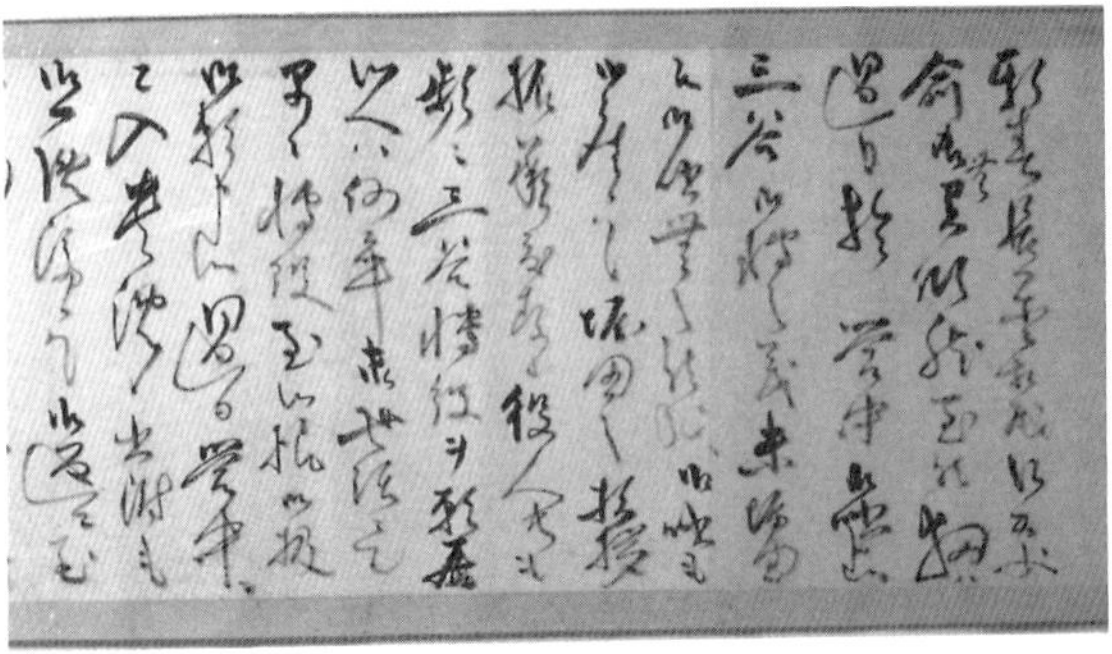

【書簡番号一】

【書簡番号一】

穏やか新春を迎え、つつがなくお過ごしのことお喜び申し上げます。

さて、過日、城中にてお話した、三谷を配置換えする件について、まだ、堀田へお話されていないのではないでしょうか。

お話いただいたときの、堀田のあいさつぶりを、お聞きしたいところです。

藩の役人たちも、しきりに三谷の配置換えを願っていますので、なにとぞご面倒をおかけしますが、早々に配置換えになるように、お取り運び願いたく、宜《よろ》しくお願いいたします。

過日、城中でお見せした書き付け、ご覧になりましたら、お返しいただきたく、ついでながら宜しくお願いいたします。

（嘉永三年（一八五〇）カ）正月四日

二伸　三谷の配置換えの件は、過日もお願いしたとおり、私が、かれこれつぶやいたように思われては、御守殿（先代斉脩《なりのぶ》の正室で、将軍家慶の妹。この書簡の三谷は、幕府が御守殿に付けた付け人と思われる）に対して恐れ多いことになるので、全て風聞《ふうぶん》が耳に入ったようにして、お話しいただきますように。

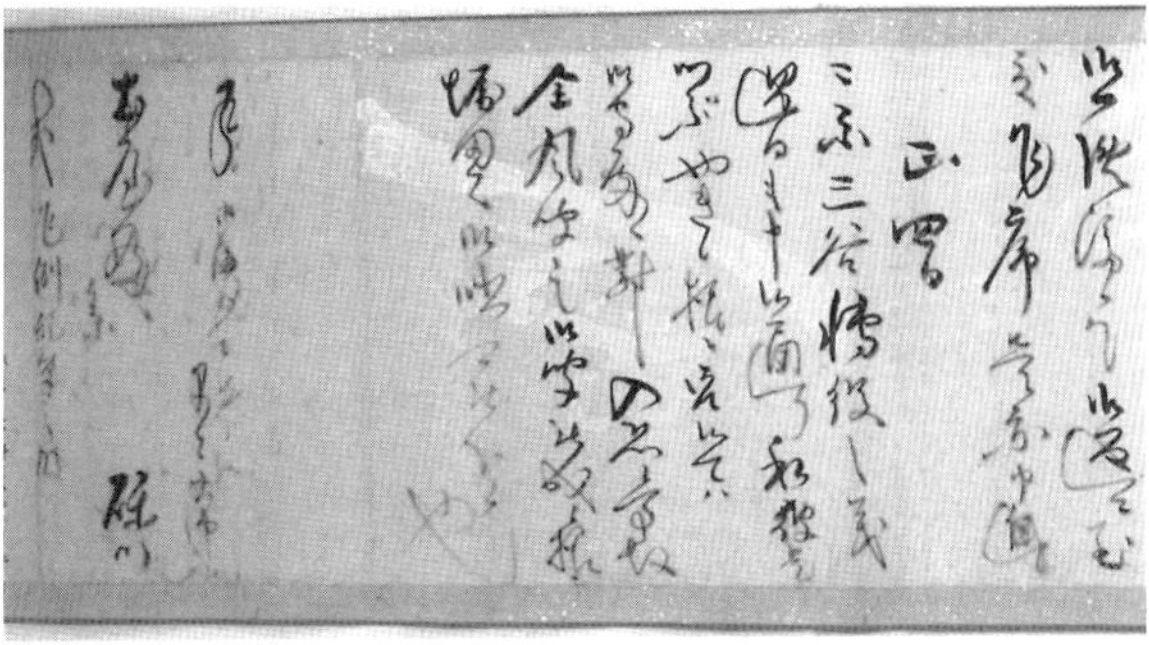

【書簡番号一】

乱筆お許しのほどを。早々火中（燃やしてください）。

礫《こいし》川（斉昭の号）

土屋殿へ

【書簡番号二】

九鬼への書、まず心付けとして二枚書きましたので、宜しくお伝えください。

警語（戒《いまし》めの文句）は、経書などから採《と》るより、今の時代の文句の方が良いと思いますので、この点もお伝えください。

一　丹波守（家老 太田丹波守資春《すけはる》・結城派）も、ようやく（江戸勤務から）国元の水戸勤務にすることができた。ひとまず安心である。中山（藩の付家老。幕府が御三家・御三卿につけた家老）さえ結城に与《くみ》しなければ、直ぐにでもできたことなのに。いつものことだが、五家（幕府が御三家に付けた付家老《つけがろう》。尾張藩の成瀬・竹腰氏、紀州藩の安藤・水野氏、水戸の中山氏を指す）という家来は特に扱いかねる。尾張藩も紀州藩も同じようだ。二十五年ばかり前、私が江戸城に伺候《しこう》始めた頃よりひどくなっている。結城は、何かにつけて付家老を盾《たて》に使って、私

【書簡番号二】

的な党派を作り、集まって来る者たちの利益をはかったので、ともすれば、結城に与するようになった。結城は、そのお陰で、幾度も家格を上げていった。

先だって、ようやく丹波守を水戸へ帰任させることができたので、江戸で残るのは側用人の今村、奥右筆の清水、小十人《こじゅうにん》（藩主のそばに使える）目付組頭の岩上などで、その他は大方正論の人（改革派の人）になった。

これらの者は、家老とは違って、配置替は容易《たやす》いことである。一度では上手くいかないが、まず配置替えをすれば、いろいろの悪行《あっこう》が出て来るだろう。そうなったところで、ボンベン玉（高島秋帆が徳丸ケ原で砲術演習した際、モルチール砲（臼砲）操練にボンベン榴弾を用いた）の二段打ちのごとく打つ他《ほか》ない。

その人が職についているときは、周《まわ》りの人たちは、悪いことをしていると知っても、その人を恐れて何も表に出さないが、役を替えれば、いろいろとこれ迄のことが出てくるだろうと思う。

もっとも、丹波守には、未《いま》だに役を替えさせたわけではなく、単に国元（水戸）勤務にしただけだが、江戸に置いておくのと

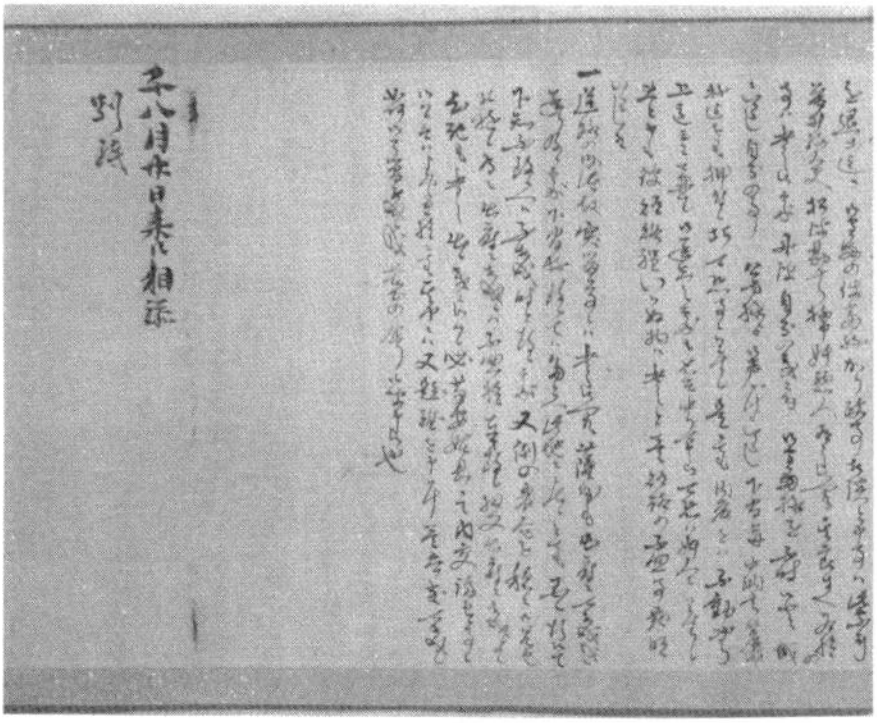

【書簡番号二】

は大違いで、いろいろ悪行は出てくるだろう。そのためか、丹波守を国元に下がるよう申し付けただけで、今村はじめ奥右筆ら、丹波の党は大騒ぎとなり、丹波守から、御守殿（先代斉脩《なりのぶ》の正室。将軍家慶の妹）付きの上臈《じょうろう》をはじめ莫大なる賄賂《わいろ》が贈られ、また、我家の奥向きへも同様だった。御守殿にお付の使番（職名）が今村宅へやって来たり、奥右筆ら丹波の党の者共が寄り集まって、誰もが役を退くことになるのかと、不安に駆られて出仕してきたような騒がしさだった。

また、そのために、御守殿様にわざわざ登城していただいて、公方様（将軍家慶）から、丹波の水戸への異動を取り止めるように、声かけして欲しいというお願いが、再三にわたって巧みに行われた。

しかし、御守殿様は、目立つことでもあり、また、例もないことと申して断わられたそうだ。

今まで聞いたこともない話だ。家老の進退についてまで、御守殿様の使者などが加わって政《まつりごと》の相談とは。

この家には、藤井紋太夫（26頁参照）や松波勘十郎（67頁参照）といった悪人がいたが、その時でさえ、こんなことは無かった。

【書簡番号三】

丹波は御守殿様をわざわざ登城させ、自分のことで公方様より声を掛けさせて、下官（斉昭）ならびに藩主慶篤や簾中《れんじゅう》（斉昭の正室吉子）までも押さえつけようと巧みに動いている。恐ろしいことだ。さらに、内藤藤一郎（若年寄。結城派の巨魁《きょかい》と言われた）を異動させないようにと藩主（慶篤）から言わせようとしている。

かねてご承知のところ（賄賂がはびこるようになったことを指す）ですが、何故このようになったのかお分かりと思う。恐ろしいのは結城である。それと申すも、彼は（かつて私が問うたとき）賄賂ほど悪いものはないと答え、なぜ良くないかを理論づけていた。

一　参勤交代のことなので、突き止めることではないが、薩州（島津斉彬《なりあきら》）も出府するそうだ。自分であれば、例えこの地（江戸）にいても、国へ行って下知《げち》せねばならないときと思う。

例のように、表向きだけ穏やかなように見せるために、出府するのは良くないと思う。出府だからといって、何の心配もせずに出てくることは、当座逃れの姑息《こそく》なやり方で、藩内の揉《も》め事（薩摩藩では、斉彬の藩主就任を喜ばない、父斉興《なりおき》と重臣ら反斉彬派との抗争を抱えていた）を片付けねば、今は良くても、いずれ難題となって、解決がいっそう難しくなる。どのように考えておられるのか、苦心のほどをお聞きしたい。

子（嘉永五年（一八五二）カ）八月二十日

解説：受け取った書簡の別紙である旨、日付とともに寅直《ともなお》と思われる筆で記されている。

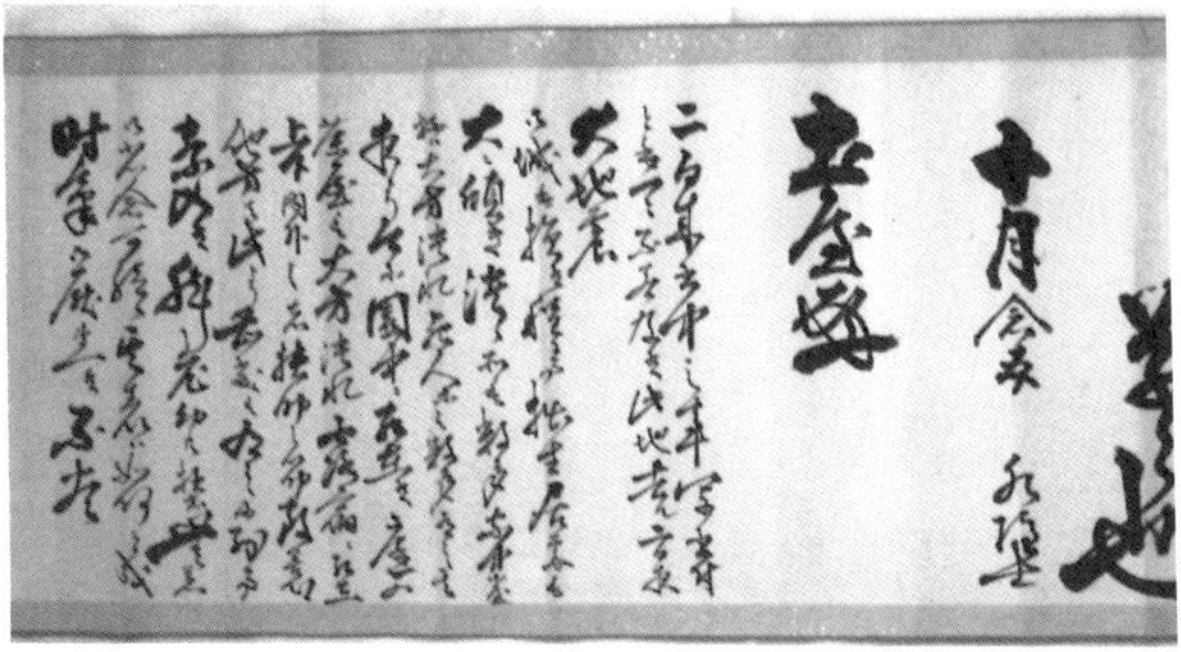

【書簡番号三】

【書簡番号三】

本月五日御書簡拝見。ますますお元気で何よりです。

佳《よ》き品を幾度もお贈りいただき、ご厚意に感謝しております。

右回答迄。草々

（安政二年（一八五五）カ）十月二十五日　水隠士（斉昭の号）

土屋殿

二伸　いただいた書簡に書かれていたこと、写し書きのこと、ここでは触れません。（今は、それどころではない、といった意か）

当地、去る二日夜大地震に襲われ、お城も損じるほどで、小生

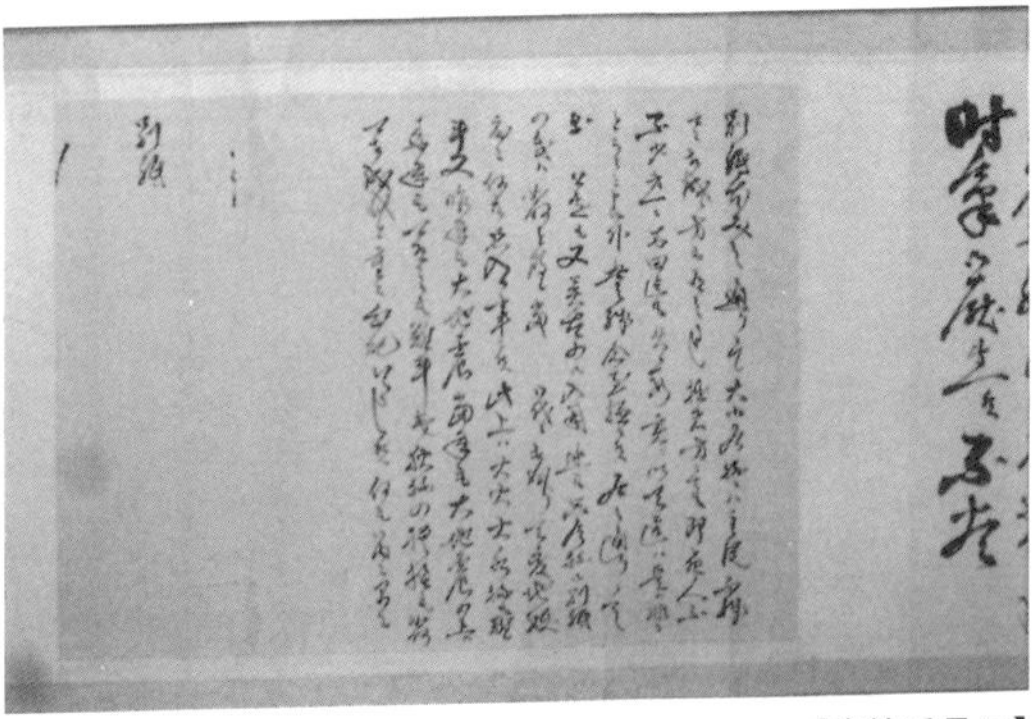

【書簡番号三】

の住まいも大きく傾き、潰《つぶ》れたところも数多く、屋敷内の小屋などは大方潰れ、死人も大勢で、その夜から今まで屋敷の庭園（現在の後楽園の中）に居ます。庭の茶屋も大方潰れ、露宿《ろしゅく》（野宿）です。

上下、内外にかかわらず、誰もが助けるのに必死です。他所《よそ》は、此《これ》よりもっとひどいところもあるとのこと。どうぞ、お察しください。

さて、我が家は、年寄り、幼子、皆無事につき、ご心配なく。御地はいかがですか。時節柄お体に気をつけられますように。

不尽

別紙　本文のとおりにて、大小名の中には主従残らずどうこうしたとも聞く。

私のところでも即死したもの少なからず。第一に両田（藤田東湖《とうこ》と戸田忠敞《ただあきら》）を失ったこと、実にもって天道は是か非かと恨むほか無く、残念至極だ。

右のとおりで、将軍家もまた莫大な出費となろう。とてもただ今などお別紙の義（この件は不詳）は如何かと思う。

当御代《みよ》になって天変地妖《てんぺんちよう》が度々、なんとも恐れ入る次第であ

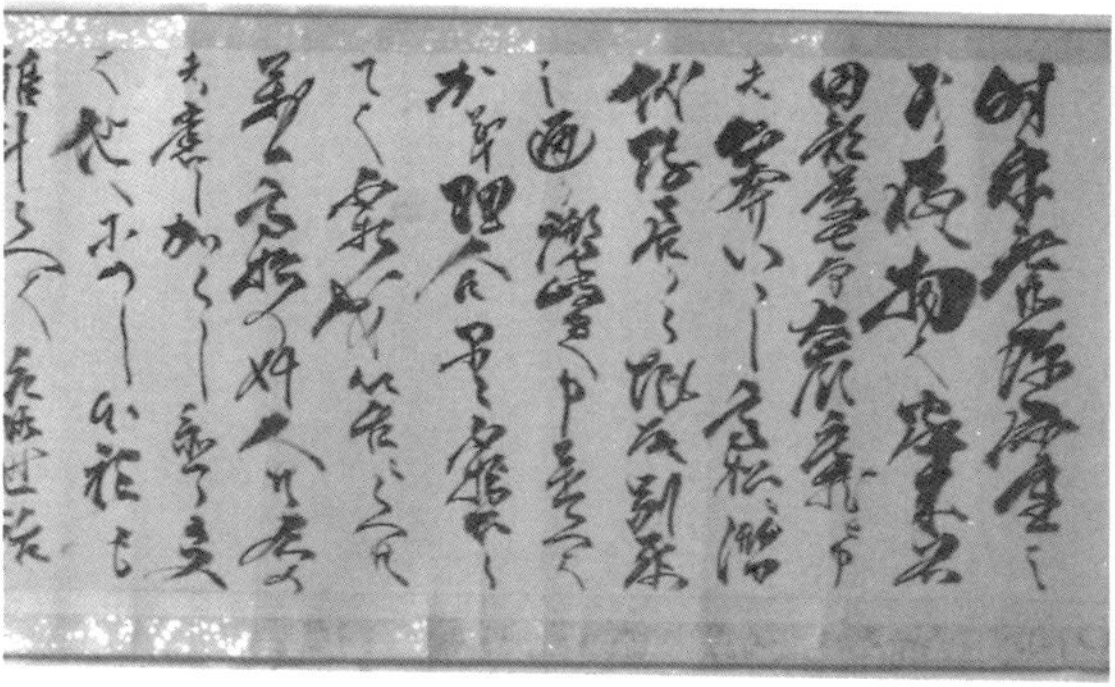

【書簡番号四】

る。このうえは、大火、大水なども考えられ、また、昨年も当年も大地震が来たからには、来年もくるかも知れない。夷狄《いてき》の様子などもどうなることか、重々心配している。すべて御内々に。早々

【書簡番号四】（本文と別紙は、写真が別々につき要注意）

お元気のこととお喜び申し上げます。

ところで、家来の谷田部藤七郎と大嶺庄蔵が姿をくらませて高松に潜伏している様子に付き、別紙のとおり高松藩主讃岐守（松平頼胤《よりたね》）へ引き渡すように申し遣《つか》わしたが、早速に対応してくれねばならないのに、高松の奸人共は、彼らと仲間になって、隠し置いているのか、他へ逃がしているのか分からない。

ご面倒ながら、その点お含みおきのうえ町奉行（大坂城代支配下の大坂町奉行）へお手配願い、早々にお召し捕りのうえ、お引渡しいただきたい。以上

三月　水戸

土屋殿

【書簡番号四】

尚々　時節柄お体にお気を付けください。
粗末な品ですがお納めください。不備

別紙　ごく内密のことをお話する。

先の地震（安政二年十月二日の安政江戸地震）で藤田東湖《とうこ》と戸田忠《ただ》敞《あきら》が死んだのを好機とばかりに、奸党（結城派を指す）の者共が、この正月頃から再び動き出して、拙老《せつろう》（斉昭）と中納言（慶篤《よしあつ》）を仲違《なかたがい》させ、中納言を自分達の側に取り込んで、中納言から有志の人々（改革派の要人達）に蟄居《ちっきょ》等を申し付けて藩政から外し、水戸徳川家の支族である長倉の松平松之允《まつのすけ》方に預けて幽閉している結城寅寿《とらかず》や、江戸勤番の筆頭家老であったが、国元水戸へ勤務替えさせられた太田丹波守資春《すけはる》を引き出して、再び藩政を担《にな》わせようと企《たくら》んでいる。

そして、拙老のことを、幕府・大奥へは勿論、京大坂方々へ悪く言い触らしている。

とくに、先年拙老が国元で梵鐘《ぼんしょう》を引き上げた（寺々の梵鐘を回収して大砲に鋳なおした）際に、それを恨んだ僧侶どもが、奸人《かんじん》共（結

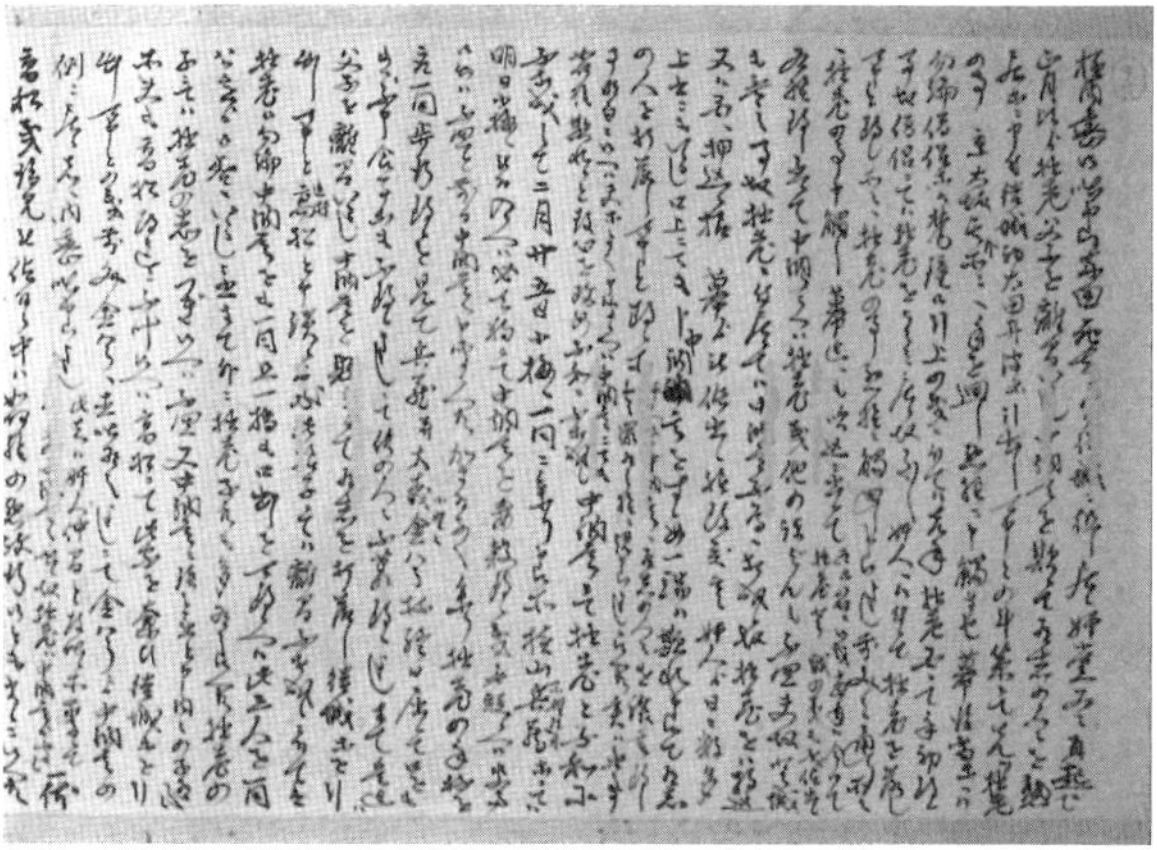

【書簡番号四】

城寅寿とその一派）に付いて拙老を追い落とそうと画策している。そのせいか、当年は今もって、拙老に江戸城へ登城するようにとの声がかからない。（幕府は斉昭に対し、「安政三年正月以降は、登城に及ばず」との達《たっし》を出している）

奸人共は中納言へ、拙老のことを「評判も悪く、それゆえ登城もない」として、「拙老に付いていては、中納言のためにならないので、拙老を駒込藩邸か国元へ押し込めるよう幕府に願い出たほうが良い」と日々上書や口上を繰り返した。中納言は、奸人共の言葉に一旦は騙《だま》されて、有志（改革派）の人達を藩政から退《しりぞ》けようとしていた。これは、奸人共が、有志の人達を陥れるために、中納言に悪口を言う、あるいは、いろいろ罪があるように上書したことによるが、拙老が「そのようなことはない」と申し聞かせたところ、中納言も心を改め、拙老と不和にならずに済んだ。

拙老と中納言は不和になることなく、二月廿五日に、連れ立って小梅の下屋敷へ出掛けた。

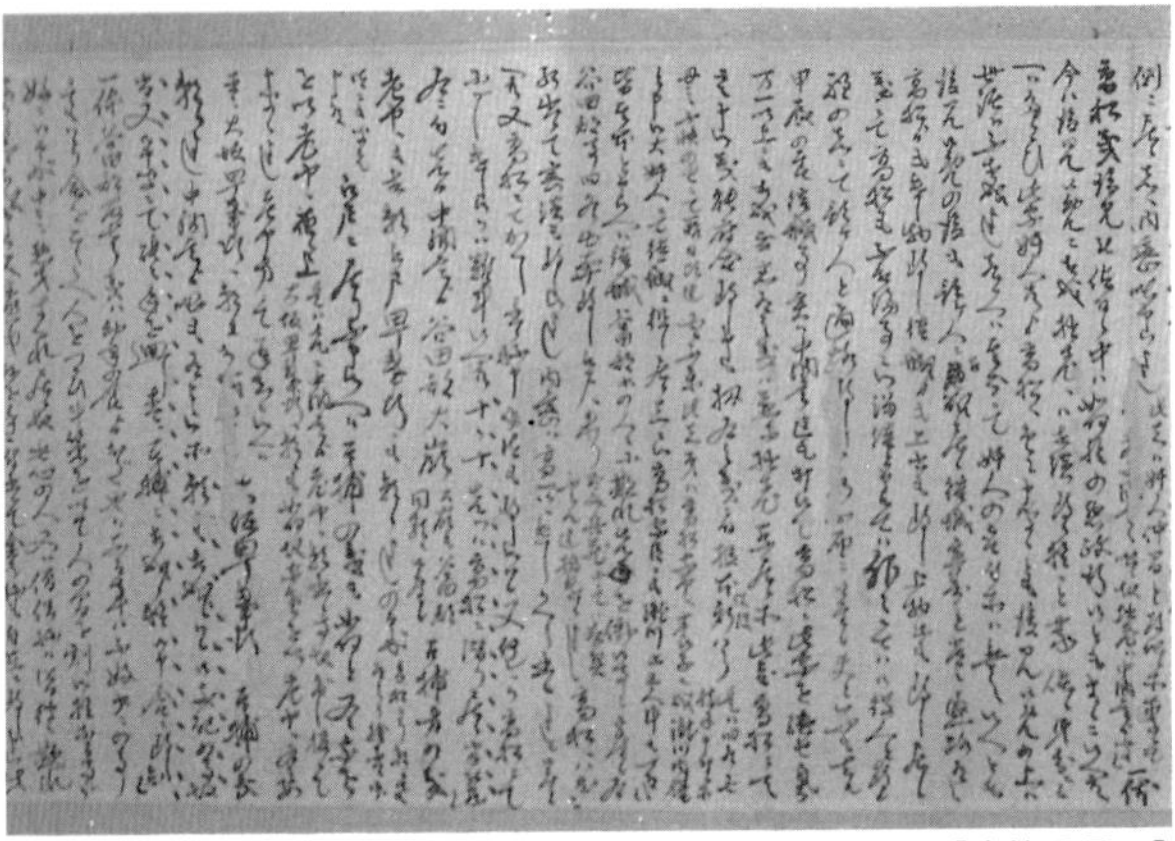

【書簡番号四】

奸人の小姓頭取横山兵蔵らは、その前日、中納言に「明日小梅へ行かれたら、必ず天狗共（改革派の別称）が毒を盛るから、決して行かないほうが良い」と止めたが、中納言はかまいなく来て拙老の手を取って歩くのを見て、兵蔵や奸人仲間で同じ小姓頭取の大森金八郎は、終日へこんだ様子で、口もきかず、食事も摂《と》らなかったので、供《とも》の人達は疲れないで済んだそうだ。

これまで奸人共は、拙老親子を仲違させ、中納言を騙《だま》して改革派の人々を打落とし、結城寅寿らを引き出そうと支藩の高松藩主松平頼胤《よりたね》とも示し合わせていた。しかし、拙老親子を仲違させるのは難《むずか》しそうなので、今度は、拙老はもちろん、中納言も、それと口を出しそうな慶喜《よしのぶ》の三人を一緒に、幕府からお咎《とが》めにしてもらってはどうかと彼らは考えた。

しかし、これも、拙老には多くの子がおり、頼胤としては、後を継いだ子が拙老の志を継いでは困るし、また中納言には鉄之丞という内々の子もいるので、頼胤の思い通りにいかないと思ったのであろう、頼胤は、

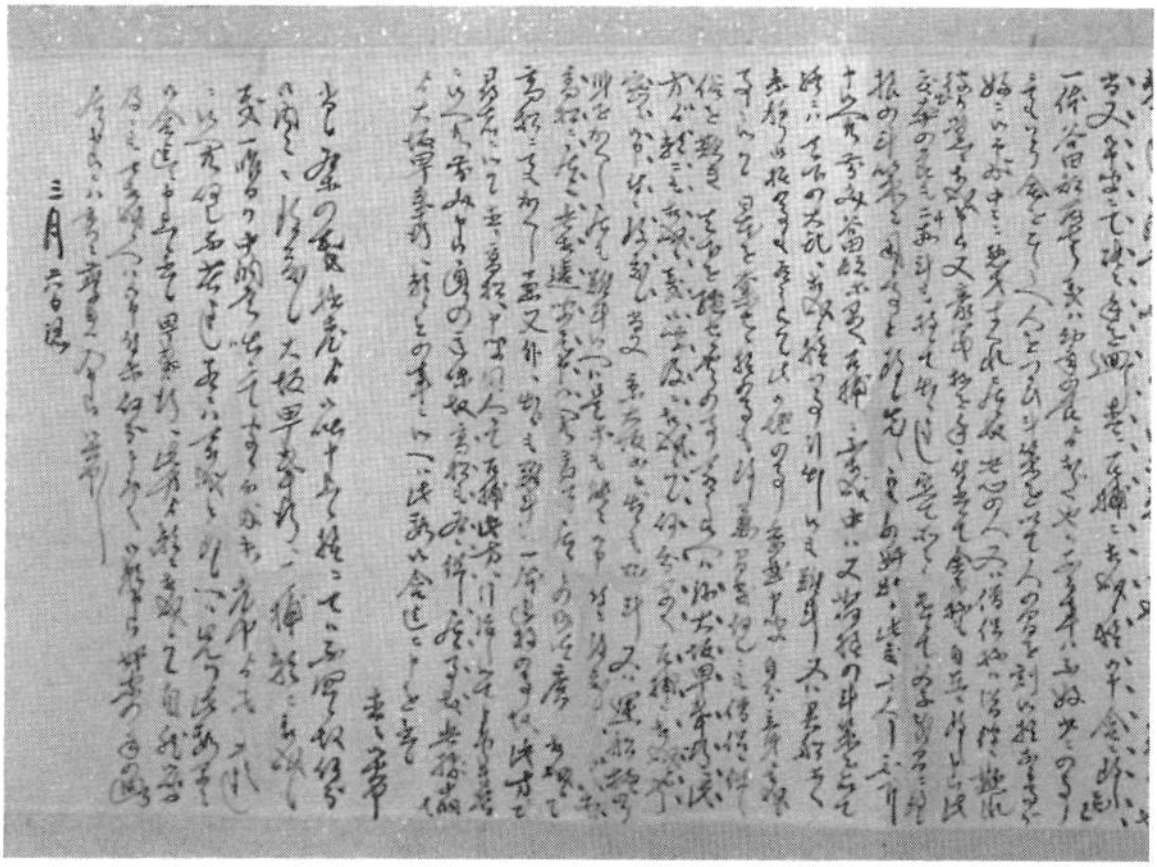

【書簡番号四】

「自分がこの家（水戸徳川家）を奪い、結城らを引き出すことにしよう」と、大森金八郎へ直《じか》に話した。

すると、大森金八郎が、中納言の側にいた者を、仲間の結城派の一人であると勘違いして、この企てを、その者に話してしまった。これを聞いたものは、驚いて中納言の耳に入れたため、拙老も彼らの企てを知るところとなった。

高松藩主（頼胤）は、かつて拙老が失脚した時、藩主慶篤の後見を幕府から仰せ付けられていたので、如何様の悪政も行うことができたが、今は後見人を辞めており、拙老が後見人に命じられている。したがって、例え、藩の奸人どもが、頼胤にいろいろ言ってきても、もはや後見人ではないので、面倒は見ないと答えれば、それで奸人どもの取り付くところでは無くなるのに、後見人でなくなった後も、あたかも預け人（預けの刑を受けた人。ここでは結城寅寿）になり替わったかのように振舞っている。

頼胤と結城は以前から交際があり、頼胤からは結城へ遣《つか》わし物が、結城からは上書や上等の品物が贈られていた。頼胤は、悪いことに溜間《たまりのま》（江戸城、井伊直弼等譜代大名の上級者の詰め所）に詰めていることから、それを良いことにして、外々では役人風を吹かせ、預け人と連絡を取るという不届き者である。

それと言うのも、甲辰の節（斉昭が罰せられ失脚したとき）、結城は、中納言（慶篤）までも一緒に打落とし、頼胤に此の家を継がせて、自分はもっと出世したいという欲望を持っていたものと、拙老は察していたが、この度の頼胤の話と良く符合している。

さて高松藩の件だが、奸人の一人に使役の根本新八郎と申す者がいて、この者に昨冬国元の水戸勤務を命じたが、母が病気とのことで、一昨日頃まで国元に戻らなかった。この者の弟は、高松藩家中へ養子に行った滝川内膳と言う大奸人で、結城に組む者である。高松藩の家臣にも滝川等三人ばかり奸人がいる。三人とも元をただせば、結城・谷田部藤七郎らに騙《だま》されてお先棒を担《かつ》いでいる。

その谷田部藤七郎と申す者、昨冬国元から姿をくらませて江戸へ来た。このとき先に書いた横山兵蔵らは、夜具ふとんを拵《こしら》えて用意した。江戸へ来た谷田部は、頼胤に度々会いに行って密談したという。そして、密かに高松へ遣わされたとのことであるが、高松で匿《かくま》っているという話もあるし、或いは、いずれかへ逃がしているかも知れず、判然としないが、まずは高松に潜伏《せんぷく》していることは間違いないと思われる。

この件については、先日、中納言より、谷田部並びに一緒に行動している同類の大嶺庄蔵両名の召し捕りを、老中と江戸町奉行に頼んだが、高松藩主が横槍を入れたのか、捨て置くようにとの指図があったようだ。

この両名が江戸に居なければ、大坂町奉行へ頼まねばならないが、先に老中へ頼んだことでもあり、出し抜くような形になってもいけないと思い、改めて老中には藩の家老から話を通したので、中納言からの正式な依頼が届き次第、以上の諸々のことをお含みのうえ、御支配の地域のことなので、早急に召し捕るようにお願いしたい。

一体、谷田部なる人物は、幼年の節より穏やかなことは好まず、少々のことでも怒り、派閥を作り、人を使い、計策をもって人の間を割るのが好きで、中々悪才に優れているため、無心の人や僧侶は皆彼に欺《あざむ》かれ、彼の党になってしまう。また富豪などを手に付け置くので金も自在になるという。この度の出奔でも二千両ばかり持って出たよし。定めて所々へ遣って、我等親子を離間させる企てにも用いたものと思う。

この先、江戸にいる奸人達は、今は十人位かとは思うが、谷田部等早々召し捕りにならぬうちは、また如何様の計策をもって、ついには天下の大乱になるやも知れず、或いは異船などに乗ってしまうかもしれない。そのときは、此の地・御地（江戸や大坂）のことを異人に詳しく教えてやり、自分の出世になるのであれば、日本を奪わせるようなことも致しかねない。

いずれにしても、僧侶と組み、世間を欺き、天下を騒がせるようなこともあり得るので、拙老からも大坂町奉行所にお願いする次第につき、依頼をお聞き及びになったら、早々に配下に召し捕るようお申し付けいただきたい。

尚《なお》また、彼らは、京大坂へ行くかも知れないし、運搬船に乗って身を隠しているかも知れない。こうしたこともお申し付けいただきたい。

高松に居るに相違ないと聞いているが、この話が広く伝わると、高松藩も隠しかねて、自藩の外へ出すかもしれない。大体高松藩は当藩の分家なのだから、当藩のお尋ね者であれば、直ぐにでも藩士に申し付けて高松で召し捕り、引き渡してくれてもよい筈なのに、高松藩も彼らに与《くみ》しているので、やむを得ず中納言から大坂町奉行所へお頼みする次第につき、これらのことお含みおきください。

読後、直々《じきじき》に火の中へ

尚々これらのこと、本来であれば拙老からお話申し上げては宜しくないと思われるので、町奉行へ正式な依頼が届けば、自然お耳にも入るでしょうから、その節はお申し付け等何分宜しくお頼み申し上げます。奸人共の手の回し方は実に驚きです。

読後、直々《じきじき》に火の中へ

（安政三年（一八五六）カ）三月六日認

【書簡番号五】

内々に申させてください。測量の書は、役立つのでお借りして写したく、先方へついでの折、宜しくお伝えください。

又々ロシアの船が長崎にやって来て、今もって帰らないとのこと。心配している。

二十年前から夷船《いせん》への備えを意見具申している。その頃から対策を講じていれば、このほどのように、夷船が来れば討てるのに、今、鼻の先に夷船が来てから、私に用があると言われても、手の打ちようがない。ただ、日夜心配するだけだ。

過日、（貴兄が書いた）建白書の下書きを拝見した。ごもっとものことと思う。大名・小名はじめ方々

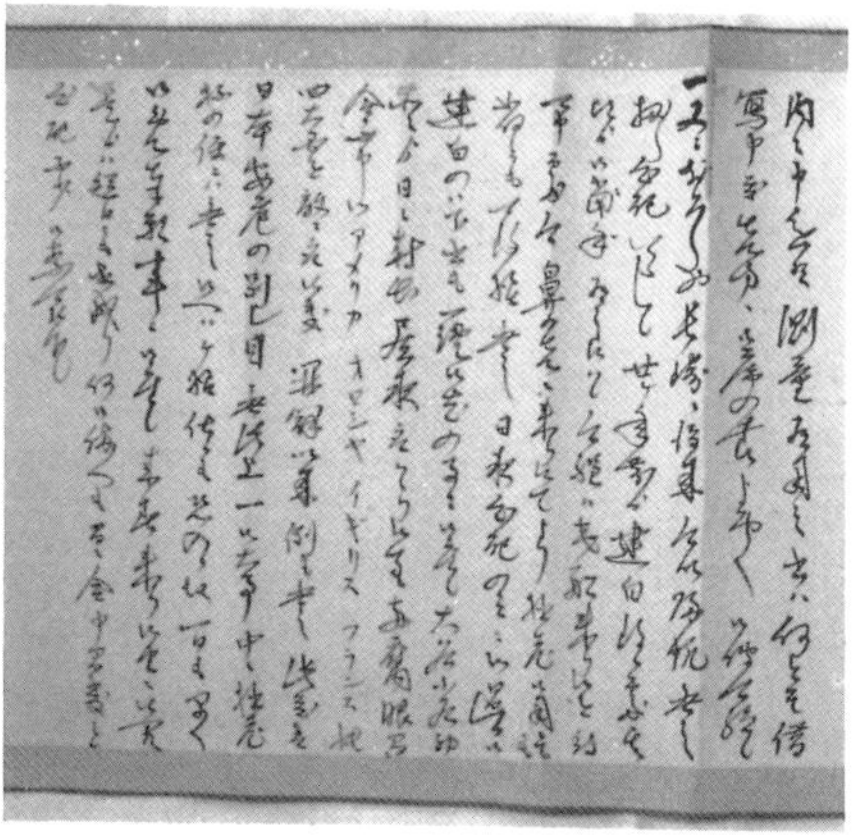

本状は、その間の書簡である。

【書簡番号五】

から封書が届き、昼夜取り掛かっても両眼が疲れて読み切れない。

アメリカ・ロシア・イギリス・フランスを敵にするこの度は、日本開闢《かいびゃく》以来例もなく、この度は、日本安《あん》危《き》の分かれ目であり、まさに此の上ない一大事で、とても私など御役目の任ではなく、このようになったのも恐れ入ることで、一日も早く御役御免願いたい。

来春（再びペリーが）来るとのことであるが、今から短時日でもあり、備えも間に合わず、心配だけが大きい。お察しください。

解説：嘉永六年（一八五三）七月十八日に、プチャーチンが長崎に来て、同年十月二十三日まで碇泊していた。

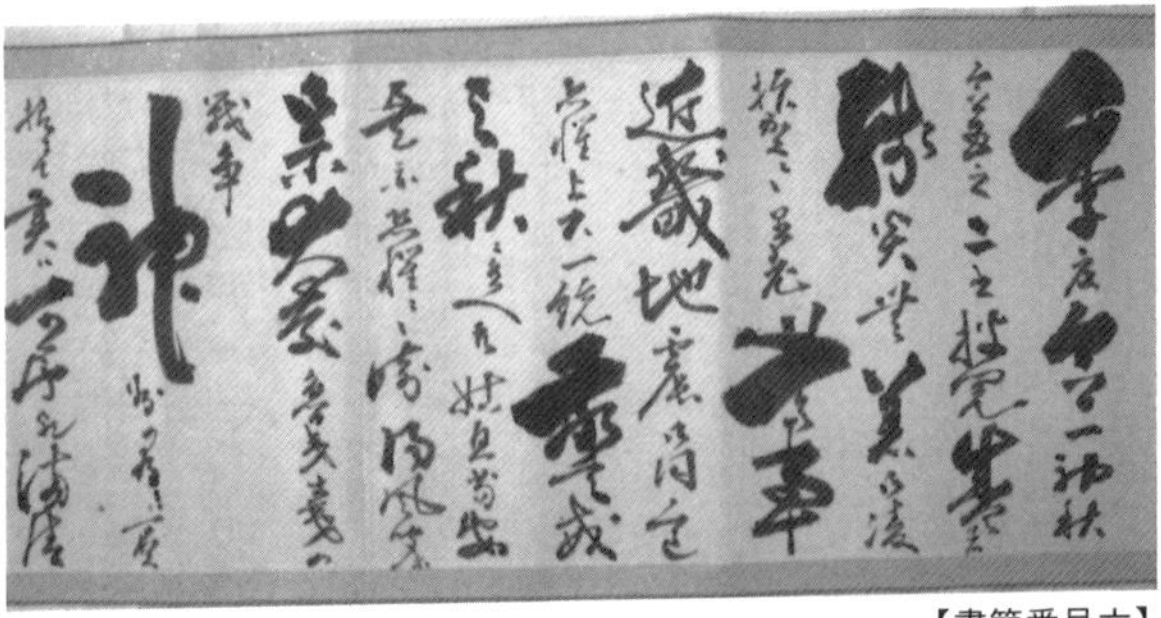

【書簡番号六】

【書簡番号六】

六月二十一日と七月二十五日の両書簡を拝見いたしました。残暑恙《つつが》なくお凌《しの》ぎの様子、お喜び申し上げます。私も元気です。

先の近畿地震には、仰せのとおり恐れ入りました。上から下まで、誰もが警戒せねばならない時ですが、その場逃れの安楽に走ってしまうのではないかと、これまた恐れています。

長崎の風聞などお聞かせいただき大いに喜んでいます。

ロシアとトルコの戦争は、日本の為には喜ばしく思えるのだが、実は争うべきか、満州族が興した清国が崩壊したのを何よりの鑑《かがみ》として。

あちらこちら出歩いたので、少々疲れましたので、書くのはここまでです。

(安政元年(一八五四)カ)閏《うるう》(七月)四日　　水隠士(斉昭の号)

土屋殿

二伸　時節柄お体に気を付けられますように。いつも、いろいろお送りいただき有難うございます。粗末なものですがご笑納くださ

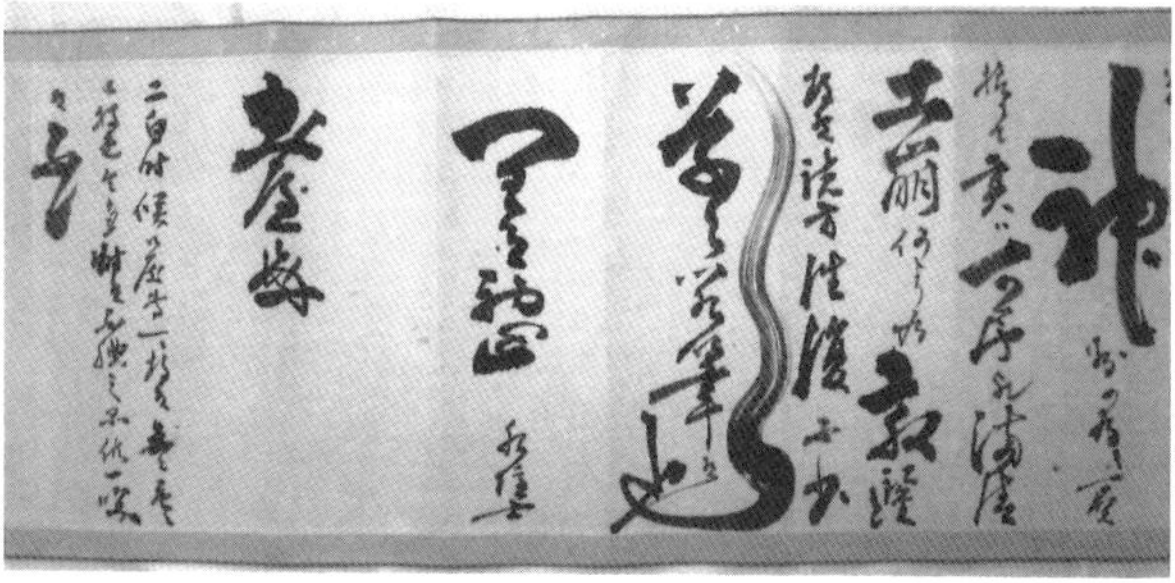

【書簡番号六】

い。不一

【書簡番号七】

先月下旬の二度の御書簡、拝見しました。仰せのとおり寒さが募っていますが、ご健勝とのこと、何よりです。ロシアが（大坂湾を）退帆した後の備えについてのご建白案、夷船への対応の手引書の写し、お廻しして拝見しました。

ご建白の趣、もっともです。私も、三港（箱館・下田・長崎）以外の港に来航する夷船は、打払うことを度々建議したが、海防係一同、後患を怖《おそ》れて決めず、慨嘆《がいたん》にたえない。三港以外の港へ猥《みだり》に来たときは、「（応接は）三港に限っているから」と応対することにすれば、私もとやかく言わないのだが、とにかく（幕府は）腹の中に一戦を交《まじ》える覚悟が無く、相手より先に腰が引けている。

（貴兄が）この春ご建議された畿内のご警衛についても、そのときは仕《し》舞《ま》い込んでおいて、今になって私どもへ廻ってきた。

もっとも、この度は、京・浪華共ご警衛の仕組みも近いうちに決まるであろう。しかし、彦根・津・小濱やその他の藩は、国力や士気といった点で大いに心配だ。

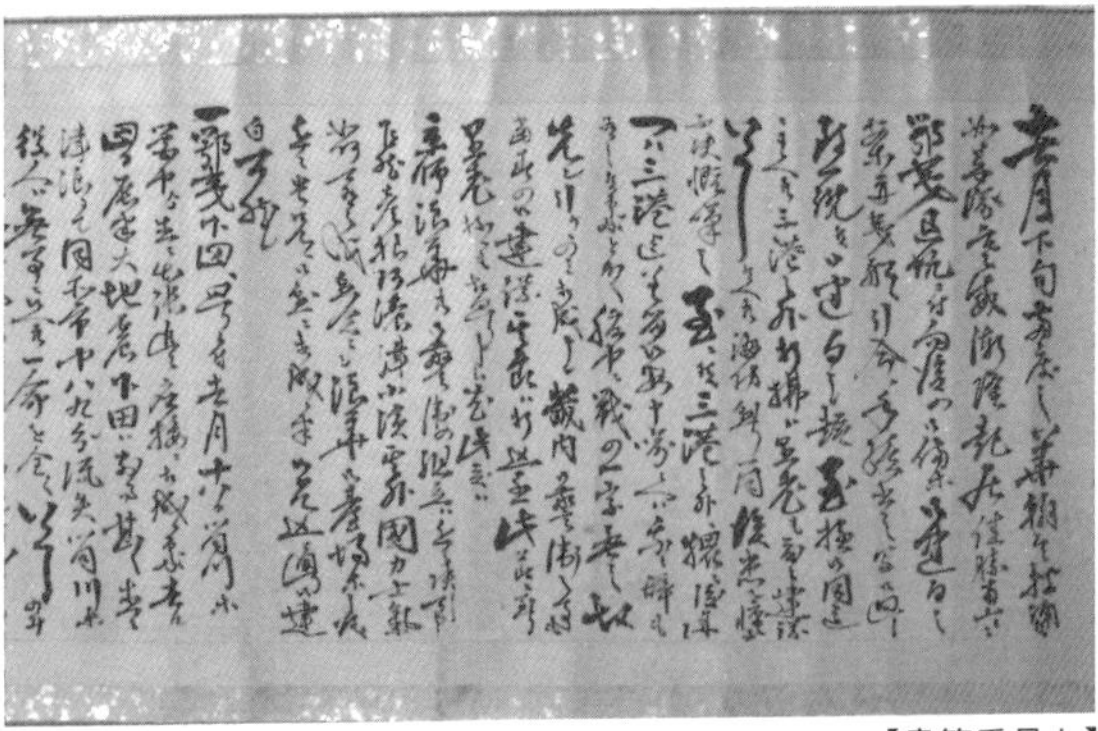

【書簡番号七】

浪華のお台場等について、近々貴兄にご相談がある（近く幕府から見聞に行くことになっていた）ので、考えていることをお話しになったらよい。

ロシアが下田へ廻って来たので、先月十八日、筒井・川路らが江戸城より直ちに出向いて、応接にあたっていたところ、去る四日辰半頃（午前九時頃）大地震、下田は特に甚だしく、直ぐに津波に襲われたため、市中の八・九分が流失した。筒井・川路ら役人は無事だったが、一命を失わずに済んだだけで、器械等流失、人馬の死も少なからず、いまだ調べもつかず、自分たちの船は跡方もなく、御用金も行方が分からなくなったと、取りあえず一報があった。

ロシア船（ディアナ号）が、（津波で）二度までも転覆しそうになったのに、これを堪《こら》えて無事だったことは、千載の大遺憾とするところである。

江戸も数十年来の稀《まれ》な揺《ゆ》れで、破損少なからずと言う。その源は駿河・伊豆・遠江《とおとうみ》である。もっとも甚だしかったのは駿府で、お城も壊れ、市中は大火事、沼津・田中等もかなり難渋しているとのこと。

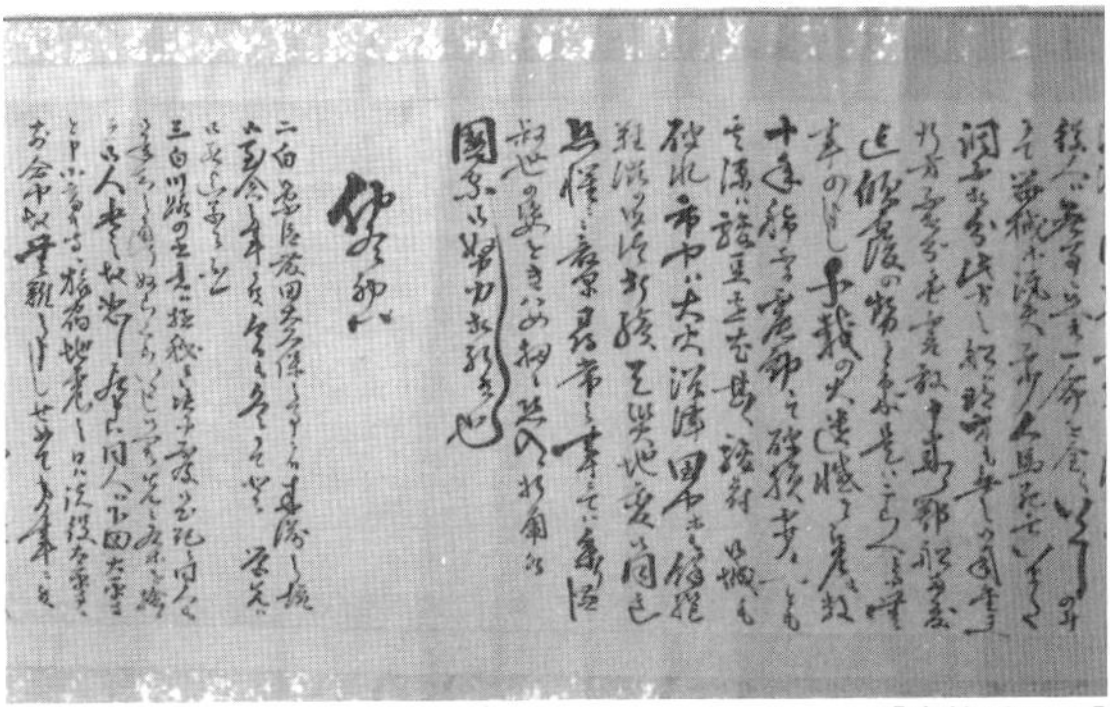

【書簡番号七】

打ち続く天災地変には、（貴兄と）同じ思いで恐れかしこまっています。最早尋常のこととは思われず、末の世の姿かと恐れ入ってしまう。せっかくの国の努力が糺《ただ》されている。

（安政元年（一八五四）カ）十一月八日

二伸　ご家臣の藤田と大久保だが、お手紙によれば最高のご家臣と思われます。

今日は久々に登城しました。まずはお礼まで。草々

不一

三伸　おって、川路の書の意（この点は不詳）は極秘。決して心配には及びません。同人も、御承知のとおり、ぬらりくらりとしておるが、先々この人を捨てては、人がいないので、大目に見ている。彼は、下田大平寺という小高い寺に宿を取っている。

地震の日は、役人たちは大平寺へ寄り合い中であったので難を逃れた。せめてものことであった。

今日、帰宅は七つ（午後四時）過ぎ。昼食を済ますと直ぐに夕景になって、眠らずに燈火の下で（この書簡を）認《したた》めているので、落字《らくじ》等もあるかと思う。ご推読ください。別紙は、ただ

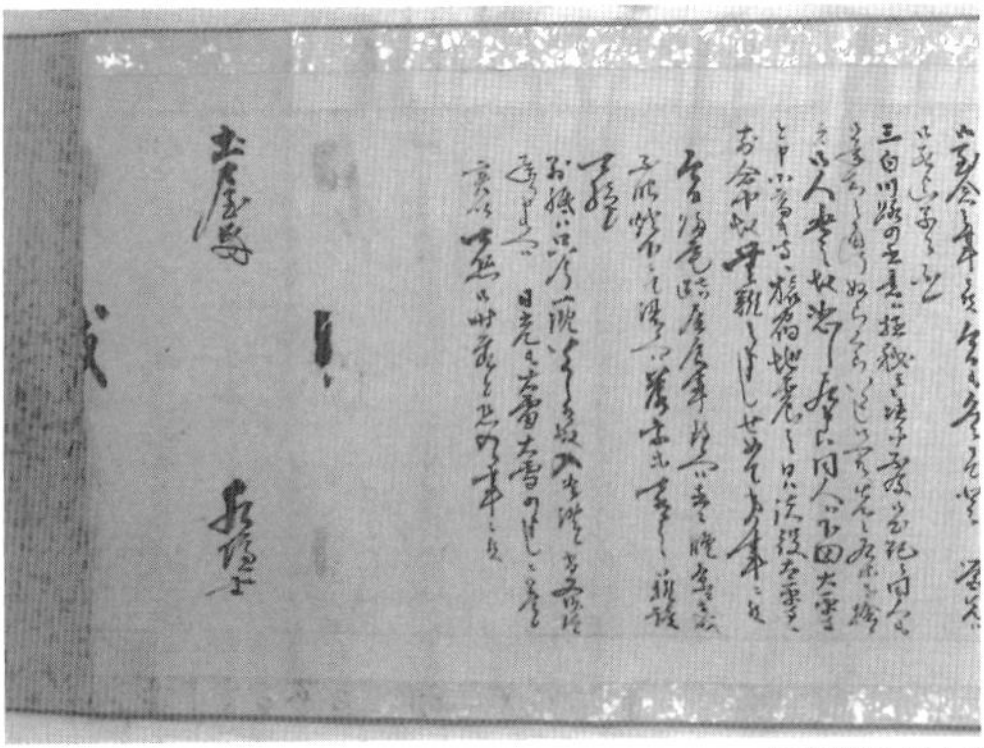

【書簡番号七】

今一覧したので、お回しします。また、聞くところによれば、日光も大雷・大雪とのこと。実にもって恐ろしい時節になったと恐れ入っています。

水隠士（斉昭の号）

土屋殿

【書簡番号八】

御別紙拝見しました。海岸御備え向ご建白の趣、逐一ごもっともです。兵庫・西宮は特に要衝と兼々聞いております。

さて、国持・高持大名の御譜代の陣屋へ兵を定住させる件だが、実際に役立つようにするにはどうすればよいか、お聞きになっていることもあろう。井伊（彦根藩）が海防を担当していた時は、定住の家来ども、皆近村の酒店・妓楼《ぎろう》で金を使い、中には甲冑《かっちゅう》・兵器を失ったものも居ると言う。

近頃は、細川（熊本藩）に代ったが、これも長岡監物《けんもつ》のような有志へ任《まか》せて土着《どちゃく》等させているので、格別当節の様子は、帳面の上だけの海防と聞いている。浪華近海も、なにと

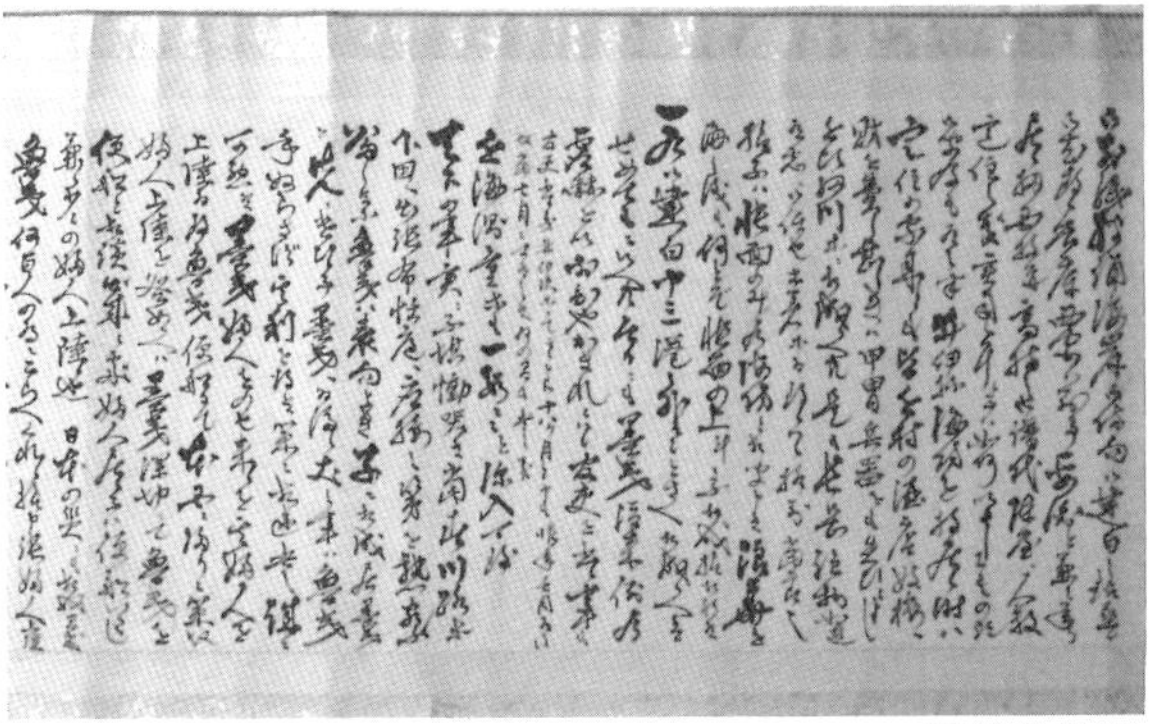

【書簡番号八】

ぞ帳面の上だけにならないよう祈っています。

一　右ご建白中、三港の他へ云々《うんぬん》（函館・下田・長崎以外の港へ入った夷船は打払う）が採用されれば、せめてもだが、今日にもアメリカが来たら、例の脅かしで、官吏を置くこと…官吏を置くことは、林・伊沢らが決めた。十八か月と言うことも、昨年閏《うるう》月があったので、この七月になるが、直ぐにくる…近海測量等、一段々々深入りしてしまう。天下の事、実に慟哭《どうこく》に堪えない。

　この春、川路ら下田へ出張した。プチャーチンとのやり取りを熟察するに、ロシアは表向き良い子になっている。アメリカを先に使って、アメリカにしてやっただけのことを、ロシアは自分の手を濡《ぬ》らすことなく、其の利を得るという策に相違なく、誠に憎むべきである。

　アメリカの婦人を乗せてきたアメリカ船から、婦人を上陸させて、ロシア人をその船で本国へ送る策を立てた。婦人の上陸を咎《とが》めれば、アメリカが親切にロシアの便船になることを相談できたところを、婦人が乗ったままでは、ロシアの便船になる相談が出来なくなる。

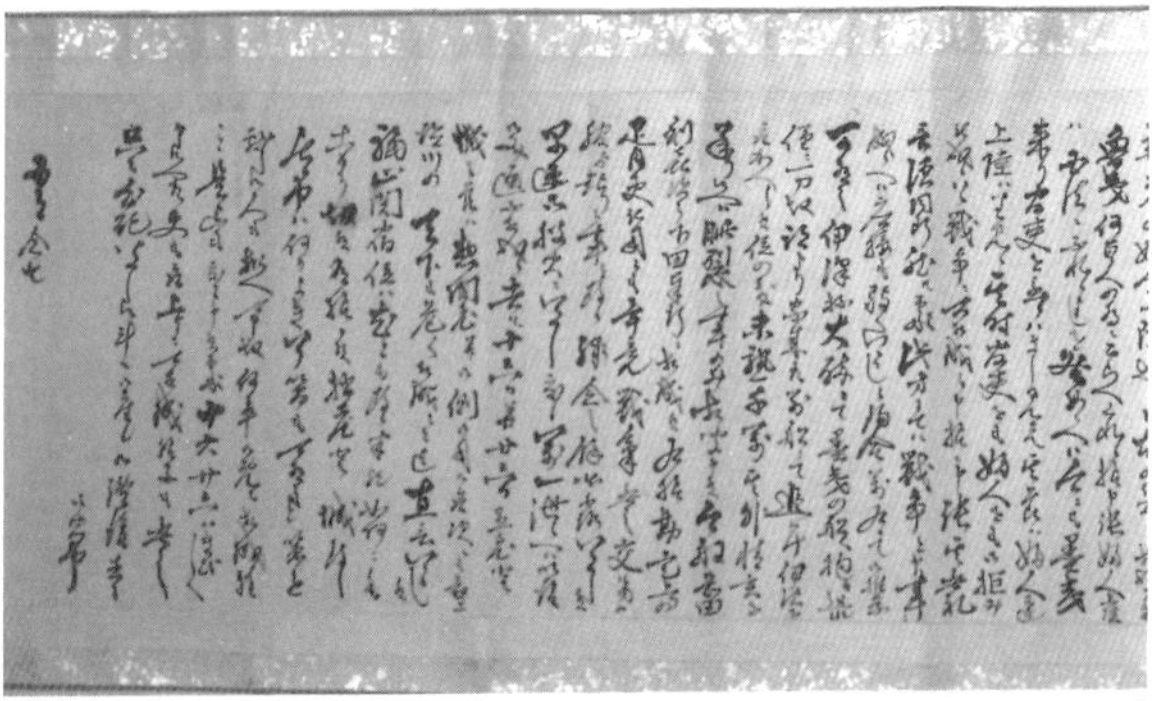

【書簡番号八】

少々の婦人の上陸ぐらい、日本の災いにはならないであろう。ロシア人何百人のために、我慢してくれと言い張られてしまった。

婦人上陸は国法に触れることを咎めれば、今にもアメリカが官吏《かんり》を置きに来ることは目に見えており、官吏は婦人を連れてきて、婦人も上陸するだろう。

そのとき「官吏と夫人の上陸を拒《こば》むと、戦争になる」と言い張られてしまった。

その無礼たるや言語道断。しかるところ、この方では、戦争になると言われると、応接も弱くなってしまう。万事このような次第につきご推察ください。

伊沢など大いに酔って、アメリカの船に抱き込まれた。わずか一刀だけにつき、後から家来どもが別の船で追いかけ、伊沢を取り返せばよいのに、未熟千万なり。その他、実情を聞けば、眦《まなじり》が引き裂けそうなくらい目を見開いて驚くような事ばかり聞かされる。

今般、岡田利喜次郎が下田奉行になった。彼のように勘定上がりの下級役人を用いるのも、つまりは、戦争よりも、交易で

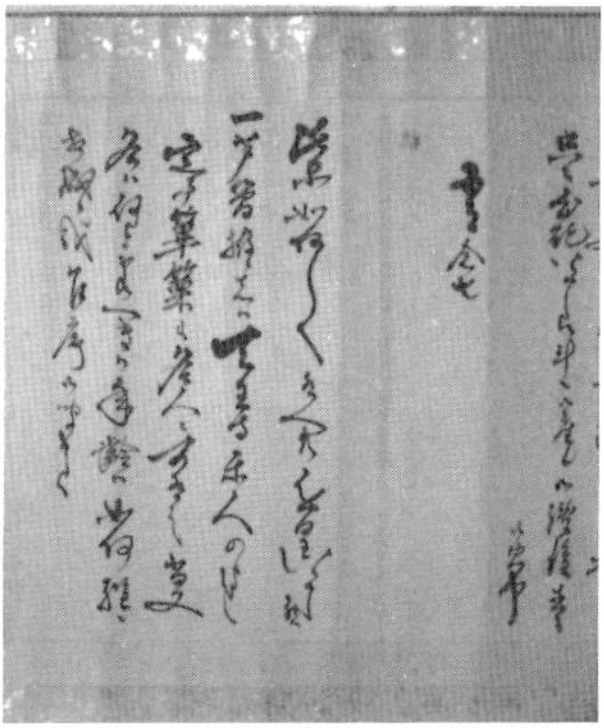

【書簡番号八】

ことを済ませたいという腹から起こった人事であろう。残念のあまり吐露《とろ》してしまった。早速火の中に投げ入れてください。万一、泄《もれ》ると、以後文通が出来なくなる。

去る（五月）十六日と二十三日、登城したとき、全閣老と御側御用取次へ、最早徳川の天下も危うくなったとまで直言した。福山（阿部正弘）と関宿《せきやど》（久世広周《くぜひろちか》）は、もっともと思ったのか、いかにも困りきった様子であった。拙老が登城して居るときは、（拙老に）何か良き了見《りょうけん》も有るかと、策を献じる人も控えて（黙って）しまうので、どうか自分をお役御免にするようにと、これまでも度々申してきたが、十六日と二十三日は、厳しく申したにもかかわらず、これを取り上げる様子はなく、只々心配するばかりであった。

御覧後直々火の中へ

（安政二年（一八五五）カ）五月二十七日

この品、たいしたものではありませんが、進呈いたします。

一 芦管《ろかん》（篳篥《ひちりき》のリードにあたる部分）を拵《こしら》えた者は天王寺楽人《がくじん》（雅楽師）のよし。定めて篳篥も名人であろう。名は何というか。年齢は幾つぐらいか。ついでながらお聞きしたい。

解説：ここでは、城代の寅直が送った芦管に、斉昭が喜んでいる様子が読み取れる。篳篥は斉昭が得意とした。

【書簡番号九】

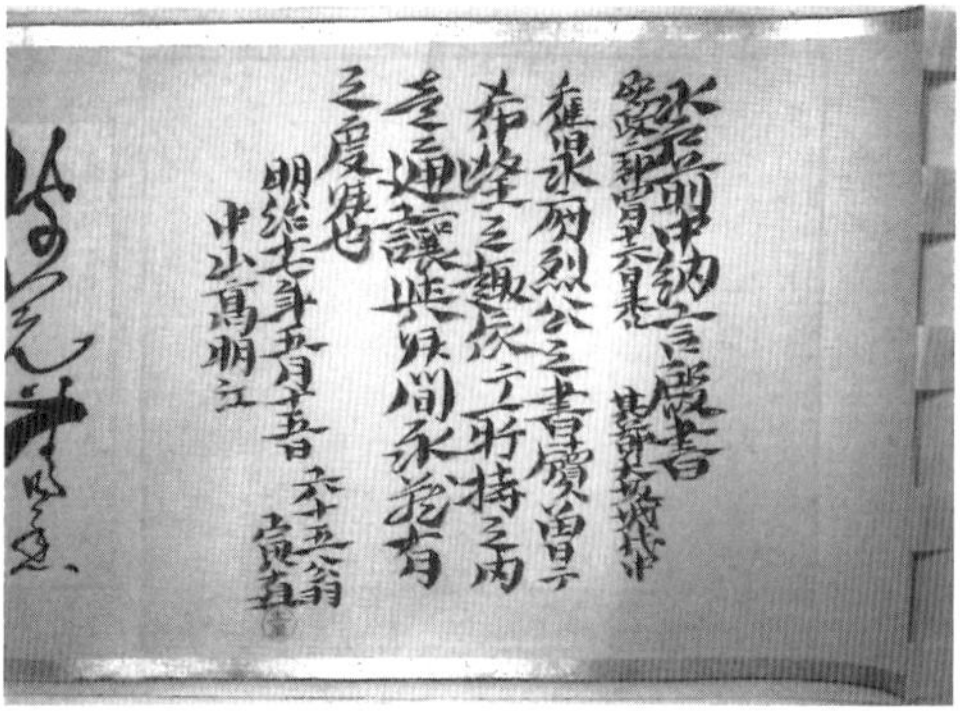

【書簡番号九】

解説：はじめの八行は土屋寅直の筆で「この書簡は、中山高明へ譲る」といった趣旨が書かれている。それ以降が斉昭の書である。

　お手紙拝見しました。恙《つつが》なくお過ごしのこと御同慶の至りです。石河（京に姉の用人として、朝廷との取次役として配している石川徳五郎と思われる）らにも会われたとのこと。

　お考えになっていることは、この上も存分にお聞かせください。とにかく大艦を防ぐには、大砲より他には無い。……六～七寸径の丸《たま》にて、二間ばかりの長筒、いずれも合玉が、よろしい。色々の玉目は、果たして火急の節は取り去って替えること……。

　このたび、梵鐘を大砲に鋳直《いなお》すようにと布告（幕府の指示を指す）が出たからには、大坂も畿内・近国の梵鐘をもって手当（大砲に鋳なおす）すれば、防備も手厚くなる。

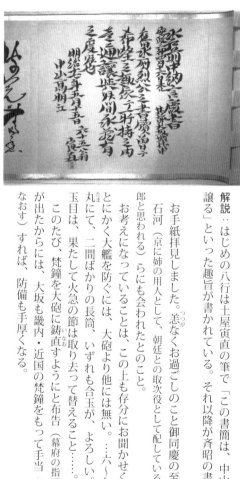

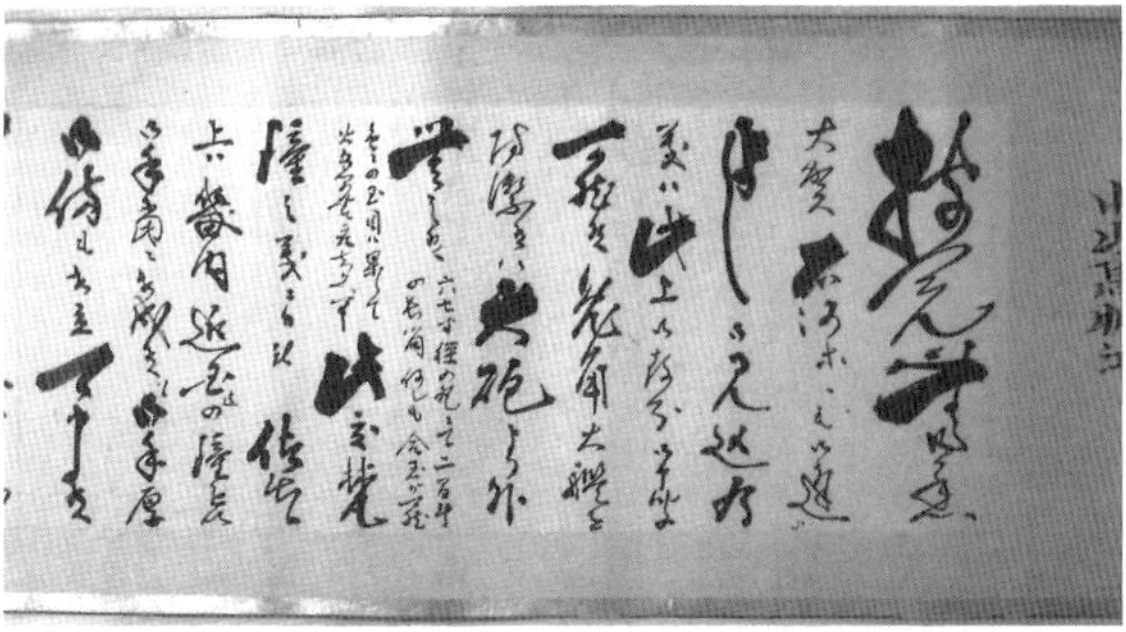

【書簡番号九】

一　芦管《ろかん》（書簡番号八の末尾参照）について、いろいろお申し越しいただきありがとうございます。

まずはお答えまで。早々

（安政二年（一八五五）カ）四月二日

水隠士（斉昭の号）

土屋殿

【書簡番号十】

別紙　簾中《れんじゅう》へも同様に芦管《ろかん》（書簡番号八の末尾参照）をくだされ忝《かたじけな》く、よろしくお礼申し上げてくださいとのこと。追々お手紙や佳品《かひん》をお送りいただいておりますが、内外、日々、手元取り込み、そのつど御返しもできず失礼しています。

将軍家については、昨正月以来何もお聞きしていないが、（藩の）内外

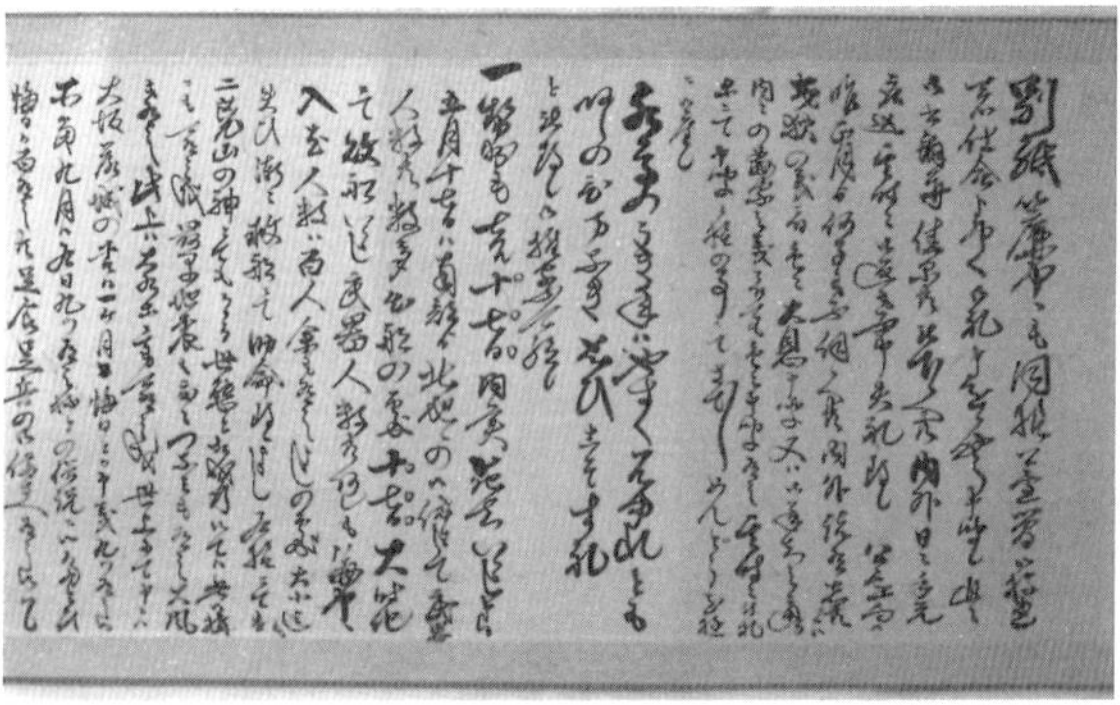

【書簡番号十】

諸有志達より、夷狄《いてき》のことで、色々と失望のため息を聞かされている。あるいは、御承知のとおり、藩内の奸人たちについても色々耳に入ってくる。あたかも、（自分たちが）非難されているかのように聞こえてくる。（文中にある「札等」は「察當」の当て字）さてさて面倒至極なことだ。

水鳥の　うきね（浮き寝）はやすく　見ゆれとも
　　あしのひまなき　思いこそすれ

同じにつき、ご推察ください。

一　勢州（阿部正弘）も実際のところ、去る十七日に死去した。
五月十七日は、南部藩より蝦夷《えぞ》地防備のため、武器人数を多く乗せて出船《しゅっせん》したところ、十七日に大時化《しけ》のため難破し、武器人数共いずれも海中に沈み、人数は百人余りもいたよし。大砲・小銃までも失い、ようやく救助の船に救われたという。このような有様なので、二荒山の神でも、かかる世態《せたい》となっては、おかまいなくということなのか。

　もはや地震も度々、つなみもあり、大風もあり、この上は大

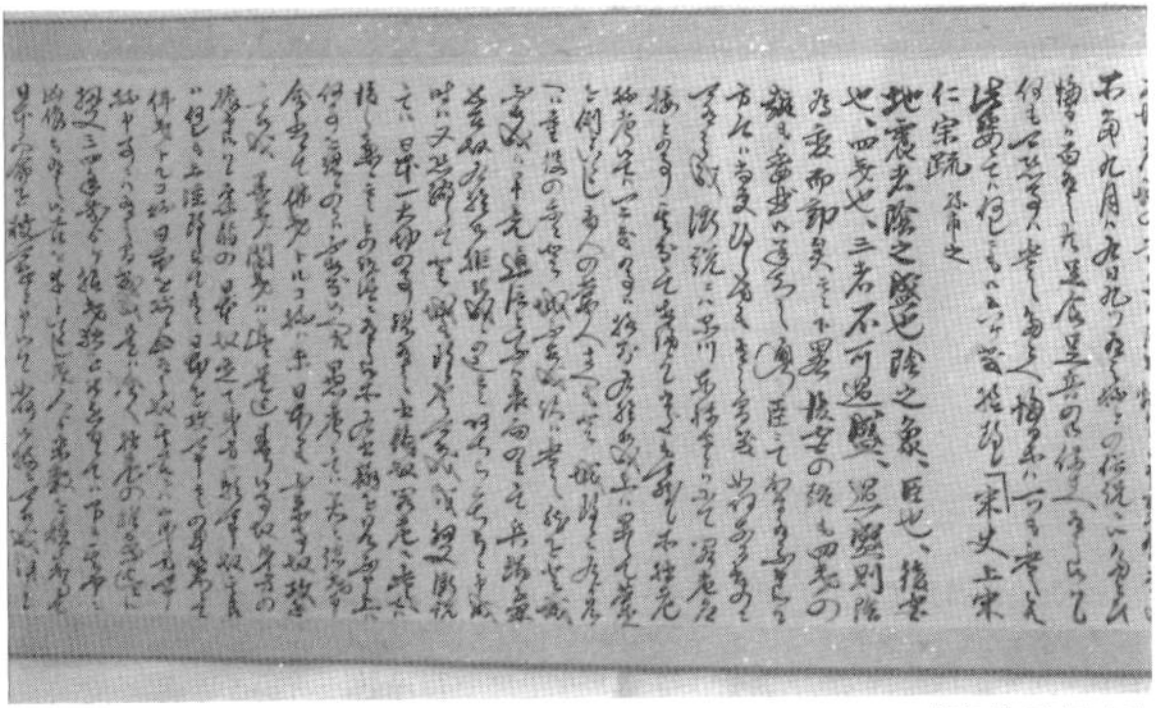

【書簡番号十】

水などもあるのではないか。

世上で申すには、大坂落城の節は、一か月悔い日とか申すのが九つあり、この九月は、その日が九つともあるというが俗説であろう。たとえ悔い日が百あっても、食と兵の備えさえあれば、何も恐れることは無い。逆に、悔い日が一つもなくても、今の姿では、とても難《むずか》しい。

解説：書簡ではそのあと、北宋の第四代皇帝仁宗《じんそう》のとき、官僚の孫甫《そんほ》が書いた疏《そ》（天子に差し上げる書）を載せている。

地震は陰の盛なり。陰の象《しるし》は臣なり、後宮なり。四夷なり。三者過盛なるべからず。過盛なれば、則ち陰変じて動となる。

解説：本文にも記しておいたが、斉昭筆の同文の書幅を所蔵している福井市立郷土歴史博物館は、「この書は、安政の大地震を受けて、頑迷固陋《がんめいころう》な幕府閣老、陰湿な勢力を振るう大奥、夷狄（米英仏露）の圧力といった三つの危険を警告し、賦《ふ》した詩である」と説明している。

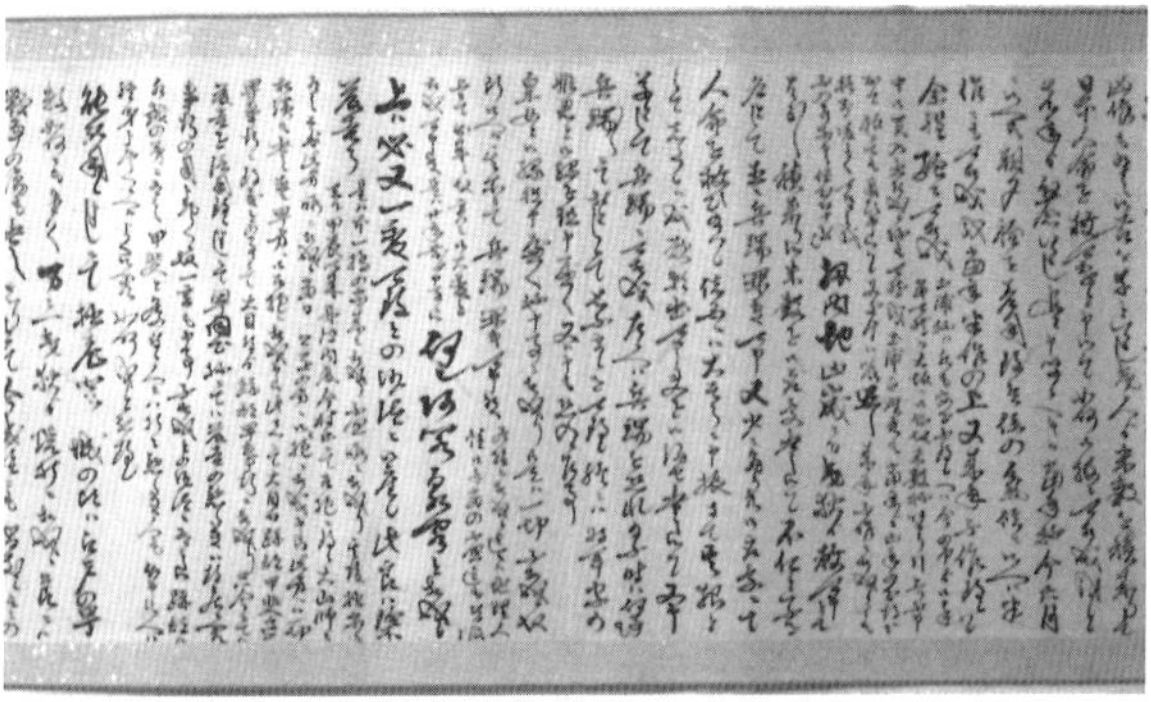

【書簡番号十】

後宮の趣も、四夷の趣もくわしくご承知のとおり、幕閣《ばっかく》が的確に対応せねば、今はなおさらにどうしようもない。どうすれば良いのか。世間の噂《うわさ》では、品川東禅寺とかで閣老が応接（ハリスを）するとのこと。その分で済めば良いが、拙老が考えるに、そうなると、一・二度ならともかく、オランダ人を例に挙げて、「オランダの商人でさえ登城しているのに、それよりも重職にある自分（ハリスのこと）を登城させない理由はないはずだ。登城させないということは、誼《よしみ》を通じると言うのは表向きだけで、兵端を開く考えの故ではないか」と言われてしまう。それゆえ、登城させないということを、あちらこちらに言われてしまうので、いずれは恐縮して登城してもらうことになる。

さて又、風説では、「日本一大切なことを認《したた》めてある書簡につき、閣老でなくては渡せない」と言っているそうだ。何が書いてあるか分からないが、愚考するに、諸外国は申し合わせており、フランス・トルコは日本に来たことがないので、攻め手となる。アメリカ・イギリスはこれまで度々来ているので、味方の振りをすれば、柔弱の日本だから、（両国を）味方と頼み、その時になったら、（各国は）いずれも上陸して共に日本を攻める

【書簡番号十】

策略なので、「フランス・トルコは日本を攻めることを企てているので、そのときは、お味方いたします」などと言ってくるのではないか。これは全く拙老の推察だが。

さて又、三～四年前から、このように夷狄を近づけておくと、凶作のときには、幸いとばりに、夷人が米穀《べいこく》を積んできて、「日本人の命を救いたい」と言ったら、どう対応すればよいか、先年より懸念している。追々（幕府に）言い聞かすべきか。

当年は今、六月なのに、朝夕袷《あわせ》を着用するくらいの気候なので、半作にもなってしまうのだろうか。当年は半作で、また来年も半作だと余程の騒ぎになる。土浦（寅直の領地）などは、水も安心できないので、今の内から手当てした方がよい。大坂に居られるので、米穀など、あまり引き上げられないうちに買い置くことも必要ではないか。土浦の百姓達も、今年より凶作と心得、かて飯《めし》（米に他のものを混ぜて炊いた飯）でも食いつなげば、来年不作になっても、凌《しの》ぐことが出来る。要らぬことだが、ご参考までに。

さて、内地凶作の年につき、夷狄が救助のため、はるばる積んできた米穀を受け取らないと、仁の道に反するとして兵端を開くだろう。また、少しでも受け取って人を助けると、諸国に大いに言いふらすと同時に、その報酬として、したたかな嘆願がなされ、できないと言うと、言いがかりをつけて兵端になると言う。（こちらが）兵端を恐れれば、何時も兵端々々で脅《おど》かされて、（相手の）思うままになってしまう。

ついには、将軍家の姫君と御縁を組みたい、あるいは、申すも恐れ多いことだが、皇女と御縁を組みたいということになる。これは一切できないことなので、断った所にて兵端が開かれる。（相手は）このようになるまでには、地理・人情・諸手当（備え）が十分でないことも知りつくしているので、実に大変なこととなってしまう。これは二十年も前から言っている。いずれにしても、阿部正弘がいなくなったので、必ず、一変しようとの沙汰が下るであろう。

この節は鈴木藤吉郎…これは元一橋の家来となったが、良くないので暇《ひま》を出された。その後、我藩に来て、甲辰以来、丹波・内藤・今村等が召し抱えた大山師である。またこの方で暇を出した日、公辺でお召し抱えになり、この方へは一切相談もなく、直ちに町方へ召し抱えられた。この者が、大目付跡部甲斐守を町奉行にしたいとのことで、大目付から跡部町奉行となった。ただ今では藤吉を信用しているとのことで、町同心などは、藤吉の悪事を知っているが、奉行がよろしく用いているので、一言も口にすることあいならずとのことである。跡部は水越（水野越前守忠邦）の弟である。甲斐と名の付く人は、ときどき悪しき人もいるので、終わりまで良ければよいが、どんなものであろうか…が、良く用いられたそうで、拙老が登城していた頃は、江戸の町の数はいかにも多く、万々一夷狄より焼き討ちされたときは、戦争の場もなく、そうかといって、今減らそうにも差し支える等の話を度々聞いて、もっともと思っている。

ところが、今は、前述の鈴木藤吉郎が、この上にも繁華でなければならないと申し、先年、文恭公（家斉《いえなり》）の時代と思うが、芝へ行く道に大きな土手が出来、防火のためとしていたのに、今は取り払い、

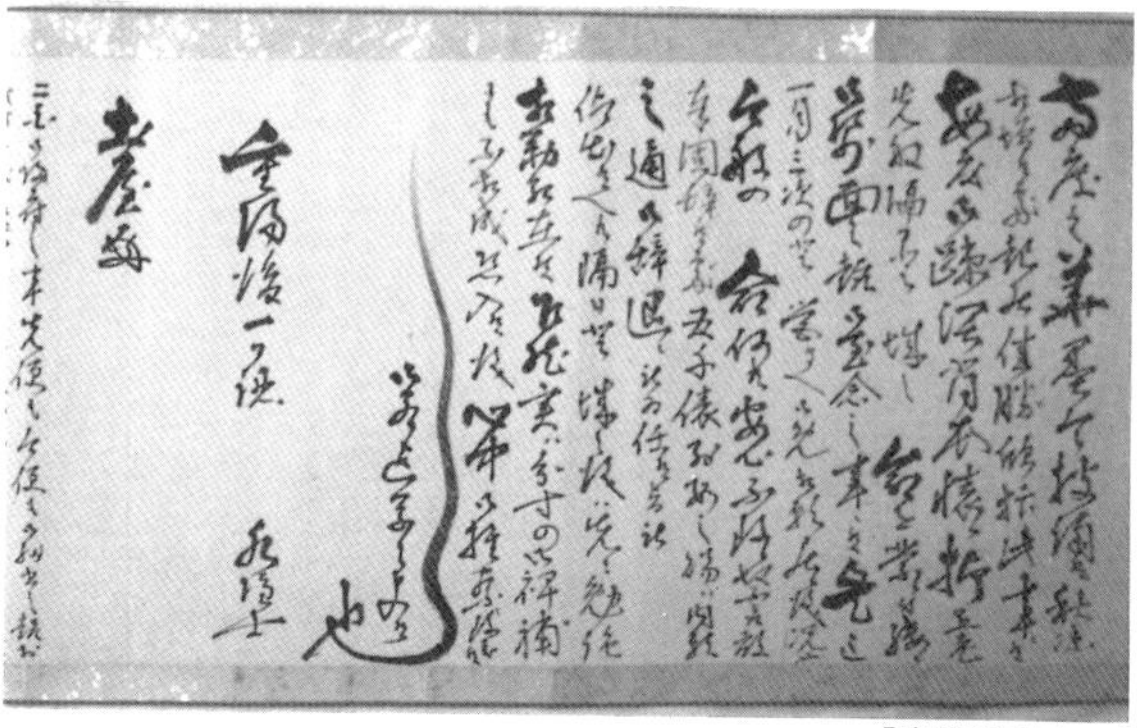

【書簡番号十一】

川を埋めて、土手の跡にも町家を立てたとのこと。なお又、今の将軍の時だが、祭礼等は華美にならないようにとのお触れも度々あったが、近頃、どこかで祭りがあった時、華美でなくてはいけないと、内々町奉行から徹底を図って以来、華やかに飾るようになったそうだ。これでは、命令を受けたものが、どうしたら良いのか困ってしまうと思う。

（幕府は）梵鐘のことなども、仰せ出されるだけで、これでは、大中小の御筒（大砲から小銃まで）も造れず、僧侶の機嫌をとる仲居になり下がっている。そうかといって、大小名は財政窮迫ゆえ、他に造る力もなく、今に一事《いちじ》起こると、直ぐに（国を）奪われてしまうかも知れない。

それというのも、（幕府の）御威光も落ちているゆえ、何事も成り行き任せという姿になっており、大息のみついている。いずれもご覧になったら早々ご火中へ。　不一

ついでながら、大久保要も無事に務めていること、一段と喜んでいます。

解説：安政四年（一八五七）六月後半の頃の書簡と思われる。

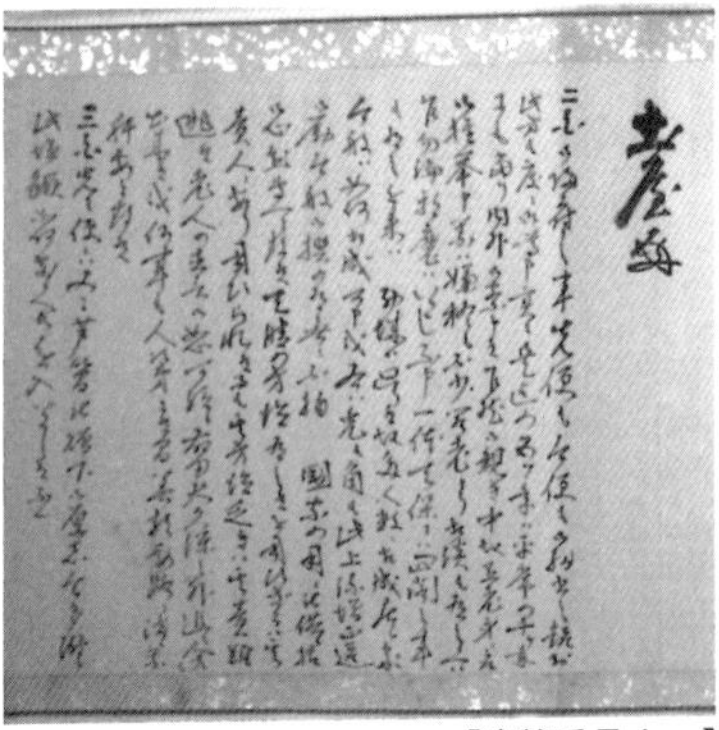

【書簡番号十一】

【書簡番号十一】

二度の御書簡拝見いたしました。秋涼《しゅうりょう》の増す季節、日々ご健勝のことお喜び申し上げます。

心ならずも、何時も言い訳ばかりしております。

先般隔日登城を仰せつかった件については、お手紙で縷々《るる》お気遣いいただきました。

これまでの月三度の登営さえ御免蒙《こうむ》りたく固辞していたのに、況《いわん》やこの度の命です。

（務まるかどうか）何とも安心できないので、取りあえず固辞したところ、五千俵を別段賜る話は、内願のとおり辞退させてもらうこととなりましたが、隔日登城のことは、先々の勉強のために勤めることにしました。しかし、実際には、少しも御役に立てていないので心苦しく思っている。

心中お察しください。お答迄。草々

（安政二年（一八五五）カ）九月十日認《したたむ》

水隠士（斉昭の号）

解説：土屋寅直は、先便と今回の便で、斉昭に、「自分を老中に推薦して欲しい」と頼んだものと見られる。二伸はそれに関する言及である。このとき、老中には欠員が生じていた。しかしこれは、斉昭が老中首座の阿部正弘に強硬に申し入れて、開国派の松平忠固《ただかた》と松平乗全《のりやす》の二人を罷免《ひめん》させたことによるものであり、斉昭が寅直を後任に押せる雰囲気ではなかったと思われる。

土屋殿

二伸　江戸へお戻りになる件、先便と今回の便とで細々とお書きいただきました。私共も、（この件については）噂《うわさ》しておりました。実に、これまでの五年間は、平常の十年にもあたり、（貴兄の）内外のことよく分かります。しかし、お親《した》しき仲ゆえ、愚老にとりましては、ご推挙すると、嫌疑も少なからず持たれますので、閣老から相談でもあれば、もちろんのこと、邪魔するようなことは致しません。天保の時代は、（老中が）四人のこともあったが、近来は、初めての方もおられるので、大勢になっているが、今般はどうなりますか。

この件はともかく、ますます正道に励まれ、今般、選ばれるか否かにかかわらず、国家の役に立たれるよう、お心がけ専一が肝要と思います。天賦の才徳ある人を用いない責めは、その用いない人にあり。用いられても、その才徳が乏しいときは、その人の責任は逃れ難い。老人の直言《ちょくげん》ゆえお許しください。

藤田・大久保の他、追々、才人も出てきているでしょうか。何事も、人次第につき、善き人は要職に置くことが肝要と思われます。

【書簡番号十二】

三仲　先の便で、又々芦管《ろかん》（【書簡番号八】の末尾参照）お贈り下され、御厚志に感謝しております。

この塩鮭、お口に合いますかどうか分かりませんが、お納めくださいますように。

【書簡番号十二】

神州、喜びのつきることのない春、ますますご健勝で年を重ね、御喜び申し上げます。我が家も王化《おうか》に浴し、同様元気にしております。どうぞ、ご心配なく。

（安政三年（一八五六）カ）正月十一日　　水隠士（斉昭の号）

土屋殿

二仲　去冬十二月にいただいた両書、拝見いたしました。
また、佳い品を戴き喜んでおります。
新内裏、（安政元年四月に炎上した禁裏が、翌年十一月再建になり、新内裏への遷幸となった）

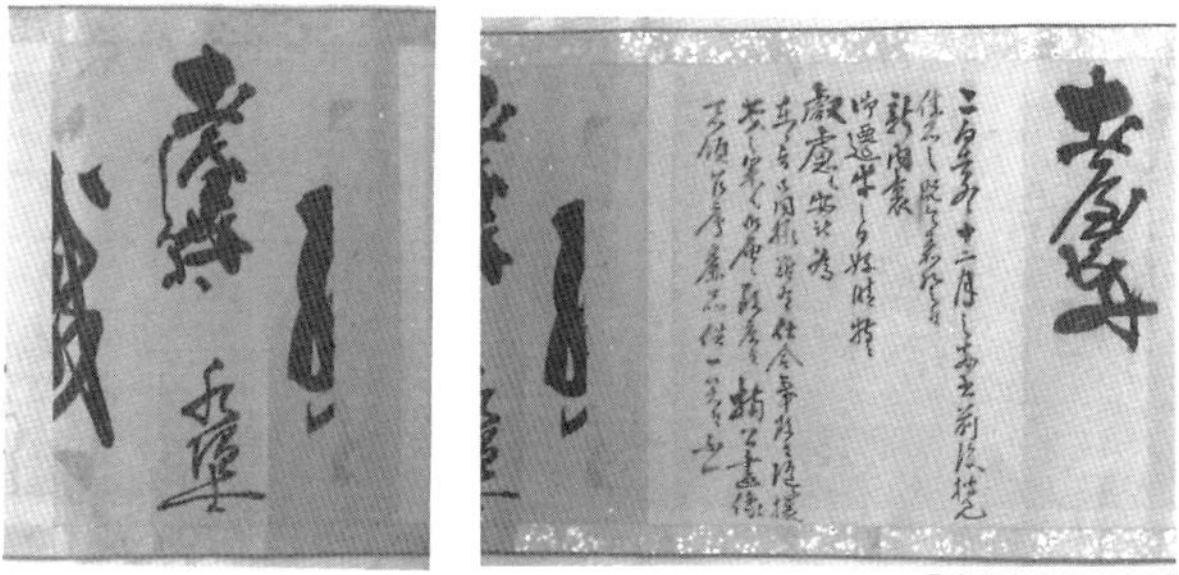

【書簡番号十二】

御遷幸の日、好く晴れ、とくに叡慮（天皇のお気持ち）も穏やかにあらせられた御様子。同じく有難く、幸せに存じました。したがって、攘夷の策もお届したく思います。

楠公《なんこう》の画、忝《かたじけな》く頂戴いたしました。ついでながら粗品お送りしますので、ご笑納ください。　不一

水隠士（斉昭の号）

土屋殿

【書簡番号十三】

八月十八日のお手紙、拝見いたしました。まずもって御障《さわ》りもなくお喜び申し上げます。

アメリカ人（ハリス）の件、強く対応しなければならないとのご意見、その通りかと思いますが、まず、最初アメリカが来たとき、強く出るのが元よりの御国法につき、拙老も数度その旨建白したが、折から慎徳公（将軍家慶）御病気で、何もできず、そのうえ特に武備が手厚いわけでもなく、また一方で、手強い扱いが出来ないのも事情がないわけではなく（反対するものが多かったことを指しているか）、その時から少

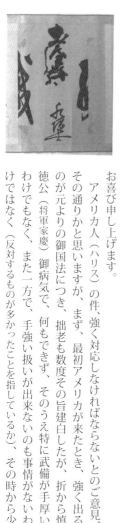

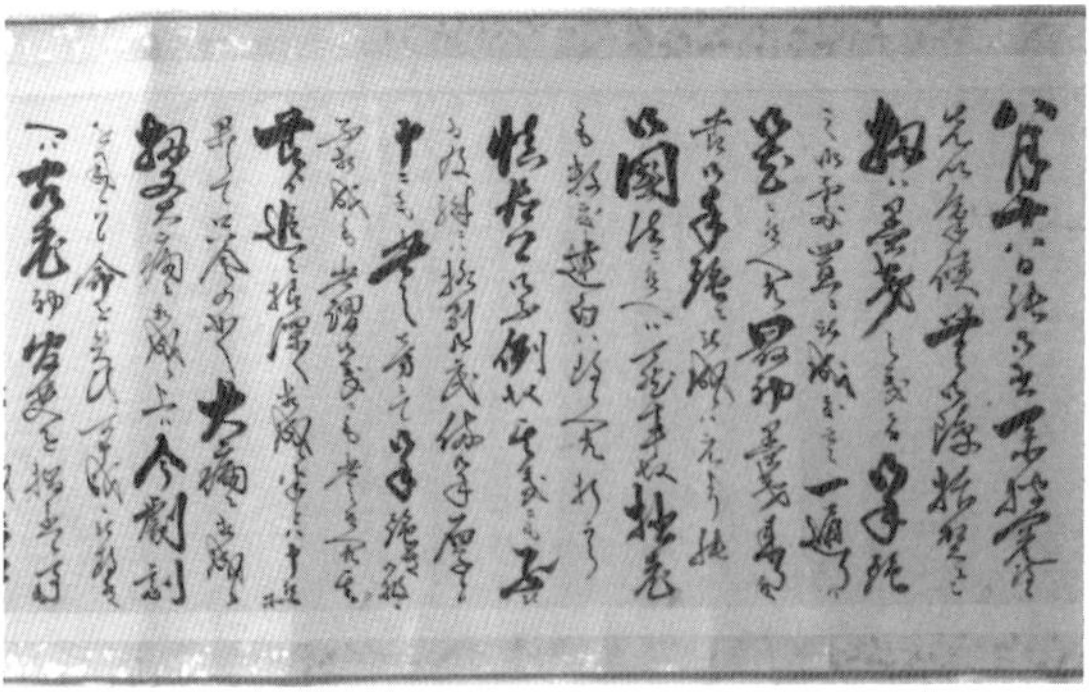

【書簡番号十三】

しずつ根深くなっていくと言ってきたが、果たして今のように、大病になってしまった。

さて又、大病になったからには、今劇剤を用いる（戦端を開く）と、命を失うことになるので、閣老をはじめ、官吏（ハリス）を置くことを許した人と評議することになろう。このことは、やむを得ないことであったかも知れないが、アメリカの官吏を置いたからには、他の国々も追々置くことになるので、邪教などに人々が馴染《なじ》んでいくことは相違なく、一時の計略で時間を稼《かせ》いでいるうちに、早く内地の防備を固めるように申し上げたい。

官吏を置くようになっても、人々が平穏に安心して、大小砲を造ることも怠《おこた》るようの事では、決して許されることではない。まずはお答迄。早々

（安政三年（一八五六）カ）九月十八日　水隠士（斉昭の号）

【書簡番号十四】

別紙　大坂御警衛の件、なにとぞ早く、お手厚に致したい。

【書簡番号十三】

いずれにしても、大変な世の中になってきた。（幕府は）交易のことも言い出し、堀田が一人で抱《かか》えているようだ。これは、溜間《たまりのま》の者たち一同が、（この問題から）逃げるために、皆で押し付けたようだ。

さて、交易することにしても、（貴兄には）京の朝廷を御警衛することについて、これまで以上にお世話願うことになる。何事を捨てても皆で武備に力を入れれば、戦争までには備えができるかもしれない。しかし、交易できるようになると、内地の人々は、それに安《やす》んじて、（戦の）手当てはますますしなくなる。夷人《いじん》は、内地の地理・人情を知った上で事を運ぶので、目的を果たすことは明らかと思う。

さて、このように陰症（マイナスの気）に陥《おちい》ったからには、どのような劇剤（戦）を用いたところで、直ぐに命を亡くす。これも仕方ないところだ。

一　安中へ云々《うんぬん》は、過日申し遣わしたことです。

解説：「安中へ云々」の安中は、当時斉昭と親交の深い安中藩主板倉勝明の事と思われる。また、「云々」については、『安中

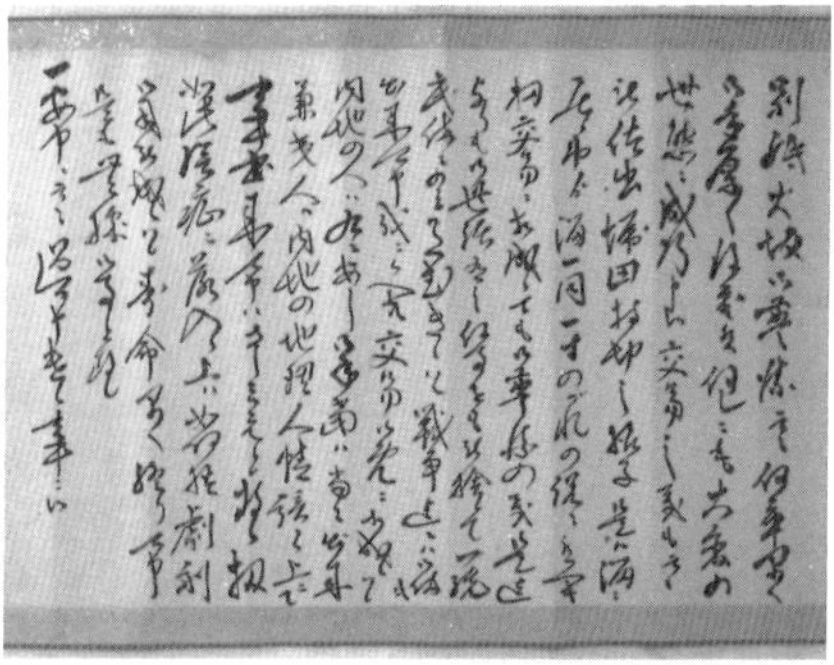

【書簡番号十四】

市史』に、「板倉勝明は、弘化三年（一八四六）頃から、頭痛・目まいの症状があり、安政元年（一八五四）から快方に向かったが、安政三年（一八五六）に再び不快となった。斉昭が、板倉勝明にお見舞いとして、斉昭考案の歩学机（勝明の症状を慮《おもんぱか》って、歩きながら読み書きのできる見台…首からかける写生板のようなもの）を贈ったところ、斉昭宛に、礼状とお返しの品が送られてきた。斉昭は、それに対する礼状を、安政三年（一八五六）十二月十八日付で板倉勝明宛に書いている」（『安中市史』第二巻通史編、西村文則『水戸学随筆』）との記事がある。

したがって、【書簡番号十四】にある「安中へ云々」の云々は、時期的に、板倉勝明の病状を告げたものではないかと推測される。

なお、板倉勝明は、この書簡番号十四が書かれたのが安政三年十月とすると、翌年四月に四十七歳の若さで逝去した。

【本書簡番号十四】は、堀田正睦が外国御用取り扱い（専任）を命ぜられたのが、安政三年十月十七日なので、その頃の書簡と思われる。

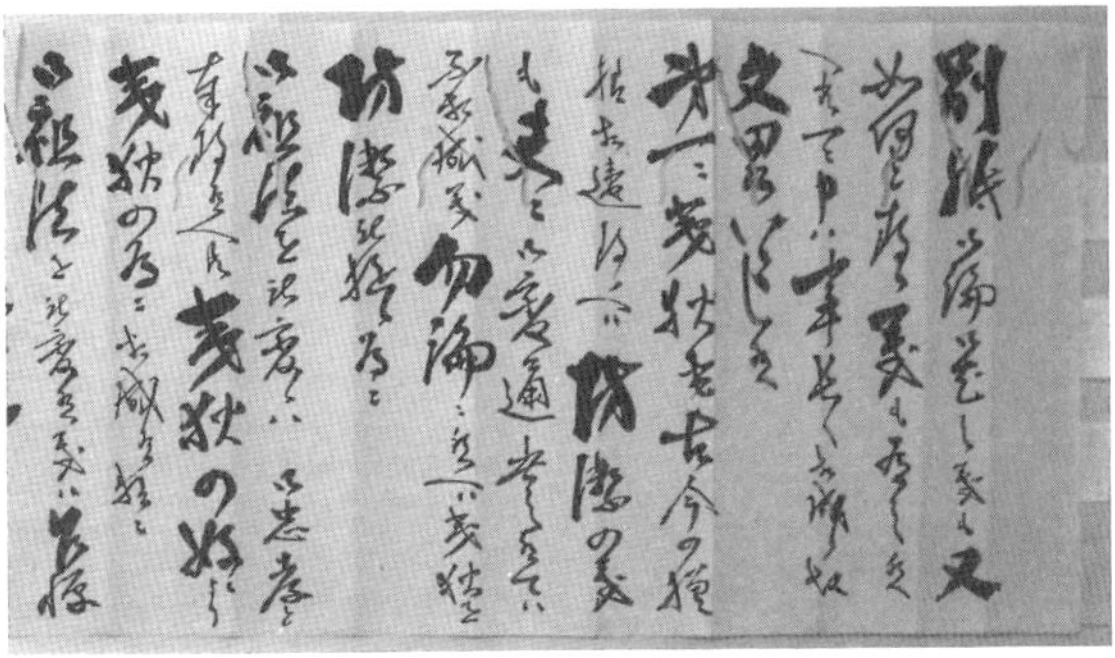

【書簡番号十五】

【書簡番号十五】

別紙　ご意見もっとものことも、また、如何かと思われる点もありますが、一々書いていると長くなりますので省略します。

第一に、夷狄も昔の模様とは変わってきているので、防ぐ方法もそれに合わせて、変えねばならないことは勿論だが、夷狄を防ぐために、御祖法を変えることは、忠孝だと思うが、夷狄が好む夷狄のための法に変えることになったら、それは忠孝でない。

戦わずして勝つことは、善の善であるというが、戦わずして負けるなどは、古来より聞いたことがない。表向き、一時逃れとして、平穏であるように見せるために、夷狄の言う通りにするのだろうが、結果として、数港を開き、邪教を広め、日本人同志を戦わせることになる。夷狄は手を懐《ふところ》に入れたまま我が国を奪ってしまう。

縁もゆかりもない敵国の夷《えびす》が、何で日本のためにご親切を言い、日本のために盡《つく》すことが有るだろうか。同じ穴のオランダなどと申し合わせて、日本を奪うためであることは疑いない。

去る天保十三寅年（一八四二）水越（水野越前守忠邦・老中首座）が打払い令を止めたのが根本から間違いの始まりで、そのとき、また御忠告と言ってきた彼（オランダ）の計策に落ちてしまった。

【書簡番号十五】

つまりは、日本の勇武を恐れていたので、直ぐには攻め取ることが出来ないので、交易を始め、邪教を開き、日本人を手なづけたうえで、事を始める計策である。昔のキリシタンも今のキリシタンも同じである。乳を飲ませるのは耶蘇《ヤソ》（イエス）の母と覚えている。幻術は、例えば、法華坊主が狐を使うのと同じで、奇妙不思議に見せることを方便としていたが、今では世界が開けて、幻術ということが分かったので、彼らもこれを止めたのか。金銀を使って人を手なづけ、その国を奪うことがキリシタンの第一の術である。このことは、ただ今でも変わらない。キリシタンが悪いことはもちろんだが、幻術に関わることではない。五人の子に乳を飲ませるのは、五世界のものを皆キリシタンにしたいためと見抜いている。先にお届けした『破邪集』（明の『聖朝破邪集』を斉昭が翻刻《ほんこく》させ、幕末キリシタン排撃の先駆けとなり範例となった）の三巻の末に、日本人に三眼ありと言う所から以下をご覧ください。

今公辺（幕府）は表向き平穏に見せかけているが、後日大患を招くと拙老は早くから考えていた。

オランダから御忠告を申し上げると言ってきた。（アメリカは）そのオランダと同じ穴の夷《えびす》であると知りながら用いている様子も

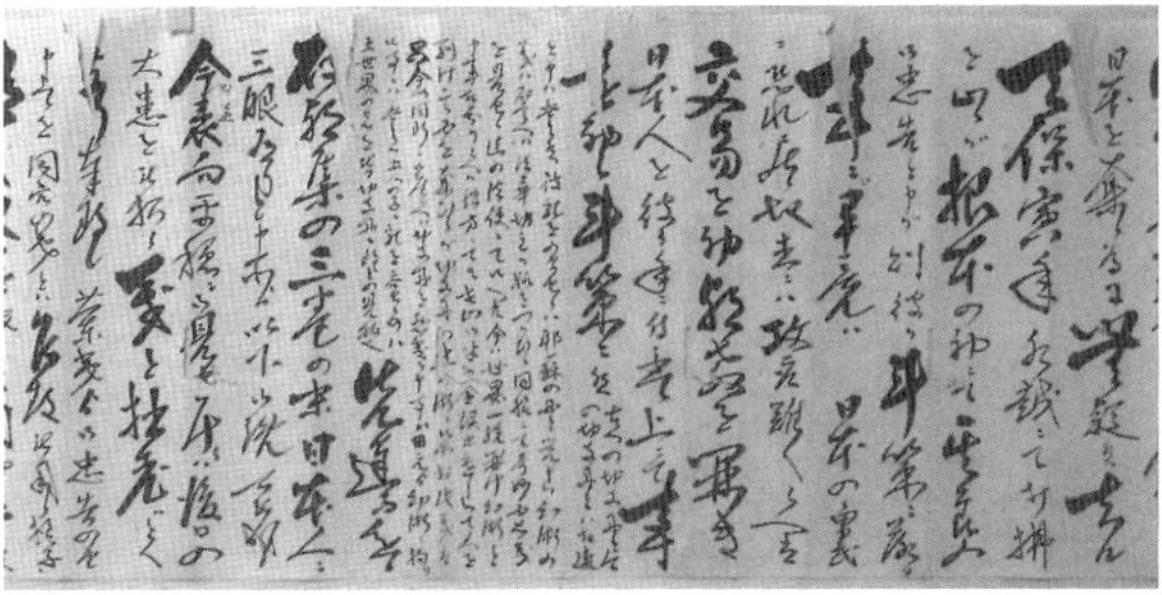

【書簡番号十五】

ある。

また、アメリカが、英仏五十艘《そう》が押し寄せてくると言って久しいが、これは全くの脅《おど》かしで、三寸の舌先一つで、戦わずして勝つという計策ではないか。とにかく、敵国が言ってくることは、本当のこととは思えない。

この度、墨夷《ぼくい》コンシェル（ハリス）は二度目の出府だが、下田奉行（井上清直）の妻女に会いたいと言うので、病気を理由に断った。また、土岐丹波守頼旨《よりむね》（大目付、ハリスの江戸出府用掛）宅を訪ねたいと言うので、大風後の修復が未だできていないと断っている。

いずれもその場逃れの口上で、もう一度、行きたいと言われたら、まだ修復出来ていないとか、いつまでも病気だといって断るわけにいかず、ついには妻にも娘にも会わせることになろう。

そうなると、娘に縁組を迫られることは疑いもなく、それを拒《こば》むと、懇意というのは表向きだけで、内実は、そうではないのではないか、それでは兵端になると言われてしまう。

同役が寄り集まって、天下のために一人の娘を捨てることは仕方ないとなって、結局は、上に対しては忠義なり等と申し、わけ

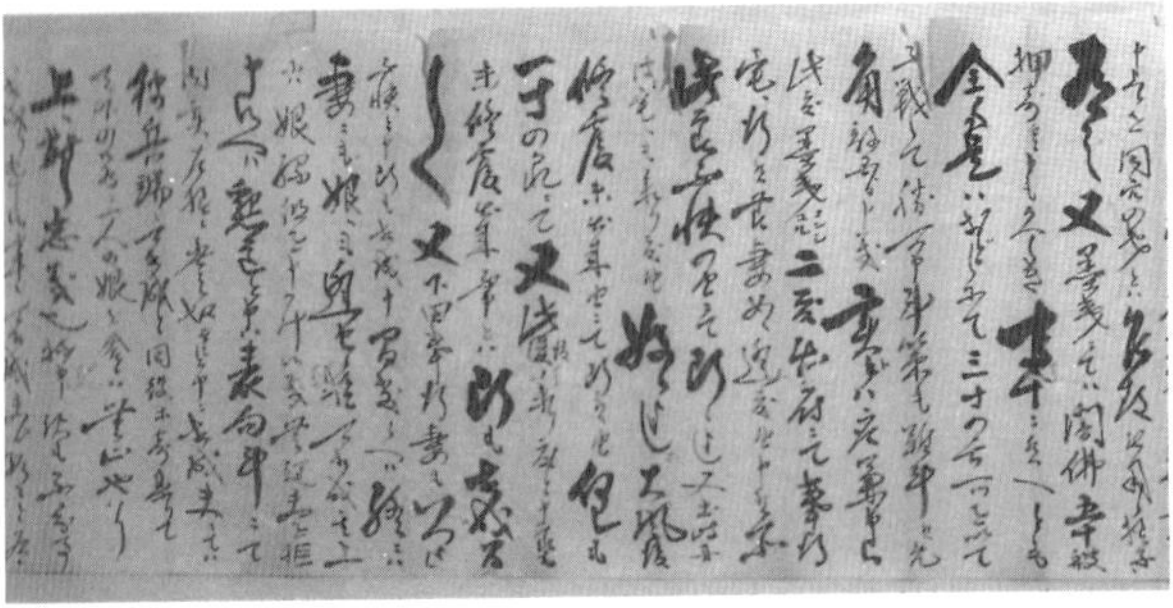

【書簡番号十五】

の分からないこととなって、（娘を）遣《つか》わすことになる。

これが段々と前例となって、畜生同様の者と御旗本が縁組することになれば、それ以下はもちろん、それからは、公家・大名、ついには公辺姫君、更には、その上との縁組も望まれてしまうかも知れない。

取り返しのつかないときになって、彼らを打滅《ほろ》ぼさんとしたときは、すでに彼に与《くみ》する日本人も多くなっており、どうにもならない状態になるのではないかと心配だ。

そうであれば、出来ないものは出来ないと厳しく断り、それを聞き入れずに事を起こしてくるのであれば、やむを得ず防戦するしかない。

今のうちなら、彼の側に付く者もいないので勝てると思うが、登城・お目通りを許して、幾久しく御懇切云々《うんぬん》と言っている以上は、何かあったときは、かえって悪い結果を招くのではないかと、くれぐれ恐れ入るだけである。

（自分には）直々の上意さえなく、登城もしていないので分からないが、これまでのことを将軍はご承知ないのではないか。それは、役人の手落ちに依るものかもしれないが、それで事が済んでしまう

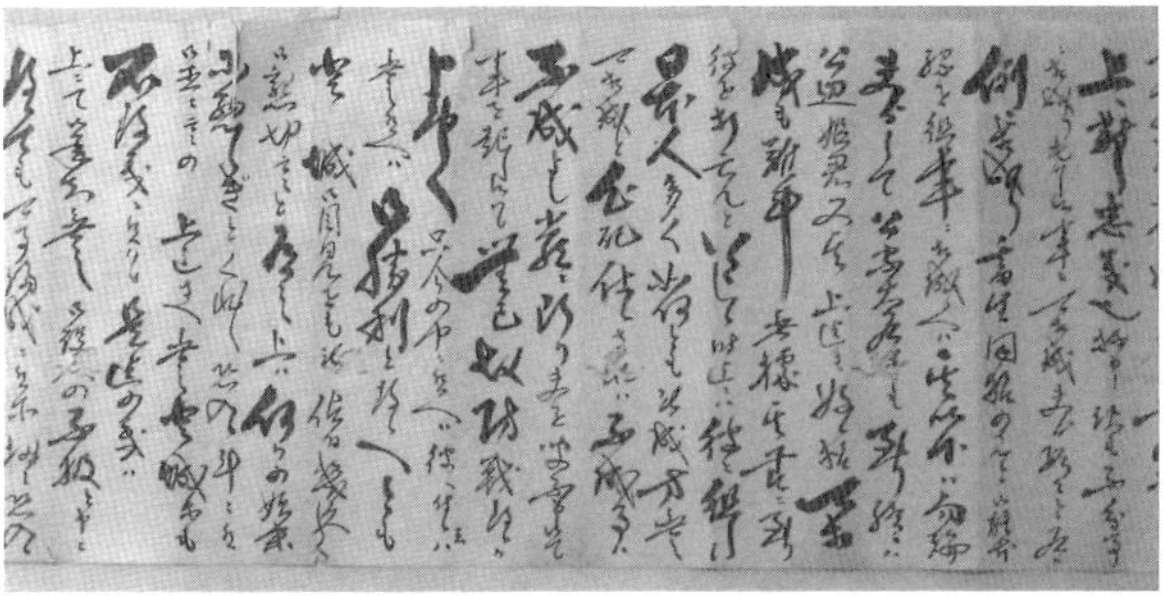

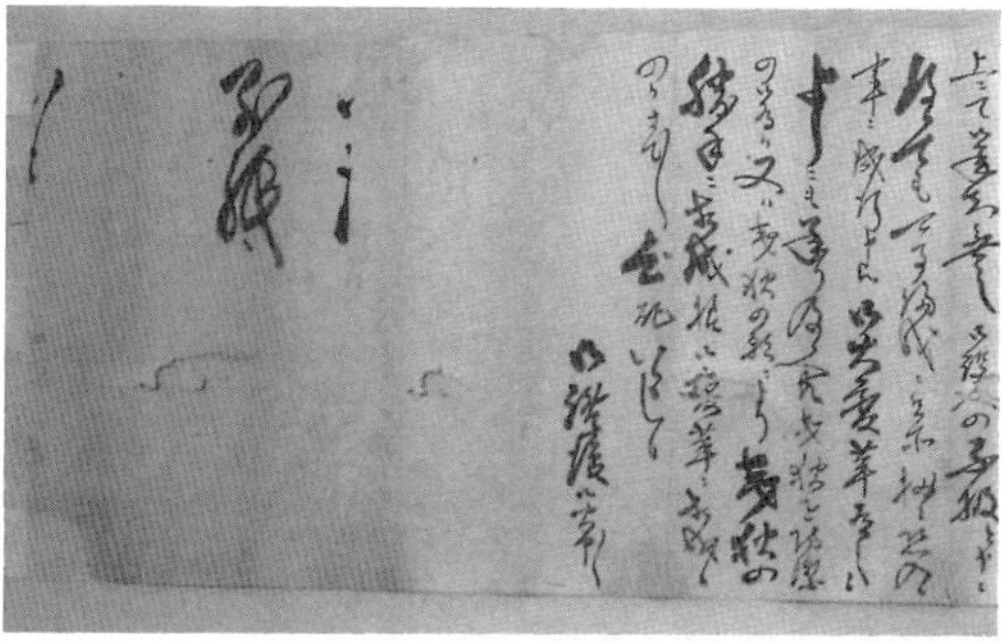

【書簡番号十五】

のだから恐れ入ってしまう。

大きな変革があるようにも聞いているが、（その変革が）夷狄を防ぐためなのか、夷狄の願いを入れて、夷狄の勝手にさせるためなのか、さてさて心配なことだ。

解説：本書簡は、堀田正睦が上京中、高熱を発して下田で療養していたハリスが、安政五年（一八五八）三月五日、江戸へ戻った頃から、堀田正睦が四月二十日に江戸へ戻ってくるまでの間に書かれたものと思われる。

【書簡番号十六】

解説：安政五年（一八五八）四月、幕府が、これまでの経緯を説明するために大名達を総登城させた。本書

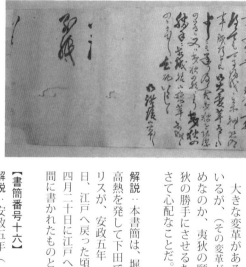

箇はその様子の記述である。

午《うま》年四月二十五日、登城した面々へ、席々で懸《かか》りの役人から、噺《はなし》の書き付けが配られた。溜《たまり》詰めへは土岐丹波守、大廊下の面々へは川路左衛門尉、大広間席へは井上信濃守、ご譜代外様衆へは岩瀬肥後守が担当した。

一　昨二十四日、（堀田）備中守宅へ使節（ハリス）を呼び寄せ、順を追って交渉に及んだ。

条約（締結）を今直ぐに取り計らうことはできず、かねて申し聞かせていたとおり、人心の折り合いがつかない等があり、京では天皇も深く御悩みになられていること等を堀田がくわしく話して説得した。

（ハリスは）そのようなことは、世界中のどの国を見ても、歴史書にも何処《どこ》にもない。

双方が交渉して決めたものを、国内の人心の折り合い等の理由で差し止めることなど、萬国では決してない話だ。江戸の政府が調印できないなら、権限のある所へ行って交渉する。このようなことが、西洋の他の国に知れ渡ったら、この後、

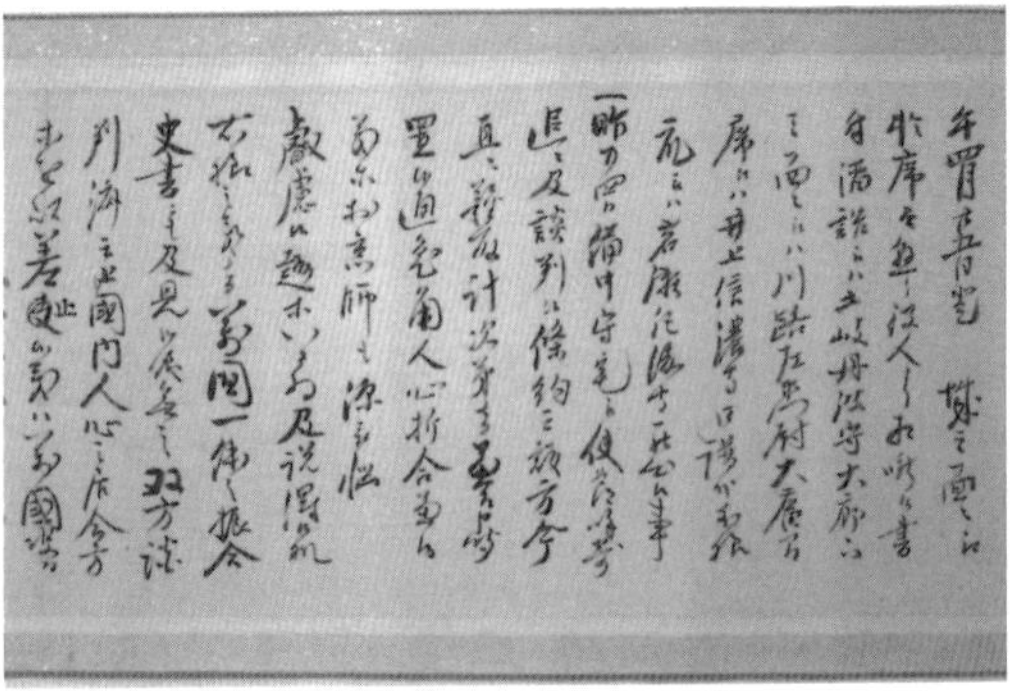

【書簡番号十六】

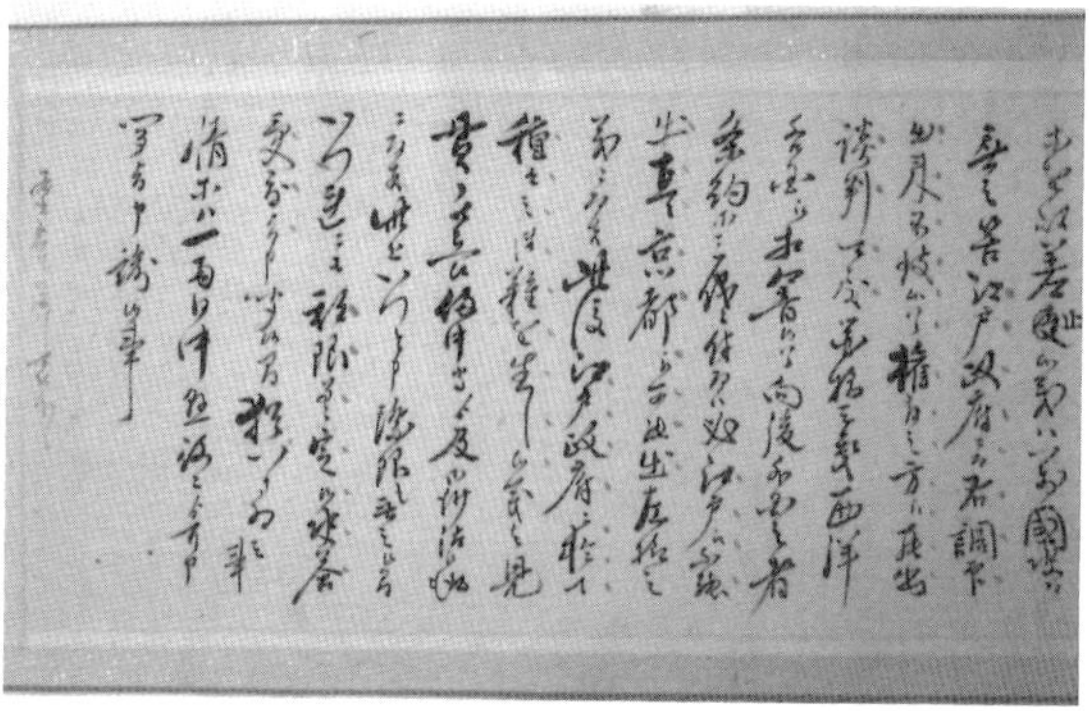

【書簡番号十六】

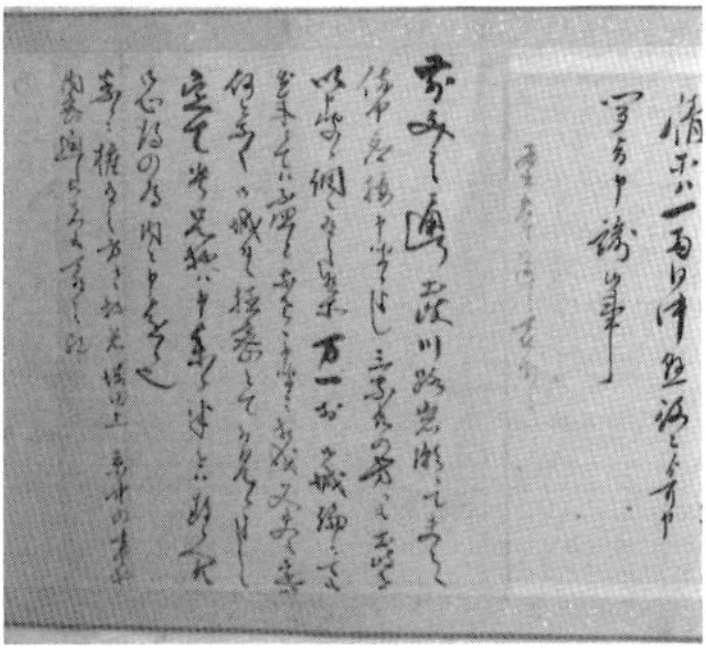

条約を結ぶときは、必ず、江戸ではなく、直々に京都へ行くが、それでは、江戸政府も困るだろうと、見抜いている。

（堀田）備中守より指示するという話には、いつになるか際限なくなるので、どれにも期限を決めて、お答を受けたいとのことであった。なお委細の事情等は、一両日中に懸《かか》りの役々から申し聞かせるとのこと。

右の書、追ってお返しください。

前文のとおり、土岐・川路・岩瀬が、それぞれへ（堀田）備中がやり取りした内容を聞かせた。

三家の方へも土岐が説明に来た。

個別に行ったそうだが、万一、お城で議論になってもいけな

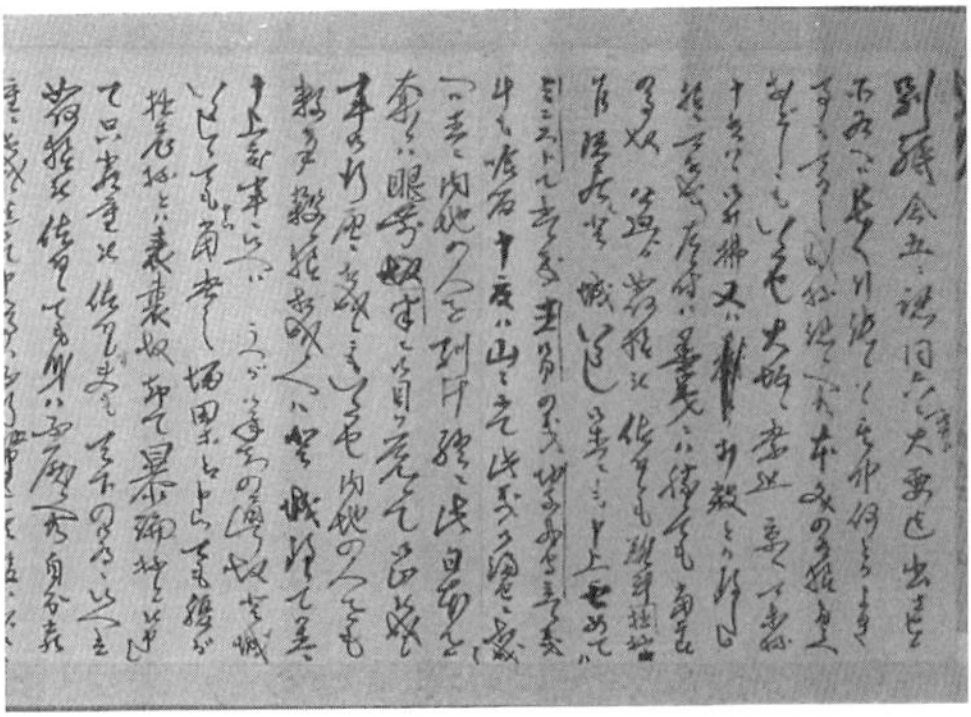

【書簡番号十七】

いので、家老に聞かせる（それを持ち帰って主に報告してもらう）こととした。ただ、それも極秘の扱いとして御城付きへ見させたのではないか。

　きっと貴兄などへは、そうした話が届くと思うが、御心得までに内々お伝えします。

　察するに、権限のある方へいくといった話など、もしや堀田が上京中のことを書き留めて置いて、内密に通じていた者でもいたのだろうか。

解説：本書簡は安政五年（一八五八）四月二十五日に書いている。

【書簡番号十七】

　別紙二十五日に認《したた》め、二十六日に大久保要宛（幕府が、斉昭は、朝廷とやり取りしているのではないかという疑念を持っているので、嫌疑をかけられぬように宛先を大久保にしている）に出した書簡（205頁の『義公・烈公書翰集』安政五年四月二十五日付書簡が該当）には、長く引っ張れば、そのうち何か良いこともあるのではないか、と書いた。（ただ、同頁の当該書簡には、それらしき文章は書かれていない。この点は斉

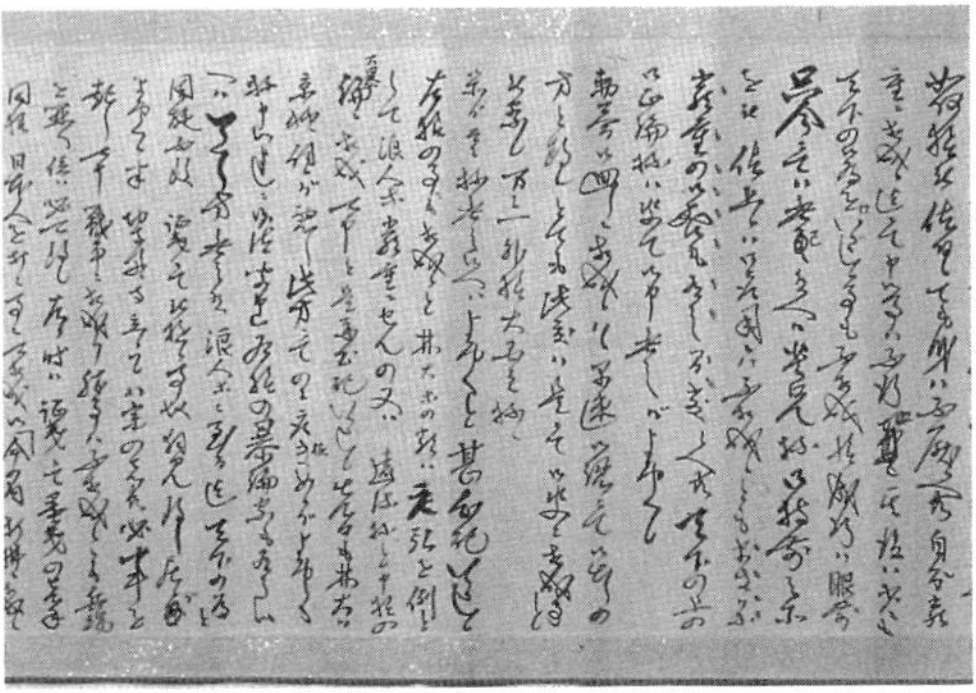

【書簡番号十七】

昭の記憶違いと思われる。本書簡の末尾の傍線部分には、それらしいことを書いている）

しかし、本文の有り様（右の書簡には、ハリスが、江戸の政府が調印できないなら、権限のある所へいって交渉すると言っていると書かれている）から、たとえおどしにしても、大坂へ乗り込み、京へ来るなど言ったら、御打払い又は打殺しにせねばならない。その時はアメリカに勝てても、当節のことなので、将軍家からどんな仰せがあるか分からない。

拙老（斉昭）など、隠居の身ではあるが登城して、直接に申し上げたい。せめても官吏を置く件、直易《ちょくえき》（民間同士の取引）の件、キリシタン寺を建てる件だけでも食い止めたいのは山々《やまやま》で、これらが決まってしまうと、（夷狄は）直ぐに内地の人々を手なづけ、終《つい》には日本を奪うこと眼前になろう。

そこで、眼を覚まして、止めようとすると、下知が行き届いても、内地の人を数多く殺すことになる。こうしたことを登城して直に申し上げたいが、上（将軍）がご承知のとおり故、登城しても申し上げるあてもなく、堀田などに申しても、腹が拙老などとは表裏なので、かえって暴論などと言われ、ただ厳重に仰せ付けられ

【書簡番号十七】

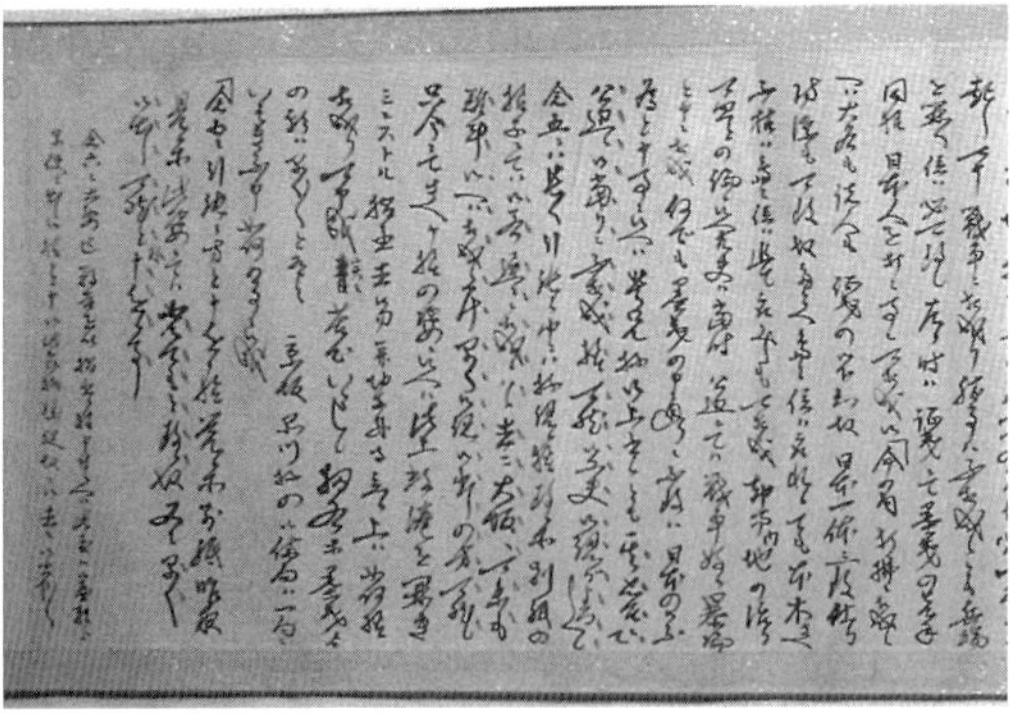

るだけであろう。

それも天下の為と思えば、いかなる仰せ付けも厭《いと》わないが、拙老が「こうなってしまうよ」と、厳重に（口をすっぱくして）言ってきたことは、何も行わない。これでは、少々でも天下のために口を出すことさえできなくなるのも眼前になろう。

ただ今では仕方ないことだが、貴兄が持ち前の意見を言っても、用いられることは無くとも、厳重な咎めを受けるようなことはあるまいが、天下の御正論などは決して言わない方が良い。

勅答が回ってきたら、早速に（意見を）書いてお出しになる方が良いと思う。ともかく、この度は、これで決まるだろうと察している。

万々一、外様の大国の大名などへ、御所から云々《うんぬん》等と言っていかねば良いがと、大いに心配している。

そのようなことを危惧《きぐ》して、林大学らの類は、元弘の役を例として、浪人らを厳重に取り締まる、あるいは、遠くへ流すといった大暴論を繰り広げるのではないかと、これまた心配である。

先日も、林大学などは、京に伺候《しこう》したのが悪い。この方（幕府）だけで決めればよかった、と言っていると聞いた。そのような暴論家がいるのは仕方ない。

浪人などに至るまで、天下のためと動き回らず、征夷大将軍が行うことを見ておればよい。キリシタン寺を立てれば、八宗の者どもが必ず事を起こす。戦争になって、勝つことはできなくとも、兵端を開く程度のことは必ず行われる。そのときは、征夷大将軍はアメリカの手先同様、日本人を討つことになる。

今のうちに、（アメリカを）打払えば、大名も、もろもろの人も征夷大将軍の下知《げち》であれば、日本が一つになって、防御に当たるだろう。たとえ島々くらいは取られても、元の木さえ枯れなければ、島々は追って取り返すこともできる。却《かえ》って内地の治《おさ》まりは良くなるが、今、それを言うと、戦争好きの暴論と言うことになる。何でもアメリカの言う通りにせねば、日本のためにならないとなるので、貴兄など上書するときは、お考えになるままに、公辺（幕府）へ当たることのないよう、しかるべく工夫して書かれた方が良い。

二十五日の書簡には、長く引っ張っているうちには…等と書いたが、別紙の様子では、お答えを送るのが遅くなると、ただちに（督促のため）大坂へ参るかも知れず、なるべく早く書いて出した方が良い。今でさえ、このような姿だから、このうえ数港を開き、官吏を置き、直易やキリシタン寺を立てる等となっては、どうなることとか、実に苦心するところだ。

こうしたアメリカの願いごとは、早く早くと急がされるが、京坂《けいはん》や品川の備えは一向に進んでいない。どうなっているのか。

二十五日に、引っ張っているうちには…と書いたように覚えているが、別紙を昨夜見たところ、この姿では、とても…と思った次第につき、又々早々に出した方が良いと思い、その旨申し上げました。

　二十六日に、大久保要宛に、鵜飼吉左衛門を通して届くように、申し付けたところ、この度は、御屋形より直接早便（この一件だけのために仕立てる飛脚）を立てた方が良いと言われた。この節、嫌疑が掛かっているので直々御火中へ。

参考資料

単行本

會澤安（塚本勝義譯・註）『新論・迪《てき》彝《い》篇』岩波書店　一九四一年

青木光行『大久保要―幕末土浦藩の英才―』崙書房　一九七九年

蘆田伊人、糟谷季之助編『松平春嶽全集第一巻　閑窓秉筆《かんそうへいひつ》』三秀舎　一九三九年

有馬成甫『高島秋帆』吉川弘文館　一九五八年

家近良樹『幕末の朝廷―若き孝明帝と鷹司関白』中央公論新社　二〇〇七年

石島滴水『結城の郷土史』崙書房　一九七三年

石山滋夫『評伝　高島秋帆』葦書房　一九八六年

井上勝生『日本の歴史18　開国と幕末変革』講談社　二〇〇四年

上村健二『天狗党始末記』善本社　一九七七年

遠藤友四郎『孝明天皇聖徳記』錦旗會本部　一九三三年

刑部芳則『公家たちの幕末維新　ペリー来航から華族誕生へ』中央公論新社　二〇一八年

小野寺龍太『幕末の魁《さきがけ》、維新の殿《しんがり》―徳川斉昭の攘夷』弦書房　二〇一二年

片山杜秀『尊皇攘夷　水戸学の四百年』新潮社　二〇二一年

勝部真長編『氷川清話　付勝海舟伝』角川学芸出版　二〇一一年

菊池謙二郎『藤田東湖伝』金港堂書籍　一八九九年
北島正元『水野忠邦』吉川弘文館　一九八七年
幸田成友『日欧通交史』岩波書店　一九四二年
坂井四郎兵衛編『天保明治　水戸見聞實記』水戸知新堂支店　一八九四年
坂田精一『ハリス』吉川弘文館　一九八七年
渋沢栄一『徳川慶喜公伝1』平凡社　一九七一年
白石仁章『プチャーチン　日本人が一番好きなロシア人』新人物往来社　二〇一〇年
鈴木暎一『藤田東湖』吉川弘文館　二〇一〇年
鈴木大編・著『賜勅《しちょく》始末』森重遠　一八七九年
関山豊正『元治元年―筑波挙兵と禁門戦争―』桜井印刷所　一九六八年
瀬谷義彦『新装　水戸の斉昭』茨城新聞社　二〇〇〇年
高須芳次郎編・著『水戸学大系第二巻　會澤正志齋集　新論』水戸学大系刊行會　一九四一年
高瀬真卿『故老實歴　水戸史談』内外図書局　一九〇五年
但野正弘『東湖全集　藤田東湖の略伝』博文館　一九四〇年
土居良三『開国への布石―評伝　老中首座阿部正弘』未来社　二〇〇〇年
土居良三『評伝　堀田正睦』国書刊行会　二〇〇三年

戸川殘花『幕末小史　巻一』春陽堂　一八九八年
永井博『徳川斉昭─不確実な時代に生きて』山川出版社　二〇一九年
中根雪江『昨夢紀事　第一、第二、第三、第四』日本史籍協会　一九二〇年、一九二一年
永山正『土浦城とその城主たち』筑波書林　一九九五年
鍋谷博『孝明天皇の攘夷』近代文藝社　一九九五年
西村文則『水戸学随筆』昭和刊行會　一九四四年
藤井甚太郎編『川路聖謨文書　第六』日本史籍協会　一九三四年
藤田覚『幕末の天皇』講談社　二〇一七年
藤田東湖（橋川文三編・訳）『日本の名著29　回天詩史』中央公論社　一九七四年
藤田東湖（橋川文三編・訳）『日本の名著29　常陸帯』中央公論社　一九七四年
松岡英夫『鳥居耀蔵　天保の改革の弾圧者』中央公論社　一九九一年
松岡英夫『安政の大獄─井伊直弼と長野主膳』中央公論社　二〇一四年
松平慶永（福井県観光営業部編）『現代語訳　逸事史補《いつじしほ》』二〇一一年
三谷博『維新史再考　公議・王政から集権・脱身分化へ』NHK出版　二〇一八年
三谷博『ペリー来航』吉川弘文館　二〇〇三年
三田村玄龍『大名生活の内秘』早稲田大学出版部　一九二一年

宮地正人『幕末維新変革史　上』岩波書店　二〇一二年
山川菊栄『覚書 幕末の水戸藩』岩波書店　一九九八年
山口宗之『ペリー来航前後　幕末開国史』ぺりかん社　一九八八年
山崎正董『横井小楠遺稿』日新書院　一九四三年
山本博文『図説　大奥の世界』河出書房新社　二〇一二年
横川泰作編『水府公献策』尺蠖堂　一九一二年
吉田常吉『安政の大獄』吉川弘文館　一九九一年
吉田俊純『水戸学と明治維新』吉川弘文館　二〇一三年
渡邊修二郎『阿部正弘事蹟　日本開国起原史上・下』渡邊修二郎　一九一〇年

論　文

市川律子「土浦藩士大久保要と水戸学」『土浦市立博物館紀要』3　一九九一年
石井裕「香川敬三と明治の水戸藩士―武田金次郎の知られざる末期―」『常陸大宮市史研究』1　二〇一八年
磯田道史「水戸藩天保改革の同時代的評価と影響―新史料「水戸見聞録論」の分析」『茨城県史研究』95　二〇一一年
井上正夫「江戸時代末期における金銀比価について」『松山大学論集』329　二〇一二年
井野邊茂雄「徳川斉昭の京都手入れ」『國學院大學紀要』2　一九四〇年

大庭邦彦「安政の大獄をめぐる政局と水戸藩―戊午の密勅降下と小金屯集を中心に―」『聖徳大学言語文化研究所論叢』20　二〇一三年
小野正雄「幕藩権力の解体過程―横浜鎖港問題と長州戦争―」『歴史学研究』491　一九八一年
小野正雄「幕藩権力の解体と幕府の外交政策」『歴史評論』348　一九七九年
菊地正「日米修好通商条約の締結とわが外交」『名城法学』30-4　一九八一年
木暮勝弥「名君板倉勝明」『群馬文化』97　一九六八年
佐伯浩明「水戸藩最悪の地を21年かけて最良の地に替えた男―財政・人口・教育の三大改革を推進した郡奉行　小宮山楓軒」『国際人流』299　二〇一二年
清水憲朔「日米協約と長崎・箱館の交易会所開港―三段階の開港を経る日本の開国」『市立函館博物館研究紀要』20　二〇一〇年
菅良樹「嘉永・安政期の大坂城代―常陸国土浦藩・土屋寅直の大坂、兵庫開港問題への対応を中心に」『日本研究』43　二〇一一年
但野正弘「安政の大獄と水戸藩」『藝林』261　二〇〇九年
沼倉延幸「関白鷹司政通とペリー来航予告情報」『青山史学』13　一九九二年
本郷隆盛「幕末水戸藩における激派の成立過程とその論理―戊午の密勅をめぐる忠誠観の相剋」『宮城教育大学紀要』28　一九九四年

自治体史・史資料集

『安中市史　第二巻通史編』安中市市史刊行委員会　二〇〇三年
『井伊家史料　幕末風聞探索書　安政五年篇』（井伊正弘編）雄山閣　一九六七年
『膺懲《おうちょう》私言《しげん》』徳川斉昭（口述）、藤田東湖（筆記）
『茨城県史料 幕末編Ⅰ　新伊勢物語』茨城県史編さん幕末維新史部会　一九七一年
『茨城県史料 幕末編Ⅱ　南梁《なんりょう》年録』茨城県立歴史館　一九八九年
『茨城県幕末史年表』茨城県史編さん幕末維新史部会　一九七三年
『三百藩家臣人名事典 第二巻』新人物往来社　一九八八年
『三百藩戊辰戦争事典上』新人物往来社　二〇〇〇年
『史籍雑纂第四　水戸藩党争始末』國書刊行會　一九一二年
『史籍雑纂第五　不熅録《ふおん》』國書刊行會　一九一二年
『春嶽公記念文庫　名品図録』積善會　一九八三年
『新長崎市史　第二巻近世編』長崎市史編さん委員会　二〇一二年
『大日本維新史料　類纂之部　井伊家史料四、五』東京大学史料編纂所　一九六五年、一九六七年
『照国公文書　巻之二』島津家臨時編輯所　一九一〇年
『徳川斉昭書簡集　大坂城代土浦藩主土屋寅直宛』（栗山格彰、桜井孝子編・著）日本史史料研究会

二〇一九年
『日本思想体系56　幕末政治論集』（吉田常吉、佐藤誠三郎校注）岩波書店　一九七六年
『函館市史　通説編2』函館市史編さん室　一九九〇年
『福井県史　通史編4（近世二）』福井県　一九九六年
『水戸義公（小城・鍋島侯あて）烈公（土浦・土屋侯あて）書翰集』茨城県立図書館、茨城県郷土文化研究会　一九六五年
『水戸市史　中巻二、三、四、五』水戸市史編さん委員会　一九六九年、一九八四年、一九八二年、一九九〇年
『水戸藩史料　別記上、別記下　上編乾、上編坤』吉川弘文館　一九七〇年
『結城市史』第一巻 古代中世史料編』結城市史編さん委員会　一九七七年

インターネット

「維新史料綱要データベース」東京大学史料編纂所　二〇二一年七月掲載（本文200頁に該当）
http://wwwap.hi.u-tokyo.ac.jp/ships/shipscontroller（最終アクセス：二〇二二年一月二日）

監修者あとがき

数年前に、栗山格章氏から徳川斉昭に関する一般書の出版の相談を受けた。栗山氏は日本史史料研究会から研究叢書として、桜井孝子氏と共著で『徳川斉昭書簡集―大坂城代・土浦藩主土屋寅直宛』を刊行していたので、本書の出版についてもお手伝いすることにした。

というのも、前書『徳川斉昭書簡集』は、栗山氏自身が所蔵する古文書群を翻刻し、解説したものであったからである。つまり本書は、徳川斉昭が発給した古文書を読み込んだ成果に基づき執筆されたものである。本会は「日本史史料研究会」と名乗っているように、あくまでも史料に基づいて研究する会なので、その点では本会の研究スタイルに合致するというのが、本書の原稿を読んだ感想であった。

本書を刊行したいと思ったもう一点は、世間では多数の徳川斉昭に関する一般書が刊行されているようだが、本書は先に述べたように栗山氏が『徳川斉昭書簡集』を読み込んだ成果が反映されている。『書簡集』は栗山氏によって初めて紹介された文書群であるので、今まで刊行された徳川斉昭に関する書籍に比べ、新たな史実が加えられた初めての一般書であるという点である。以上が、本会が栗山氏の一般書刊行のお手伝いを決めた理由である。

本書は必ずしも、徳川斉昭を賛美するような人物史とはなっていないことが特徴である。史実に基づいた生々しい徳川斉昭像といえるかもしれない。人が多面性を持っているのは当然であり、本書はその生々しさを描いた人物史である。

私が栗山氏と出会ったのは、故柴辻俊六氏からの紹介であり、本書の刊行を薦める本当の理由は、柴辻氏が会長を務めていた練馬古文書研究会で栗山氏が真摯に古文書の解読に取り組まれていたからにほかならない。研究を継続し続ける姿勢を私も見習いたいものである。

多くの方々に本書を読んでいただき、忌憚のないご批評とご教示を賜れれば幸いである。

二〇二二年十一月　日　日本史史料研究会代表　生駒　哲郎

徳川斉昭

― 栄光と失意の幕末 ―

日本史史料研究会セレクト 1

2023（令和 5）年 2 月 7 日　第 1 版第 1 刷　発行

監　修　日本史史料研究会（にほんし しりょう けんきゅうかい）

2007年、歴史史料を調査・研究し、その成果を公開する目的で設立。主な事業としては、①定期的な研究会の開催、②専門書籍の刊行、③史料集の刊行。最近では一般の方々を対象に歴史講座を開講し、同時に最新の研究成果を伝えるべく、一般書の刊行も行っている。主な一般向けの編著は『信長研究の最前線』、『秀吉研究の最前線』（洋泉社・歴史新書y）、監修に『日本史を学ぶための古文書・古記録訓読法』（苅米一志著・吉川弘文館）、『戦国期足利将軍研究の最前線』（山田康弘編・山川出版社）、『関ヶ原大乱、本当の勝者』（白峰旬編・朝日新書）ほか。
会事務所：〒 170-0041 東京都練馬区石神井町 5-4-16
日本史史料研究会 石神井公園研究センター

著　者　栗山　格彰（くりやま　のりあき）

1941 年、岐阜県神岡町生まれ。
慶應義塾大学経済学部卒。元第一生命保険株式会社勤務。
元東京簡易裁判所調停委員・司法委員。元東京地方裁判所不動産鑑定委員。
元練馬区古文書研究会。

発行者　日吉　伸介

発行所　合同会社 時空書房

〒 166-0011　東京都杉並区梅里 2-36-15 杉並 ST ビル 501

電話 03-3317-2331　FAX 03-6383-1205

カバーデザイン　デザインオフィス ホワイトポイント

印刷・製本　アイユー印刷株式会社

ISBN978-4-9912901-0-7 C0221